播磨国風土記

全訳注

秋本吉徳
鉄野昌弘 補

講談社学術文庫

まえがき

和銅三（七一〇）年に都が大和平野北端の平城京に遷されてから三年後、『古事記』の成った翌年にあたる和銅六年五月二日、一つの詔《みことのり》が下された。

畿内七道諸国。郡郷の名に好字を著《つ》けよ。其の郡内に生ずる所の銀銅彩色草木禽獣魚虫等の物、具《つぶ》さに色目を録《しる》し、及《また》土地沃塉、山川原野の名号の所由、又古老相伝ふる旧聞異事、史籍に載《の》せて言上せよ。

（『続日本紀』原文は漢文）

これが世にいわれる『風土記《ふどき》』撰進の詔であり、この詔を承《う》けて、さっそく各国毎に『風土記』の編纂が行われたことと思われる。ところが不幸なことに、それらの『風土記』のうち今日にまでその姿を留め得たものは、わずかに五ヵ国にすぎない。ここに採り上げた『播磨《はりま》国風土記』は、その五ヵ国のうちの一つである。

さて『風土記』は、先掲の撰進の詔をみてもわかるように、本来、その五つの要求事項に対して各国が回答するように命じられて書かれた解文《げぶみ》（報告文書）であった。したがって、もともと文学的意図をもって書かれたいわゆる文学作品とは、よほど趣きを異にしている。

にもかかわらず、今日『風土記』が日本古代文学、また古代史研究の上で貴重な価値を認められているのは、それが、ほぼ同時期に編まれた『古事記』や『日本書紀』のように、明確な政治的意図をもって〈国家神話〉として再構成されたものではなく、在地に生きる古代の人々の、生きた神話や伝説、また習俗・社会などのありさまが、断片的ながらも窺えるからに他ならない。言うならば、編述にあたった律令官人が、それと意識しないで書き留めていた数々の伝承が、実はまことに貴重な資料だったのである。

景行天皇の印南《いなみ》の別嬢《わきいらつめ》に対する求婚譚、オオナムチノミコトとスクナヒコネノミコトとの我慢くらべ、伸び縮みする不思議な霊剣の物語など、『播磨国風土記』は、他国風土記同様、興味深い内容を豊富に持った貴重な文献である。そしてまた、他国風土記以上に地名説話を多く記しているところに、在地に生きた古代の人々の、土地や地名に対して抱いた愛着の念が知られる点も見逃がせないところである。

本書は、そうした日本古代の人々の、生きた姿を、少しでも明らかにしようと努めたものである。

秋本吉徳

目次

凡　例

一、本書には『播磨国風土記』を収める。ただし逸文は除外した。

一、『風土記』の原文は全文漢文体（いわゆる変体漢文体をも含む）で書かれており、そのすべてを訓読すべきであるかについてはなお考究の余地もあるが、本書においては、便宜上、また読解の便をも考慮して、可能なかぎり訓読するよう努め、訓み下し文を本文として掲げた。

1　訓み下し文作成にあたっては、現天理図書館蔵、三条西家本『播磨国風土記』を底本とし、『播磨風土記新考』（井上通泰著・大岡山書店刊）・岩波文庫本『風土記』（武田祐吉校注）・日本古典文学大系本『風土記』（秋本吉郎校注・岩波書店刊）・日本古典全書本『風土記』（久松潜一校注・朝日新聞社刊）などの校訂原文ならびに訓み下し文を参考とした。

1　訓み下し文は歴史的かなづかいに統一した。

1　原文の中で、小字あるいは二行割注の形で記されているものは、便宜上、本文より小さい活字を用いて、一行書きに改めた。

1　読解の便を考えて、適宜ふりがなを付した。

一、本文を適宜章段に区切り、各段ごとに小見出しを付した上、〈現代語訳〉〈注〉および〈解説〉を記した。

1 〈現代語訳〉は新かなづかいに統一し、つとめて平易なことば・漢字を用いるよう努めた。ただし、地名の語源とかかわるなどの理由で、歴史的かなづかいを用いた場合もある。

1 現代語訳作成にあたっては、『現代文播磨風土記』（橋本政次訳・播磨史籍刊行会刊）・東洋文庫本『風土記』（吉野裕訳・平凡社刊）などを参考とした。

1 『風土記』は、現代語訳だけでは十分に理解できない点も多いと思われるので、神・人名の説明、難解語句の語釈、地理的説明（遺称地など）を中心とする〈注〉を設けた。

1 〈解説〉では、読解の助け、また参考となるよう、当時の風俗習慣・儀礼などについて触れたほか、風土記記事の鑑賞も加えた。

1 〈注〉また〈解説〉の中で引用した諸本のうち、比較的引用の多かったものについては、次のような略称を用いた。

『記』――『古事記』（『神武記』のようにも用いた）
『紀』――『日本書紀』（『神武紀』のようにも用いた）
『続紀』――『続日本紀』

『旧事紀』――『先代旧事本紀』（『国造本紀』のようにも用いた）
『神名式』――『延喜式・神名』（『延喜式』の引用は、おおむねこの方式に従った）
『和名抄』――『和名類聚抄』
『名義抄』――『類聚名義抄』
『姓氏録』――『新撰姓氏録』

☆　☆　☆

『新考』――『播磨風土記新考』
『大系』――日本古典文学大系本『風土記』
『全書』――日本古典全書本『風土記』
『東洋文庫』――東洋文庫本『風土記』
『鑑賞日本古典文学』――『鑑賞日本古典文学・日本書紀・風土記』（岡田精司・西宮一民、角川書店刊）
『時代別大辞典』――『時代別国語大辞典・上代編』（三省堂刊）

一、巻末に『播磨国風土記地図』を掲げた。

補記　以上の凡例及び本篇における〈訓み下し文〉〈現代語訳〉〈注〉〈解説〉は、訳注者秋本吉徳の遺稿によるものである。鉄野昌弘が全篇にわたる校正を行った。その際、比定される地名は、現在のものに改めている。さらに、〈注〉と〈解説〉の原稿に部分的な不足があったため、それぞれ〈補注〉〈補説〉として補い、その箇所を明示した。なおその部分において、『新編全集』とあるのは、『新編日本古典文学全集 5 風土記』（植垣節也校注）を指す。訳注者が遺稿を記した後の刊行である。また、巻末の地図は、『日本古典文学大系 2 風土記』（秋本吉郎校注）の「風土記地図」を基に鉄野が作成した。

播磨国風土記　全訳注

一　賀古郡㈠

〔賀古《かこ》の郡《こほり》〕

四方《よも》を望《のぞ》み覧《み》て云ひしく、「此の土《くに》は、丘と原野と甚広大《いとひろ》くして、此の丘を見るに鹿児《かこ》の如し」といひき。故《かれ》、名づけて賀古《かこ》の郡《こほり》と曰《い》ふ。狩《みかり》せし時、一つの鹿、此の丘に走り登りて鳴きき。其の声比々《こゑひひ》といひき。故《かれ》、日岡《ひをか》と号《なづ》く。坐《いま》す神は、大御津歯命《おほみつはのみこと》の子《みこ》、伊《い》波都比古命《はつひこのみこと》なり。

此の岡に比礼墓《ひれはか》有り。褶墓《ひれはか》と号《なづ》くる所以《ゆゑ》は、昔《むかし》、大帯日子《おほたらしひこの》命、印南《いなみ》の別嬢《わきいらつめ》を誂《つまど》ひたまひし時、御佩刀《みはかし》の八咫《やた》の剣《つるぎ》の、上結《うはゆひ》に八咫《やた》の勾玉《まがたま》、下結《したゆひ》に麻布都《まふつ》の鏡《かがみ》を繫《か》けて、賀毛《かも》の郡《こほり》の山直《やまのあたひ》等が始祖《とほつおや》、息長命《おきながのみこと》一名は伊志治《いしぢ》を媒《なかだち》として、誂《つまどひ》に下《くだ》り行《いでま》しし時、摂津《つ》の国の高瀬《たかせ》の済《わたり》に到りまして、此の河を度《わた》らむと請欲《こ》はしたまひき。度子《わたりもり》、紀伊《き》の国の人小玉《をたま》申《まを》ししく、「我《あ》は天皇《すめらみこと》の贄人《にへびと》為《た》らめや」とまをしき。尒《そ》の時、勅《の》りたまひしく、「朕公《あぎ》、然《しか》はあれど、猶度《なほわた》せ」とのりたまひき。度子《わたりもり》、対《こた》へて曰《まを》さく、「遂《つひ》に度《わた》らむと欲《おもほ》さば、度《わたり》の賃《つぐのひ》を賜《たま》ふべし」とまをしき。是《ここ》に、即ち道行《みちゆき》の儲《まけ》と為《な》したまへる弟縵《おとかづら》を取《と》らして、舟の中《うち》に投げ入れたまひしかば、則《すなは》ち縵《かづら》の光明《ひかり》、炳然《かかや》きて舟に満《み》ちぬ。度子《わたりもり》、賃《つぐのひ》を得て、乃《すなは》ち度《わた》しまつりき。故《かれ》、朕君《あぎ》の済《わたり》と云《い》ふ。遂《つひ》に赤石《あかし》の郡《こほり》、廝《かしはで》の御井《みゐ》に到りたまひて、御食《みあへ》を供進《たてまつ》りき。故《かれ》、廝《かしはで》の御井《みゐ》と曰《い》ふ。尓《そ》の時、印南《いなみ》の別嬢《わきいらつめ》、聞きて驚き畏《かしこ》みて、即ち南毗都麻《なびつま》の島に遁《に》げ度《わた》りき。是《ここ》に、天皇《すめらみこと》、乃《すなは》ち賀古《かこ》の松原に到りまして、覓《ま》ぎ訪《と》ひたまひき。是《ここ》に、白き犬、海に向きて長く哮《ほ》えき。天皇《すめらみこと》、問ひたまひしく、「是《こ》は誰《た》が犬ぞ」とのりたまふに、須受《すず》武良首《むらのおびと》 対《こた》へて曰《まを》しけらく、「是《こ》は別嬢《わきいらつめ》が養《か》へる犬なり」とまをしき。天皇《すめらみこと》、勅《みことのり》して「好《よ》く告《の》りつるかも」とのりたまひき。故《かれ》、告首《のりのおびと》と号《なづ》く。乃《すなは》ち天皇《すめらみこと》、此の少嶋《をしま》に在《あ》ることを知りたまひて、即《やが》て度《わた》らむと欲《おもほ》して、阿閇《あへ》の津に到りたまひて、御食《みあへ》を供進《たてまつ》りき。故《かれ》、阿閇《あへ》の村《むら》と号《なづ》く。又、江の魚を捕《と》りて御坏物《みつきもの》と為《な》しき。故《かれ》、御坏江《みつきえ》と号《なづ》く。又、舟に乗りたまふ処《ところ》に、楉《しもと》以ちて榭《たな》を作りき。故《かれ》、榭津《たなつ》と号《なづ》く。遂《つひ》に度《わた》りて相遇《あ》ひたまひて勅《の》りたまひしく、「此の島に隠《な》びし愛《は》し妻《つま》」とのりたまひき。仍《よ》りて南毗都麻《なびつま》と号《なづ》く。是《ここ》に、御舟と別嬢《わきいらつめ》が舟と同《とも》に編合《むや》ひて度《わた》り、梜抄《かぢとり》・伊志治《いしぢ》に、名を大中《おほなか》の伊志治《いしぢ》と号《なづ》けたまひき。還《かへ》りて印南《いなみ》の六継《むつぎ》の村に到りて、始めて密事《むつび》を成したまひき。故《かれ》、六継《むつぎ》の村と曰《い》ふ。

〈現代語訳〉

〔賀古《かこ》の郡《こおり》〕

（景行天皇が日岡にお立ちになって）四方を望み見られておっしゃったことには「この土《くに》は丘も原野《はらの》も非常に広大であり、この丘（日岡）をみると鹿児《かこ》のようである」と仰せられた。それで名づけて賀古《かこ》の郡という。（天皇が）狩をなさったところ、一頭の鹿がこの丘に走り登って鳴いた。その声は比々《ひひ》といった。それで（この丘を）日岡と名づけている。この岡においでになる神は、大御津歯命《おおみつはのみこと》の子神《みこがみ》である伊波都比古命《いはつひこのみこと》である。

この岡に比礼墓《ひれはか》がある。褶墓《ひれはか》と名づけたわけは、昔、大帯日子命《おおたらしひこのみこと》（景行天皇）が印南《いなみ》の別《わき》嬢《いらつめ》に求婚なさった時、腰に帯びておられた八咫《やた》の剣の、上の緒には八咫《やた》の勾玉《まがたま》をかけ、下の緒には麻布都《まふつ》の鏡をかけて、賀毛《かも》の郡《こおり》の山直《やまのあたい》等の始祖である息長命《おきながのみこと》別の名を伊志治《いしじ》というを仲人として、求婚にお下りになられた。摂津《つ》の国の高瀬《たかせ》の渡船場までやって来られて、この河を渡ろうとお思いになって、渡し守にお願いなさった。すると、紀《き》伊の国の人であった渡し守の小玉《おたま》が、「私は天皇の使臣などではありません」と申し上げた。その時、天皇は「朕《あ》公《ぎ》よ、そうではあろうが何としても渡してくれ」と仰せになられた。渡し守が答えて言うには、「どうしても渡りたいとお思いなら、渡し賃を賜わりたいものです」と申し上げた。そこで、さっそく、旅の装いとして頭につけておられた弟縵《おとかづら》をおとりになって、舟の中に投げ入れられたところ、たちまち（弟縵は）光を放ち、さんぜんと輝いて、その光は舟一杯にひろがった。渡し守は渡し賃（の弟縵）を手に入れたので、さっそくお渡し申した。こういうわけで（この渡しを）朕君《あぎ》の済《わたり》というのである。

やっとのことで赤石《あかし》の郡《こおり》の断《かしわで》の御井《みい》にお着きになり、そこで御食事をさしあげた。それで（この地を）断《かしわで》の御井《みい》という。その時、印南《いなみ》の別嬢《わきいらつめ》は、（天皇がおいでになるということを）聞いて、驚き、またおそれかしこんで、すぐさま南毗都麻《なびつま》の島に逃げ渡った。ここに天皇は、さっそく賀古《かこ》の松原にお行きになり、（別嬢を）探し求められた。この時、白い犬が、海に向かって長く吠《ほ》えた。天皇が「これはいったい誰の（飼っている）犬か」とおたずねになったところ、須受《すず》武《む》良首《らのおびと》が答えて、「これは別嬢の飼っている犬でございます」と申し上げた。天皇は勅《みことのり》して、「よくぞ告《つ》げ知らせてくれたことよ」と仰せになった。それで（須受《すず》武《む》良首《らのおびと》を）告首《のりのおびと》と名づけたのである。天皇は（別嬢の飼っている犬が海に向かって吠《ほ》えたことで、別嬢が）この小島にいることをお知りになり、すぐにでも渡りたいとお思いになった。やがて阿閇《あへ》の津《つ》においでになり、御食事をさしあげた。それで（この地を）阿閇《あへ》の村と名づけたのである。また、入江の魚を捕《と》って御坏《みつき》物とした。そこで（この入江を）御坏《みつき》江《え》と名づけている。また、舟にお乗りになるところに、木の若く細い枝で樹《たな》を作った。だから（この地を）榭津《たなつ》と名づけている。とうとう（この島に）お渡りになって、（別嬢と）お逢いになり、勅《みことのり》して「この島に隠《な》びし愛《は》し妻《つま》よ」と仰せになった。これによって（この島を）南毗都麻《なびつま》と名づけたのである。ここに、天皇の御舟と別嬢の舟とをつないで海をお渡りになった。舟の揖《かじ》取りをした伊志治《いしじ》は、（仲立ちをしたというので）大中《おおなか》の伊志治《いしじ》という名をいただいた。ふたたび印南《いなみ》の六継《むつぎ》の村にお還《かえ》りになって、（この地で）はじめて密事《むつび》をなさった。それで（この村の名を）六継《むつぎ》の村というのである。

〈注〉

○〔賀古《かこ》の郡《こほり》〕—原本巻首部分が欠損しており、明石《あかし》郡と賀古郡の冒頭記事がなくなっている。今仮に補う。○**四方《よも》を望《のぞ》み覧《み》て**—高所に立って四周を展望し国状を視察すること。これを〈国見《くにみ》〉という。なお、欠文のため、だれが〈国見〉をしたのか明らかではないが、次条などから考えて、大帯日子《おおたらしひこ》（景行天皇）と推定される。○**鹿児《かこ》**—鹿《しか》のこと。必ずしも鹿の子をいうわけではない。当時「カゴ」と濁って発音されたこともあったらしい（『和名抄』・『名義抄』などによる）。○**賀古《かこ》の郡《こほり》**—加古川の下流東岸地域。加古川市の一部・加古郡播磨町に相当する。『和名抄』郡名部に「賀古」とあり、同郡には四つの郷のあったことが見えている。○**比々《ひひ》**—擬声音であり、おそらく「ヒー」にあたる長音であったと思われる。なお、託賀郡都麻《つま》の里《さと》比也《ひや》山の条にも、鹿の鳴き声を「比々」と記している。○**日岡《ひをか》**—加古川市加古川町大野（旧氷丘村）にある、加古川東岸の小丘を遺称地としている。○**坐《いま》す神は**—この一条、原文では「比礼墓有り」の下にあるが、『大系』などに従い、この注記の位置を正した。○**大御《おほみ》津《つ》歯命《はのみこと》**—この神の系譜不明。○**伊《い》波《は》都《つ》比《ひ》古命《このみこと》**—この神の系譜不明。なお『神名式』播磨国賀古郡の条に、「賀古郡一座小、日岡坐天伊佐々比古神社」とあり、本書とは神名が相違している。○**比礼墓**《ひれはか》―日岡の頂上にある古墳。下文によれば、景行天皇の皇后の陵墓を指す。明治時代に陵墓地に指定されている。○**印南**《いなみ》**の別嬢**《わきいらつめ》―景行天皇の皇后。『景行記』に「吉備臣等《きびのおみら》の祖、若建吉備津日子《わかたけきびつひこ》の女、名は針間之伊那毗能大郎女《はりまのいなびのおほいらつめ》」、『景行紀』二年三月の条に「播磨稲日大郎姫《はりまのいなびのおほいらつめ》、一《ある》に云《い》はく、稲日稚郎姫《いなびのわきいらつめ》」とある。ヤマトタケルの生母とされている。なお、印南郡郡末にも、この人の系譜が見えている。○**八**《や》**咫**《た》**の剣**《つるぎ》―「咫」（タ・アタ）は長さの単位で、一咫は約十二センチという。ただし、ここは長い剣の意のほめ詞と思われる。○**上結**《うはゆひ》―長剣を腰に吊っている、その上方の緒をいうのであろう。下の緒が「下結《したゆひ》」である。○**麻布都**《まふつ》**の鏡**《かがみ》―『神代紀』（上）に「八咫鏡《やたのかがみ》一《ある》に云《い》はく、真経津鏡《まふつのかがみ》」とある。「ま」は美称の接頭語、「ふつ」は物を断つ際の擬態語、あるいは天・太陽に関係する語という（日本古典文学大系『日本書紀・上』補注）。なお、天皇が剣・鏡・玉を身につけているのは、いわゆる〈三種の神器〉の思想にも関連するものであることに注意すべきである。○**賀毛**《かも》**の郡**《こほり》**の山直**《やまのあたひ》―「直」はもと地方官の意で、後にカバネの一となったもので、国造級の地方豪族に多く与えられた。「山直《やまのあたひ》」を名のる人物は古代の他文献にも見え（天平六年大智度論写経跋語など）、この一族と当国賀毛郡とは密接な関係があるようである。○**摂津**《つ》**の国の高瀬**《たかせ》**の済**《わたり》―大阪府守口市高瀬町（淀《よど》川河口の地）が遺称地という。「済《わたり》」は渡船場の意。○**贄人**《にへびと》―「贄《にへ》」は神・天皇にささげる魚鳥などの食料をいう。ここは、天皇の使臣の意。○**朕公**《あぎ》―相手を親しんで呼ぶ語。『応神記』『崇神紀』にもこの語が見える。なお「商《あき》」の意が重ねられているともいう（→〈解説〉参照）。○**道行《みちゆき》の儲《まけ》**—旅行のために準備した、の意。○**弟縵《おとかづら》**—「弟《おと》」は美称。「縵《かづら》」は植物のつるや緒に玉などを通した、頭髪に巻く飾り物で、神を祭る人などがおもにつけ、神聖なものと考えられていた。○**縵《かづら》の光明《ひかり》、炳然《かかや》きて**—縵の変貌のさまを、『大系』は縵の立派さをいうものとするが、『東洋文庫』の説くように、投げつけたとたんに金冠と化したものと見るべきであろう。「炳然《かかや》く」は、『新撰字鏡』『名義抄』などの訓《よ》みにしたがい「カカヤク」と清音に訓むべきであろう。○**朕君《あぎ》の済《わたり》**—『地名辞書』によれば、淀川の支流・中津川の古名を吾君川といったとある。おそらくこの川の河口付近であろう。○**赤石《あかし》の郡《こほり》、廝《かしはで》の御井《みゐ》**—遺称地不明。なお現伝当国風土記には明石郡の記事が欠けているが、風土記撰進の時期以前から明石郡の存在していたことが、この一条により確認できる。「廝《かしはで》」は膳部・膳夫とも書かれ、神・天皇などの食事に奉仕する人（部民《べのたみ》）の意。○**南毗都麻《なびつま》の島**—印南川（加古川）河口にあった島であろうという。現在では陸となり、高砂市となっている。『万葉集』に「稲日都麻《いなびつま》」（巻四・五〇九）、「伊奈美嬬《いなみつま》」（巻六・九四二）などと見えている。○**遁《に》げ度《わた》りき**—男の求婚を受けた女が一度は逃げ、それを男が探し出すという、古代の婚姻習俗を反映したものか。『雄略記』の袁杼比売《をどひめ》の話や、『出雲国風土記』出雲《いづも》郡宇賀《うか》の郷《さと》の条の話なども同例と考えられる。○**賀古《かこ》の松原**—加古川東岸の海辺に連らなる松原。後に尾上《おのえ》の松として世に知られた。○**須受武良首《すずむらのおびと》**—他書に所見なく、系譜不明。「首《おびと》」はカバネであろう。○**告首《のりのおびと》**—他書に見えない氏の名。あるいは「つげのおびと」と訓《よ》むか。○**阿閇《あへ》の津《つ》**―加古郡播磨町を遺称地とする。「津」は船着き場の意。○**御坏物《みつきもの》**―土器の容器に盛る飲食物の意。「坏」はふたを要しない底の浅い容器で、飲食物を盛るのに用いられた。『名義抄』に「坏ツキ」とある。○**御坏江《みつきえ》**―『地名辞書』は加古川市別府町の小江としているが定かではない。○**楉《しもと》 以ちて榭《たな》を作りき**―「楉《しもと》」は群生する低木の小枝を指す。『新撰字鏡』に「楉之毛止」とある。『神祇式』（巻三）宮城四隅疫病神の条に「楉棚四脚」と見えるように、楉棚《しもとだな》は祭器を置く棚（台）をいう。ここは、天皇の食事を置いた棚（『大系』）とも、舟に乗るため海に作り出した棚、または桟橋（『全書』・『東洋文庫』）とも考えられる。○**榭津《たなつ》**―遺称地なく所在地不明。加古川河口付近か。○**隠《な》びし愛《は》し妻《つま》**―「隠《な》ぶ」は隠《かく》れる意。ナバル・ナマルとも同義と考えられている。ただ、ナブ・ナバル・ナマルいずれも地名としての語例しかないので、既にこの時代に古語となっていたとも言われる。「愛《は》し」はいとおしい・かわいい、の意。『仁徳記』に「波斯妻《はしづま》」とある。○**南毗都麻《なびつま》と号《なづ》く**―この島名の由来については、印南郡末尾にも同趣の説話が記されている。『大系』は、この島が賀古・印南両郡の境界にあり、その所属が明確でなかったために重記されたものと解している。○**編合《むや》ひて度《わた》り**―舟と舟をつないで海を渡ったのである。「度り」は「還りて」に続く。○**梜抄《かぢとり》・伊志治《いしぢ》**―「梜抄」は船頭の意。『和名抄』に「挟抄加知度利」とある。○**大中《おほなか》の伊志治**―上文に「息長命」とあった人物であろう。「大中」は天皇の結婚の仲立ちをしたというので賜わった名としているようである。○**六継《むつぎ》の村**―印南郡記事中に見える六継の里《さと》の地を指す。○**密事**《むつび》――夫婦の密事。なお、この地の「ムツギ」は「ムツビ」の訛音であるとするのであろう。

〈**解説**〉

この段は、景行天皇の印南の別嬢に対する求婚譚が中心となっている。その中に計七つの地名起源記事が含まれているが、ここでは「朕君の済《あぎわたり》」と「南毗都麻《なびつま》」について考えてみたい。

既に『東洋文庫』が指摘しているように、この求婚譚は、当国賀毛郡にあった山直《やまのあたい》の始祖説話として理解すべき要素を多分に含んでいる。即ち、その始祖・息長命《おきながのみこと》が、天皇と別嬢の「媒《なかだち》」をしたというので、「大中《おほなか》」という名を賜ったというのがこの説話の骨子であり、この説話の在り方は、例えば当国風土記讃容《さよ》郡中川《なかつがわ》の里《さと》の条に見える、苫編首《とまみのおびと》の始祖説話と共通する性格を持つことは明らかであろう。冒頭「褶墓《ひれはか》と号《なづ》くる所以《ゆゑ》は」と始めていながら、「故《かれ》、褶墓《ひれはか》と号《なづ》く」の結句を得るまでに、相当数の地名起源記事を含み、一見統一を欠いているのは、右に述べた始祖説話を骨子としながらも、その中に、種々の地名説話をはさみ込みながら、この求婚譚が形成されてきたことを物語っていると考えられる。

その一つ「朕君の済《あぎわたり》」については、佐竹昭広氏の指摘（「起源説話の謎」・日本古典文学大系『風土記』月報所収）に注目すべきであろう。氏は地名朕君《あぎ》の由来を説く話と、「故《かれ》、朕《あ》君《ぎ》の済《わたり》と云《い》ふ」という結句との間に置かれた、天皇と渡し守との説話に着目し、この説話はまた、「商《あき》の済《わたり》」の地名起源説話でもあったことを論じられたのであり、地名起源説話の生成発展の道すじを考える上で、重要な意味を持つ指摘であった。

今一つの「南毗都麻《なびつま》」については、〈注〉にも触れたように、印南郡末尾に同趣の地名起源記事が見えている。『大系』は、これを同一説話の重記と解しているのだが、両者を較べてみるとき、多少の差異が認められる。即ち、この段の「南毗都麻」は、天皇の「隠《な》びし愛《は》し妻《つま》」というコトバによって名づけられたものとしているのに対し、印南郡のそれは、別嬢が「遁《に》げ度《わた》りて隠《な》び居」たという行為をもって地名のおこりとしている。また当郡では別嬢の出自には一言も触れないのに対し、印南郡ではその出自を明確にしている。こうした差異に注目するならば、あるいは二つの地名起源説話は、『風土記』撰進当時においては、各々別個の集団において管理されていたものではないかとも推測されるのである。

二　賀古郡㈡

勅《みことのり》して、「此処《ここ》は浪響《なみとよ》み鳥の声《ね》甚《いと》諠《かまみす》し」とのりたまひて、南のかた高宮《たかみや》に遷《うつ》りたまひき。故、高宮《たかみや》の村と曰《い》ふ。是の時、酒殿《さかどの》を造りし処《ところ》は、即ち酒屋《さかや》の村と号《なづ》け、贄《にへ》殿《どの》を造りし処《ところ》は、即ち贄田《にへた》の村と号《なづ》け、宮を造りし処《ところ》は、即ち館《やかた》の村と号《なづ》く。又、城《き》宮田《みやた》の村に遷《うつ》り、仍《よ》りて始めて昏《みあひ》を成したまひき。以後《そののち》、別嬢《わきいらつめ》の床掃《とこはら》へ仕《つか》へ奉《まつ》れる出雲臣比須良比売《いづものおみひすらひめ》を、息長《おきながの》命に給ひき。墓は賀古《かこ》の駅《うまや》の西に有り。

年有りて、別嬢《わきいらつめ》此の宮に薨《かむさ》りまししかば、即《やが》て墓を日岡《ひをか》に作りて葬《はふ》りまつりき。其の尸《かばね》を挙《あ》げて、印南川《いなみがは》を度《わた》りし時、大飄《おほつむじかぜ》、川下《かはしも》より来て、其の尸《かばね》を川中《かはなか》に纏《ま》き入れ、求《もと》むれども得《え》ず。但《ただ》、匣《くしげ》と褶《ひれ》のみを得つ。即ち、此の二つの物を以《も》ちて其の墓に葬《はふ》りき。故《かれ》、褶墓《ひれはか》と号《なづ》く。

是《ここ》に、天皇《すめらみこと》、恋《こ》ひ悲しみて誓《うけ》ひたまひしく、「此の川の物は食《め》さじ」とのりたまひき。此《これ》に由《よ》りて、其の川の年魚《あゆ》は、御贄《みにへ》に進《たてまつ》らず。後《のち》に御病《みやまひ》を得て、勅《の》りたまひしく、「薬はや」とのりたまひき。即《やが》て宮を賀古《かこ》の松原《まつばら》に造りて遷《うつ》りたまひき。

或《あ》る人、此《ここ》に冷水《しみづ》を掘《ほ》り出《いだ》しき。故《かれ》、松原《まつばら》の御井《みゐ》と曰《い》ふ。

望理《まがり》の里《さと》。土《つち》は中の上なり。大帯日子《おほたらしひこ》の天 皇《すめらみこと》、巡《めぐ》り行《いでま》しし時、此の村の川の曲《まが》れるを見たまひて、勅《の》りたまひしく、「此の川の曲《まが》り、甚美《いとうるは》しきかも」とのりたまひき。故《かれ》、望理《まがり》と曰《い》ふ。

鴨波《あはは》の里《さと》。土《つち》は中の中なり。昔、大部 造《おほとものみやつこ》等が始祖《とほつおや》、古理売《こりめ》、此の野を耕《たがや》して、多《さは》に粟《あは》を種《ま》けり。故《かれ》、粟々《あはは》の里《さと》と曰《い》ふ。

此の里《さと》に舟引原《ふなひきはら》有り。昔、神前《かむざき》の村に荒《あら》ぶる神有りて、毎《つね》に行《みちゆ》く人の舟を半《なか》ば留《とど》めき。是《ここ》に、往来《ゆきき》の舟、悉《ことごと》に印南《いなみ》の大津江《おほつえ》に留《とど》まり、川頭《かはかみ》に上《のぼ》りて、賀意理多《かおりた》の谷より引き出《いだ》して、赤石《あかし》の郡《こほり》の林《はやし》の潮《みなと》に通《かよ》はし出《いだ》しき。故《かれ》、舟引原《ふなひきはら》と曰《い》ふ。又、事《こと》は上《かみ》の解《げ》と同じ。

長田《ながた》の里《さと》。土《つち》は中の中なり。昔、大帯日子命《おほたらしひこのみこと》、別嬢《わきいらつめ》の処《ところ》に幸行《いでま》ししに、道の辺《へ》に長田《ながた》有りき。勅《みことのり》して、「長田《ながた》なるかも」とのりたまひき。故《かれ》、長田《ながた》の里《さと》と曰《い》ふ。

駅家《うまや》の里《さと》。土《つち》は中の中なり。駅家《うまや》に由《よ》りて名と為《な》す。

〈現代語訳〉

（景行天皇は）勅《みことのり》して、「ここは波の音や鳥の鳴き声がひどく騒々しい」と仰せになって、（奥の）高宮《たかみや》にお遷《うつ》りになられた。それで（高所にある宮というので、この地を）高宮《たかみや》という。このとき、酒殿《さかどの》を造ったところは、すなわち酒屋《さかや》の村と名づけ、贄殿《にえどの》を造ったところは、すなわち贄田《にえた》の村と名づけ、宮を造ったところは、すなわち館《やかた》の村と名づける。また、城宮田《きみやた》の村にお遷《うつ》りになり、そこで初めて結婚の儀式をお挙げになられた。その後、（印南《いなみ》の）別嬢《わきいらつめ》の寝所の床掃《とこはら》いに奉仕した出雲臣比須良比売《いずものおみひすらひめ》を、（妻として）息長命《おきながのみこと》に賜わった。（その息長命の）墓は、賀古《かこ》の駅《うまや》の西にある。

　年を経た後、別嬢《わきいらつめ》はこの宮でお亡くなりになったので、そのお墓を日岡《ひおか》に作って（そのなきがらを）葬《ほうむ》りになられた。そのときそのなきがらを奉持して印南《いなみ》川を渡っていると、大きなつむじ風が川下の方からやってきて、そのなきがらを川の中に巻きこんでしまい、探し求めてもみつからなかった。ただ（別嬢《わきいらつめ》の）匣《くしげ》と褶《ひれ》だけがみつかった。そこでこの二つの品を（なきがらのかわりに）その墓に葬ったのである。それで、（この墓を）褶墓《ひれはか》と名づけている。

　ここに天皇は、恋い悲しみになられ、「（今後は）この川のものは口にすまい」と祈誓なさった。このようなわけで、その川のアユは、御贄《みにえ》としては奉らない。その後（天皇は）御病気になられ、勅《みことのり》して「薬を（欲しい）」と仰せになった。やがて宮を賀古《かこ》の松原にお造りになり、お遷りになられた。

　ある人が、この地で清水を掘り出した。それで（その泉を）松原《まつばら》の御井《みい》という。

望理《まがり》の里《さと》。土地（の地味）は、中の上である。大帯日子《おおたらしひこ》の天皇《すめらみこと》（景行天皇）が御巡幸になられた時、この村の川が曲がっているのをごらんになって、「この川の曲がり(具合)は、たいへんみごとであることよ」と仰せになられた。それで(この地を)望理《まがり》という。

鴨波《あわわ》の里《さと》。土地(の地味)は、中の中である。昔、大部造《おおとものみやつこ》らの始祖である古理売《こりめ》が、この地の野を耕して粟《あわ》をたくさん蒔《ま》いた。それで(この地を)粟々《あわわ》の里《さと》という。

この里《さと》(の内)に舟引原《ふなひきはら》がある。昔、(賀古《かこ》郡の)神前《かんざき》の村には、荒ぶる神がいて、いつも、往来する人の舟の半分は通ることを許さなかった。そこで往来する舟は、(やむなく)すべて印南《いなみ》(川河口)の大津江《おおつえ》(まで来て)とどまり、(そこから)川上にさかのぼり、賀《か》意理多《おりた》の谷から(陸上を)舟を曳き運び、赤石《あかし》の郡《こおり》の林《はやし》の潮《みなと》にまで通して出したのである。それで(この地を)舟引原《ふなひきはら》という。また(このことに関する)事情は、上記(明石郡)の解《げ》と同じである。

長田《ながた》の里《さと》。土地(の地味)は、中の中である。昔、大帯日子命《おおたらしひこのみこと》(景行天皇)が(印南《いなみ》の)別嬢《わきいらつめ》のもとに行幸なさった折、その道中のほとりに細長い形をした田があった。(天皇は)勅《みことのり》して「(この田は)何と長田《ながた》であることよ」と仰せられた。それで(この地を)長田《ながた》の里《さと》という。

駅家《うまや》の里《さと》。土地(の地味)は、中の中である。(この地に)駅家《うまや》があることによって、(里《さと》の)名としている。

〈注〉

○浪響《なみとよ》み—「響《とよ》む」は音の鳴り響くさまをいう語。ここは波の音の騒々しいことをいう。○**譁《かまみす》し**—『名義抄』（図書寮本）に「譁カマミスシ」とあるのに従う。うるさい、やかましいの意。なお『豊後国風土記』大野郡網磯野《あみしの》の条に「其の獦人《かりびと》の声、甚《いと》謶。天皇《すめらみこと》、勅りたまひしく、大囂《あなみす》阿那美須《あなみす》と謂《い》ふとのりたまひき」とあり、また『肥前国風土記』神埼郡蒲田郷《かまだのさと》の条に「蠅《はへ》、甚多《いとさは》に鳴き、其の声、大《いた》く囂。天皇《すめらみこと》、勅りたまひしく、蠅《はへ》の声、甚《あな》囂とのりたまひき」とあって、鳥や昆虫、また人の声のやかましく騒々しいことが、何か特別な意味を持っていたことを窺わせる。○**高宮《たかみや》**—海岸から奥に入った高台に作られた建物をいうか。以下の酒殿《さかどの》・贄殿《にへどの》などの建物は、結婚の準備を示すものであろう。○**高宮《たかみや》の村**—遺称なく所在地不明。○**酒殿《さかどの》**—酒を醸造するための建物。酒は聖婚に不可欠のものである。○**酒屋《さかや》の村**—遺称なく所在地不明。○**贄殿《にへどの》**—「贄《にへ》」は神や天皇にささげる食物のこと。ここは、天皇にささげる食物を貯蔵し調理する建物の意。○**贄田《にへた》の村**—遺称なく所在地不明。○**宮**—『大系』は「室《むろ》」の誤写とみて寝所と解しているが、ここでは原文のまま「宮」とする。『新考』は仮宮の意とする。○**館《やかた》の村**—遺称なく所在地不明。○**城宮田《きみやた》の村**—遺称なく所在地不明。原文に誤写ありとして「城宮」とする説もある（『大系』・『新考』など）。○**昏《みあひ》**—「昏」は「婚」に同じ。ここは、結婚生活を始めたのではなく、結婚の儀式が行われたと解すべきであろう。○**床掃《とこはら》へ**—貴人の寝所の清掃・準備をいうのであろう。○**出雲臣《いづものおみ》比須良《ひすら》比売《ひめ》**—他書に例を見ず系譜不明。出雲臣は出雲国造の一族であり、山直とは同祖関係にある。○**墓**—息長命の墓をいう。あるいは比須良比売の墓か。『東洋文庫』は、加古川市内にある聖陵山古墳がこの墓にあたるかとする。○**賀古《かこ》の駅《うまや》**—当郡記事中に見える駅家《うまや》の里《さと》のある地。○**此の宮**—上文に見える城《き》宮田《みやた》の村にあった宮をいうのであろう。○**尸《かばね》を挙《あ》げて**—渡河のため遺体を奉持したのである。○**印南川《いなみがは》**—今日の加古川を指す。加古・印南両郡の境をなす川。○**大飄《おほつむじかぜ》**—『名義抄』に「飄ツムシカセ」とある。たつまきのような局地的な暴風のこと。○**匣《くしげ》**—櫛《くし》を納める笥《け》(=容器)の意で、化粧道具を入れる箱のこと。○**褶《ひれ》**—「領巾」とも。古代に女性が首から肩にかけ垂らした細長い薄布のことで、装飾用であると同時に、これを振ることによって風波を起こしたりしずめたりなどができる、呪力を持つ布と考えられていた。○**誓《うけ》ひたまひしく**—「誓《うけ》ふ」は神に誓《ちか》ってその神意をうかがう意。○**御贄《みにへ》**—ここは天皇の召しあがる食べ物の意。○**薬はや**—原文「者薬也」とあり意味が判然としない。仮に「薬を欲しい」の意とみた。『全書』『東洋文庫』などの説くようにアユを薬とみて、一度は口にすることを自ら禁じたアユを、再び口にしたい、との意か。または、『大系』などの説くように、何等かの地名起源記事の断片か。○**冷水《しみづ》**—清澄な湧水で飲料となるものをいう。○**松原《まつばら》の御井《みゐ》**—加古川市尾上町にある松原清水が遺称地かという(『新考』)。○**望理《まがり》の里《さと》**—加古川市神野《かんの》町の加古川南岸地域。『和名抄』(高山寺本)に「望理末加里」とある。「里《さと》」は令制下における地方行政単位名で、いわゆる郡里制にあったことを示す。○**土は中の上なり**—「土《つち》」は、その里内の耕作地、または耕作可能地の意。上上から下下までの九等に区分している。当国風土記は里毎《ごと》に土品を記載する。○**大帯日子《おほたらしひこ》の天皇《すめらみこと》**―景行天皇。○**鴨波《あはは》の里《さと》**―『和名抄』郷名部に見えず、また遺称なく判然としないが、当郡東南部の山陽道沿いの地域か。○**大部造《おほとものみやつこ》**―大伴造とも書く。『日本霊異記』（上巻第五話）などに「大部」の例がある。『姓氏録』（大和国諸蕃）の「大伴造」の条に「出レ自二任那国主龍主王孫、佐利王一也」とあって、少なくとも伝承上は大伴造が任那《みまな》からの帰化氏族であったと思われる。○**古理売《こりめ》**―人名。あるいは朝鮮語に由来することばか。○**粟《あは》**―『和名抄』に「粟阿波」とある。古代においてはイネと並んで重要な穀物であった。○**粟々《あはは》**―「粟多《あはさは》」の縮約形。あるいは「多」は「あは」と訓み「粟多《あはあは》」の縮約形か。○**舟引原《ふなひきはら》**―遺称なく所在地不明。河川交通の盛んであった時代、ある川から別の川に、陸に船を引き上げて運ぶことがあった。揖保郡石海里船越の条の記事も同趣のものであろう。○**神前《かむざき》の村**―加古郡東南部の、加古川と明石川とにはさまれた地域であろうが、遺称なく明確ではない。○**荒《あら》ぶる神**―文意によれば往来の人に危害を加える悪神の意。○**半《なか》ば留《と》めき**―往来妨害を語るのにその半分に危害を加えるというのは、この種の「荒ぶる神」の行為の類型と思われる。○**印南《いなみ》の大津江《おほつえ》**―加古川市加古川町稲屋付近の加古川河口地か（『大系』）。○**賀意理多《かおりた》の谷**―遺称地なし。加古川を遡《さかのぼ》った、船を陸路で運ぶのに適した谷筋か。○**赤石《あかし》の郡《こほり》の林《はやし》の潮《みなと》**―明石市林を遺称地とする。明石川の河口地。なおここに「赤石の郡」とあることから、当国風土記成立時に「赤石郡」の存在したことが知られる。○**事《こと》は上《かみ》の解《げ》と同じ**―「事」とは、ここに語られた往来妨害譚を指す。「上の解」とは

「赤石郡」の記事をいう。「解」は解文《げぶみ》の意。当国風土記の筆録者が『風土記』を解文と理解していたことを物語るもの。なおこの一文から、当国風土記には本来「赤石郡」の記事のあったことが知られる。○**長田の里**《ながたのさと》―加古川市尾上町長田が遺称地。加古川東方の海岸地。『和名抄』に「長田奈加太」とある。○**長田**《ながた》―田圃の形が細長いことをいうか。○**駅家の里**《うまやのさと》―加古川市野口町にある駅池が遺称地という。『和名抄』(高山寺本)に「賀古」とある地という(『大系』)。○**駅家**《うまや》―古代令制下、とくに官道交通の官使のために設置された施設。令の規定によれば、三十里毎《ごと》に一駅が置かれた。『和名抄』『延喜兵部式』の駅名にも見える。山陽道に沿う駅で、明石駅の次に位置し、播磨国庁に続く。

〈**解説**〉

この段の前半部は、前段に引き続いて、印南の別嬢にまつわる伝承であるが、前段に見えた「褶墓《ひれはか》」の名の由来が説かれている。前段の〈解説〉でも触れたように、当国風土記の記すところが、そのまま褶墓の地名起源譚ではあり得ないのであって、敢えて推測するならば、「年有りて」以下「故《かれ》、褶墓《ひれはか》と号《なづ》く」までが、本来の地名説話により近いものではなかったか。『風土記』に見える数多くの地名説話の在り方から考えると、ある一つの地名説話は、その地名の由来を語ることだけに焦点を絞っていたようであり、背後に大きな伝承のある場合においても、そのすべてを語ることは稀であったと思われる。

　さて、褶墓が別嬢の所持していた褶に由来する地名であることについては何の問題もないが、文中には褶とともに見つけた匣も同地に埋葬したとあるのに、匣の方は、地名とは全く関わっていない。「匣丘《くしげをか》」なる地名もあってよさそうなものだが、然し、ここに地名の命名のされ方、また地名説話の在り方・作られ方の興味深い謎が隠されているように思う。すなわち、別嬢の伝承に関わっていたか否かは別として、どんな経緯であるかは不明にしろ、まず先に「ヒレハカ」なる地名が存在しており、この地名の由来を説くという形で、ここに見るような説話が作られたのではあるまいか。その際、別嬢の所持品として、褶とともに匣が登場してきたのは、それらが単に女性の所持品であったという理由だけではなく、この二つが、古代において、特に呪的な意味を持つと考えられていたことと関係があるのに相違ない。地名としては褶だけが用いられているが、その墓に匣もまた埋葬されたことを語ることで、呪的な意味付けをより強く与えているのだと考えたい。

　後半部の「望理」「長田」は、いずれも景行天皇のコトバによって、その地名が与えられたとしている点に注意したい。本来的には「望理」も「長田」も、地形に基づく地名に違いなかろうが、だからといって、例えば「川の曲がれるによりてマガリと号く」というような地名説明では満足しなかった、古代人の地名に対する意識は見逃がすわけには行かない。

三　印南郡

〔印南《いなみ》の郡《こほり》〕
一家《あるひと》云へらく、印南《いなみ》と号《なづ》くる所以《ゆゑ》は、穴門《あなと》の豊浦《とよら》の宮に御宇《あめのしたしら》しめしし天皇《すめらみこと》、皇《おほ》后《きさき》と倶《とも》に、筑紫《つくし》の久麻曽《くまそ》の国を平《たひら》げむと欲《おもほ》して下《くだ》り行《いでま》しし時、御舟《みふね》、印南《いなみ》の浦に宿りたまひき。此の時、滄海《うなばら》甚《いた》く平《な》ぎ、風波《なみかぜ》和静《しづか》なりき。故《かれ》、名づけて入浪《いりなみ》の郡《こほり》と曰《い》ふ。

大国《おほくに》の里《さと》。土《つち》は中の中なり。大国《おほくに》と号《なづ》くる所以《ゆゑ》は、百姓《おほみたから》の家《いへ》、多く此《ここ》に居《を》り。故《かれ》、大《おほ》国《くに》と曰《い》ふ。

此の里《さと》に山有り。名を伊保山《いほやま》と曰《い》ふ。所以《ゆゑ》は、帯中日子命《たらしなかつひこのみこと》を神に坐《ま》せて、息長帯《おきながたらし》日女命《ひめのみこと》、石作連《いしつくりのむらじ》大来《おほく》を率《ゐ》て、讃伎《さぬき》の国の羽若《はわか》の石を求《ま》ぎたまひき。彼《そこ》より度《わた》り賜《たま》ひて、未《いま》だ御廬《みいほ》を定《さだ》めたまはざりし時、大来《おほく》、見顕《みあらは》しき。故《かれ》、美保《みほ》山と曰《い》ふ。山の西に原《はら》有り。名を池《いけ》の原《はら》と曰《い》ふ。原の中に池有り。故《かれ》、池《いけ》の原《はら》と曰《い》ふ。

原の南に作石《つくりいし》有り。形、屋《や》の如《ごと》し。長さ二丈《つゑ》、広《ひろ》さ一丈《つゑ》五尺《さか》、高さも亦《また》、之《かく》の如《ごと》し。名号《な》を大石《おほいし》と曰《い》ふ。伝へて云へらく、聖徳《しやうとこ》の王《おほきみ》の御世《みよ》、弓削大連《ゆげのおほむらじ》の造《つく》れる石なり、といへり。

六継《むつぎ》の里《さと》。土《つち》は中の中なり。六継《むつぎ》の里《さと》と号《なづ》くる所以《ゆゑ》は、已《すで》に上《かみ》に見ゆ。此の里《さと》に松原有り。甘菆《あまたけお》生ふ。色は菆花に似て、体《かたち》は鶯菆《うぐひすたけ》の如《ごと》し。十月《かみなづき》の上旬に生ひ、下旬に亡《う》す。其の味、甚甘《いとうま》し。

益気《やけ》の里《さと》。土《つち》は中の上なり。宅《やけ》と号《なづ》くる所以《ゆゑ》は、大帯日子命《おほたらしひこのみこと》、御宅《みやけ》を此の村に造りたまひき。故《かれ》、宅《やけ》の村《むら》と曰《い》ふ。

此の里《さと》に山有り。名を斗形山《ますがたやま》と曰《い》ふ。石《いし》を以《も》ちて斗《ます》と乎《を》気《け》とを作れり。故《かれ》、斗形山《ますがたやま》と曰《い》ふ。石の橋有り。伝へて云へらく、上古《いにしへ》之時、此の橋天《あめ》に至り、八十人衆《やそびとたち》、上《のぼ》り下《くだ》り往来《かよ》ひき。故《かれ》、八十橋《やそはし》と曰《い》ふ、といへり。

含芸《かむき》の里《さと》。本《もと》の名は瓶落《かめおち》。土《つち》は中の上なり。瓶落《かめおち》と号《なづ》くる所以《ゆゑ》は、難波《なには》の高津《たかつ》の御宮《おほみや》の御世《みよ》、私部《きさきべ》の弓取等《ゆみとりら》が遠祖《とほつおや》、他田《をさだ》の熊千《くまち》、瓶の酒《さけ》を馬の尻《しり》に着《つ》けて、家地《いへどころ》を求《ま》ぎ行きしに、其の瓶、此の村に落ちき。故《かれ》、瓶落《かめおち》と曰《い》ふ。

又、酒山《さかやま》有り。大帯日子《おほたらしひこ》の天皇《すめらみこと》の御世《みよ》、酒の泉《いづみ》涌《わ》き出《い》でき。故《かれ》、酒山《さかやま》と曰《い》ふ。百《おほみ》姓《たから》飲めば、即ち酔《ゑ》ひて相闘《たたか》ひ相乱《みだ》りき。故《かれ》、埋《う》め塞《ふた》がしめき。後《のち》、庚午《かのえうま》の年、人有りて掘《ほ》り出《いだ》しき。今に猶酒《なほさけ》の気《け》有り。

郡の南の海中《うみなか》に小島有り。名を南毗都麻《なびつま》と曰《い》ふ。志我《しが》の高穴穂《たかあなほ》の宮《みや》に御宇《あめのしたしら》しめしし天皇《すめらみこと》の御世《みよ》、丸部臣等《わにべのおみら》が始祖《とほつおや》比古汝茅《ひこなむち》を遣《つかは》して、国の堺《さかひ》を定めしめたまひき。

尓《そ》の時、吉備比古《きびひこ》・吉備比売《きびひめ》二人《ふたり》参迎《まゐむか》へき。是《ここ》に、比古汝茅《ひこなむち》、吉備比売に娶《あ》ひて生める児《こ》、印南《いなみ》の別嬢《わきいらつめ》、此の女《をみな》の端正《きらきら》しきこと、当時《そのかみ》に秀《すぐ》れたりき。尓《そ》の時、大帯日子《おほたらしひこ》の天皇《すめらみこと》、此の女を娶《め》さむと欲《おもほ》して、下《くだ》り幸行《いでま》しき。別嬢《わきいらつめ》聞きて、即ち、件《くだり》の島に遁《に》げ度《わた》りて隠《な》び居《を》りき。故《かれ》、南毗都麻《なびつま》と曰《い》ふ。

〈現代語訳〉

〔印南《いなみ》の郡《こおり》〕

ある人のいうことには、――（この地を）印南《いなみ》と名づけたわけは、穴門《あなと》の豊浦《とよら》の宮において天下をお治めになられた天皇（仲哀《ちゅうあい》天皇）が、皇后（の神功《じんぐう》）とご一緒に筑紫《つくし》（九州）の久麻曽《くまそ》の国を征伐しようと考えられてお下りになられたとき、御舟を印南《いなみ》の浦にお泊めになられた。このとき、海はすっかり凪《な》いで、波風はおさまって静かであった。それで（この地を）名づけて入浪《いりなみ》の郡《こおり》という――と。

大国《おおくに》の里《さと》。土地（の地味）は、中の中である。（この地を）大国《おおくに》と名づけたわけは、百姓《おおみたから》の家が、たくさんここにあった。それで大国《おおくに》という。

この里《さと》に一つの山がある。その名を伊保山《いほやま》という。（そう名づけた）わけは、帯中日子命《たらしなかつひこのみこと》（仲哀天皇）（が崩御されたので、その霊）を神と仰いで、息長帯日女命《おきながたらしひめのみこと》（神功皇后）が石《いし》作連大来《つくりのむらじおおく》を引き連れて、（陵墓造営のために）讃伎《さぬき》の国の羽若《はわか》の地の石をお求めになられた。その地から（海を）お渡りになられて、まだお宿りになる御廬《みいほ》をお定めになられなかったとき、大来《おおく》が（その地を）みつけ出した。それで（この地を）美保山《みほ》という。（その）山の西に原がある。（その原の）名を池《いけ》の原《はら》という。（その）原の中に池がある。それで池《いけ》の原《はら》という。

（その）原の南に、石のつくりものがある。その形は家のようである。長さ二丈《つえ》、幅一丈《つえ》五尺《さか》、高さも（幅と）同じである。その名を大石《おおいし》という。伝えによると、（この石は）聖徳《しょうとく》の王《おおぎみ》の御代《みよ》に、弓削大連《ゆげのおおむらじ》（物部守屋《もののべのもりや》）が作った石であるという。

六継《むつぎ》の里《さと》。土地（の地味）は、中の中である。（この地を）六継《むつぎ》の里《さと》と名づけるわけは、すでに上文に見えている。この里《さと》に松原があり、甘菆《あまたけ》が生《は》える。その色は菆花に似て、その形は鶯菆《うぐいすたけ》のようである。十月の上旬に生《は》え、下旬にはなくなってしまう。その味はたいへんおいしい。

益気《やけ》の里《さと》。土地（の地味）は、中の上である。（この地を）宅《やけ》と名づけるわけは、大帯日子命《おおたらしひこのみこと》（景行天皇）が、御宅《みやけ》をこの村にお造りになった。それで、宅《やけ》の村という。

この里《さと》に一つの山があり、名を斗形山《ますがたやま》という。石で斗《ます》と乎気《おけ》とが作られている。それで（この山を）斗形山《ますがたやま》というのである。（この山には）石の橋がある。いい伝えによると、昔むかし、この橋は天にまで達していて、多くの人々が（この橋を通って）上り下りし、往き来していたという。それで（この橋を）八十橋《やそはし》というのだと。

含芸《かむき》の里《さと》。本《もと》(旧)の名は瓶落《かめおち》という。土地(の地味)は中の上である。(この地を)瓶落《かめおち》と名づけるわけは、難波《なにわ》の高津《たかつ》の御宮《おおみや》(仁徳天皇)の御代に、私部《きさきべ》の弓取《ゆみとり》たちの始祖である他田《おさだ》の熊千《くまち》が、瓶《かめ》に入れた酒を馬の尻《しり》につけて、住むところを探して旅していたとき、その瓶《かめ》がこの村で落ちた。それで瓶落《かめおち》という。

また(この里《さと》に)酒山《さかやま》がある。大帯日子《おおたらしひこ》の天皇(景行天皇)の御代に、(この地で)酒の泉が涌《わ》き出した。それで酒山《さかやま》という。百姓たちがこの酒を飲むと、たちまち酔って、たがいに入り乱れて闘い合ってしまった。そこで(この泉を)埋めてふさいでしまった。その後、庚午《かのえうま》の年に、ある人がこれを(再び)掘り出した。今なお酒の気《け》がある。

当郡の南の海中に一つの小島がある。名を南毗都麻《なびつま》という。志我《しが》の高穴穂《たかあなほ》の宮において天下をお治めになられた天皇(成務天皇)の御代、丸部臣《わにべのおみ》たちの始祖である比古汝茅《ひこなむち》を派遣して、諸国の境界をお定めになられた。そのとき、吉備比古《きびひこ》・吉備比売《きびひめ》の二人が(比古汝茅《ひこなむち》を)お迎えした。ここで比古汝茅《ひこなむち》が吉備比売《きびひめ》を娶《めと》ってお生みになった子が、印南《いなみ》の別嬢《わきいらつめ》である。この女性の姿かたちの端正で美しいことは、当時においてもきわだってすぐれていた。その時、大帯日子《おおたらしひこ》の天皇(景行天皇)が、この女性を妻にしたいとお思いになり、(この地に)下っておいでになられた。(印南《いなみ》の)別嬢《わきいらつめ》はこれを聞いて、すぐさま先に言った島に逃げ渡って、隠《な》びかくれていた。それで(この島を)南毗都麻《なびつま》というのである。

〈注〉

○**〔印南《いなみ》の郡《こほり》〕**—原本は「印南郡」という標題、および郡名由来の本伝部分が欠けている。今他郡の記載様式に倣い、仮に補う。○**穴門《あなと》の豊浦《とよら》の宮に御宇《あめのしたしら》しめしし天皇《すめらみこと》**—仲哀天皇。○**皇后《おほきさき》**—神功皇后。○**筑紫《つくし》の久麻曽《くまそ》の国**—九州中・南部、現宮崎・鹿児島両県にわたる地域を指す。ながく大和朝廷の統治下に入らなかった地域。なお「クマソ」は先住民族の名とする説もある。○**平《たひら》げむ**—クマソ征討のことは『記』『紀』ともに仲哀天皇の条に見える他、『紀』には景行天皇の条にも見え、それらは『肥前国風土記』『豊後国風土記』等と類似する点が多い。○**下《くだ》り行《いでま》しし**—都から九州に向かったことをいう。『仲哀紀』によれば、天皇と皇后は別々の地から出発し、穴門《あなと》にて合流したとある。○**印南《いなみ》の浦《うら》**—印南郡の瀬戸内海沿いの海岸一帯を指す。往時は今よりずっと湾入していたと思われる。○**入浪《いりなみ》の郡《こほり》**—「入浪」は入江となっていて波の立たない意か。イリナミの略音イナミとするもの。印南郡は加古川西岸の加古川市・高砂市を中心とする地域。『和名抄』に「印南伊奈美」とあり、同郡には五つの郷のあったことが見えている。○**大国《おほくに》の里《さと》**—加古川市西神吉町大国を遺称地とする。『和名抄』に「大国於保久尓」とある。○**百姓《おほみたから》**—大御宝《おおみたから》の意で、人民・国民をいう。『和名抄』『名義抄』では「人民」を「オホムタカラ」と訓んでいる。○**大国《おほくに》**—『大系』は「大国」を農耕地が広く多い意と解しているが定かではない。「国《くに》」は土地（農耕地）の意か。○**伊保山《いほやま》**—高砂市伊保町周辺の小丘か。○**帯中日子命《たらしなかつひこのみこと》**—仲哀天皇。○**神に坐《ま》せて**—崩御された天皇の遺骸を神として奉持したのである。仲哀天皇崩御については『記』『紀』に詳しい。○**息長帯日女命**《おきながたらしひめのみこと》―神功皇后。○**石作連大来**《いしつくりのむらじおほく》―石棺の製作、陵墓の造営に従事した氏族。「大来」は名。『姓氏録』(左京神別)によれば、「石作連」は垂仁天皇の皇后であった日《ひ》葉《ば》酢《す》媛《ひめ》の石棺を作ってこれを献上したことから「石作大連公」の姓を賜わったとある。○**羽若の石**―香川県綾歌郡内の羽床上・羽床下を遺称地とする。『和名抄』讃岐国阿野郡の条に「羽床波以可」とある。この地の石材で仲哀天皇の陵墓を造営しようとしたのである。○**御廬**《みいほ》―天皇の遺骸を安置する場所をいうか。○**見顕**《みあらは》**しき**―安置すべき地をみつけた、の意。○**美**《み》**保**《ほ》**山**―「御廬《みいほ》」の略音ミホか。標出地名は「伊保《いほ》」とあって矛盾するが、ミとイが交替している例は、当国風土記宍禾《しさは》郡御方《みかた》里伊和《いわ》村の条にも見えている。○**池**《いけ》**の原**《はら》―伊保山西北方には北池、南池等の地名が残っている。○**作石**《つくりいし》―伊保山北麓にある、俗に「石の宝殿」と呼ばれている造作物を指す。社殿を横倒しにしたような形状というが、家型石棺の未完成品ともいわれている。○**大石**《おほいし》―現在では生石《おほしこ》神社の神体としている。地名「生石《おほしこ》」も存する。○**聖**《しやう》**徳**《とこ》**の王**《おほぎみ》―聖徳太子。○**弓削大連**《ゆげのおほむらじ》―物部弓削守屋《もののべのゆげのもりやの》大連。『敏達紀』によれば、排仏を主張して蘇我馬子と聖徳太子によって滅ぼされたという(五八七年没)。なお聖徳太子はこの一件の後に摂政となっている。○**六継**《むつぎ》**の里**《さと》―遺称地なく、また『和名抄』の郷名にも見えない。加古川市加古川町の加古川河口付近の地か。○**已**《すで》**に上**《かみ》**に見ゆ**―賀古郡の印南《いなみ》の別嬢《わきいらつめ》の記事中に「六継《むつぎ》の村」と見えている。○**甘菆**《あまたけ》―不詳。『新考』は「菆」を「茸」とみて、キノコとする。今仮にこれに従う。○**益気《やけ》の里《さと》**—加古川市東神吉町升田を遺称地とする。『和名抄』（高山寺本）に「益田末須太」とあるのに相当する。○**大帯日子命《おほたらしひこのみこと》**—景行天皇。○**御宅《みやけ》**—古代、大和朝廷の直轄地。本来は御料の穀物を収蔵する倉庫の意か。「屯倉」「屯家」等とも書かれる。『景行紀』五十七年十月の条に「諸国《くにぐに》に令《のりごと》して、田部《たべ》屯倉《みやけ》を興《た》つ」とある。○**宅《やけ》の村**—「御宅《みやけ》」を略して「宅《やけ》」と称することは他書に例がなく、また不自然である。『大系』の説くように、地名説明のための説話の上だけのことであろう。○**斗形山《ますがたやま》**—東神吉町升田にある升田山（旧称益気《やけ》山・岩橋山）のことという。○**斗《ます》と乎気《をけ》**—枡《ます》と桶《おけ》の意。『大系』は古墳の築造物を指すかとしている。○**石の橋**—「橋」は「梯子《はしご》」の意。古くより当地では「八十《やそ》の石階《いははし》」として知られ、名所の一であった。なお以下の一条を『釈日本紀』巻五に引用している（但し「賀古郡益気里」と誤って引用する）。○**含芸《かむき》の里《さと》**—加古川市東神吉町神吉を遺称地とする。『和名抄』に「含芸賀奈牟、国用河南」（高山寺本）とある。○**難波《なには》の高津《たかつ》の御宮《おほみや》の御世《みよ》**—仁徳天皇の治世をいう。○**私部《きさきべ》の弓取《ゆみとり》**—私部《きさきべ》は皇后のために置かれた部民か。『敏達紀』に見える。また、当国風土記餝磨郡少川里の条に「私部弓束《きさきべのゆみつか》」という名も見えている。弓取《ゆみとり》は名。○**他田《をさだ》の熊千《くまち》**—『姓氏録』（和泉国皇別）に「他田　膳臣同祖」と見える。なお『大系』は「他田」を奈良県桜井市太田付近の古称としている。熊千《くまち》は名。○**此の村に落ちき**—話の上ではただ瓶が落ちたというのみであるが、恐らくは、瓶の落ちた地を居所と定めたことをいうのであろう。○**瓶落《かめおち》**—カメオチが訛《なま》ってカムキとなったとするのであろうが、地名と地名説話との間にずれのあることは明らかである。○**酒山**《さかやま》―遺称なく所在地不明。○**大帯日子**《おほたらしひこ》**の天皇**《すめらみこと》―景行天皇。○**酒の泉**《いづみ》―話の上では酒となっているが、『肥前国風土記』基肄《き》郡の酒殿の泉の条の記述内容などから判断するならば、恐らくは鉱泉を指すのであろう。○**庚午**《かのえうま》**の年**―天智天皇九（六七〇）年。庚午年籍の作製をはじめ律令地方制度の整備が活発に行われた年。○**郡の南……**―以下の一文は、賀古郡の条にも見えていた南毗都麻《なびつま》の地名説話である。同一地の地名説話が二郡にわたって記載されている点は注意すべき（→〈解説〉）。なお『全書』はこの一条を、印南郡の総記にあるべきものとしている。○**志我**《しが》**の高穴穂**《たかあなほ》**の宮**《みや》**に御宇**《あめのしたしら》**しめしし天皇**《すめらみこと》―成務天皇。○**丸部臣**《わにべのおみ》―『姓氏録』（左京皇別）に「丸部　和安部同祖。彦姥津命五世孫男伊富都大命之後也」とあり、大春日朝臣、小野朝臣などと同族で、孝昭天皇から出た氏族と系譜づけられている。ワニ氏は古くより大和朝廷に皇妃を出した豪族で、『記』『紀』中にも同氏の伝承が含まれている。○**比古**《ひこ》**汝茅**《なむち》―原本「弟」とあるを「茅」に訂す。田中卓氏の紹介された、駿河浅間神社大宮司家所蔵の『和邇部氏系図』には、孝昭天皇八世孫として「彦汝命《ひこなむち》」なる名が見えている（『日本上古史研究』一―一）。○**国の堺**《さかひ》**を定めしめたまひき**―『成務紀』五年九月の条に「山河《やまかは》を隔《さか》ひて国県《くにあがた》を分ち」とあり、国の境界を定めたことが見えている。○**吉備**《きび》**比古**《ひこ》**・吉備**《きび》**比売**《ひめ》―当国風土記の記載ぶりから見れば、吉備国に住んでいた土着豪族を指すと思われる。なお〈解説〉参照。○**端正**《きらきら》**しき**―『日本霊異記』（中巻第三十一話）の「端正」の訓注に「岐良支良シ」とある。

容姿が整って美しいこと。○**大帯日子《おほたらしひこ》の天皇《すめらみこと》**—景行天皇。当国風土記では印南の別嬢は成務朝の人の娘とされており、年代上に錯誤があるようである。○**件《くだり》の島**—南毗都麻を指す。○**隠《な》び居《を》りき**—隠れるように島にいたことを言ったもの。

〈解説〉

当郡にも南毗都麻《なびつま》伝承についての記載があるので、賀古郡の伝承と比較しながら、また『記』『紀』の記載とも比較しながら考えてみよう。

まず同一地の地名説話が二郡にわたって記載されているのは他に殆ど例がなく、極めて珍しいものであり、『大系』が説くように、この島の所属郡が曖昧《あいまい》であったが故に、同一説話が重記されたものと解するには無理がある。両者を比較すれば明らかなように、確かに説話のモティーフは似通っているものの、幾つかの点において差異が認められることは、賀古郡の㈠の〈解説〉において述べた通りであり、説話の管理者が異なっていたと思われるふしがある。つまり賀古郡のそれは、山直《やまのあたい》の始祖説話の一部として形成されているのに対し、当郡では、在地の土着豪族であった吉備臣が天皇家と関わりを持ったことを説く説話として位置づけられているのである。

一体『記』『紀』によれば、印南の別嬢は吉備臣につながる人物として記され、そのかぎりにおいて、当郡の記載は中央の史書の記述にも合致して、その正当性は保証されている。

いわば当郡の説話は、中央の史書における記述の正当性を、在地において、在地の吉備臣が管理していた始祖伝承によって証明したようなものである。そしてこの島は、その伝承が事実であることを保証するかのように加古川河口に存在していたのである。

このように考えるならば、南毗都麻をめぐる二つの地名説話は、実は各々の説話の管理者が、各々別個の論理の中でこの地名説話を必要と考えて各々の伝承中に採り入れたものであって、モティーフの類似のみで、同一説話の重記とするのは当を得た考えとは言えなくなる。この説話のモティーフとなっている隠《いな》び妻伝承は、賀古郡㈠の〈注〉に挙げておいたように、上代文献にも類例があり、古代の婚姻習俗を物語るものとも言われる。この習俗が古代においてかなり普遍的なものであったとするならば、何も印南の別嬢の説話のみと密接不可分に関わっていたと考えねばならぬ理由はない。恐らくは当地においてもっと素朴な形で語られていた隠び妻伝承（その伝承中に南毗都麻の地名起源譚が伴っていたかも知れない）が、山直《やまのあたひ》なり吉備臣なりの始祖伝承の形成過程において採り込まれて、各々独自の位置を与えられたものと考えてよいのではあるまいか。『風土記』に記す地名説話が、そのままの形で在地において実際に伝承されていたものと受け取ることは必ずしもできないものであり、何等かの形で、その説話の管理者なり、筆録にあたった律令官人の意向なりによって変容を受けていることも念頭に置いておく必要がある。

補説　「印南郡」の存否

本書の底本（三条西家本）では、当該部分には、次の餝磨郡以下のような「印南郡」という標題が欠けており、賀古郡の末尾、駅家里の説明の後、改行することなく「一家云《あるひとい》へらく、印南《いなみ》と号《なづ》くる所以《ゆゑ》は」云々と、「印南」の名の由来が説かれている。従来は、ここに「印南郡」の標題と、「一家」に対する本伝とがあったのが、誤脱したのだと考えられてきた。本書でもそれに従って「印南郡」と標題を補っている。

一方「所以は」の結びと見られる部分には、「故名曰入印南浪郡」（原文）とあり、「印南」の部分に、後の讃容・賀毛・美嚢郡の標題に付けられているのと同様の合点が墨で付けられている。こちらもこのままでは理解が難しいので、「印南」は傍記されていた二字が誤って本文に入ったものとして削除し、「故《かれ》、名づけて入浪《いりなみ》の郡《こほり》と曰《い》ふ」（訳注者による訓読）とするのが通説であった。

これに対して、植垣節也氏は、当郡標題が無いのは、当国風土記成立時に、印南郡がまだ建てられていなかったからではないかという説を立てている（「播磨国風土記注釈稿㈡」『風土記研究』二）。当国風土記のどこにも「印南郡」の字面が見えず、「印南六継村《いなみのむつぎのむら》」（賀古郡㈠）・「印《い》南之《なみの》大津《おほつ》江《え》」（同㈡鴨波里舟引原条）など、「印南郡」とあって然るべきところに「郡」字が無い、また『釈日本紀』（卜部《うらべ》兼方《かねかた》著、十三世紀末の成立）には、当郡益気《やけ》里条を賀古郡の記事として引用しているなど、多くの根拠を植垣氏は挙げている（植垣氏校注の新編日本古典文学全集『風土記』も当然、その説を採用している)。

ただし荊木美行氏が詳細に検討しているように(「『播磨国風土記』雑考」『播磨国風土記』の史的研究』)、その根拠はいずれも決定的ではない。「印南郡」の三字は見えなくとも、「入印南浪郡」のところに「郡」字は存するのであり(沖森卓也ほか編著『播磨国風土記』は、「入南印浪郡」と校訂する)、『釈日本紀』は、既に三条西家本のように誤脱した形の当国風土記を見て、賀古郡の記事と認識したかのかもしれない。いずれにしろ、「一家云へらく」の前に、誤脱があったことは確実なので、それが明らかにできない以上、「印南郡」の存否に関して確たることを言うのは難しいだろう。植垣説の提起以後、訳注者がこの件についてどう考えていたかは不明であるが、本書では遺稿のまま、印南郡を節として立てておく。

四　餝磨郡㈠

餝磨《しかま》の郡《こほり》。

餝磨《しかま》と号《なづ》くる所以《ゆゑ》は、大三間津日子命《おほみまつひこのみこと》、此処《ここ》に屋形《やかた》を造《つく》りて座《ま》しし時、大きなる鹿《しか》有りて鳴きき。尓《そ》の時、王《おほきみ》、勅《の》りたまひしく、「壮鹿《しか》鳴《な》くかも」とのりたまひき。故《かれ》、餝磨《しかま》の郡《こほり》と号《なづ》く。

漢部《あやべ》の里《さと》。土《つち》は中の上なり。右《みぎ》、漢部《あやべ》と称《い》ふは、讃芸《さぬき》の国の漢人《あやひと》等、到来《きた》りて此処《ここ》に居《を》りき。故《かれ》、漢部《あやべ》と号《なづ》く。

菅生《すがふ》の里《さと》。土《つち》は中の上なり。右《みぎ》、菅生《すがふ》と称《い》ふは、此処《ここ》に菅原《すがはら》有り。故《かれ》、菅生《すがふ》と号《なづ》く。

麻跡《まさき》の里《さと》。土《つち》は中の上なり。右《みぎ》、麻跡《まさき》と号《なづ》くるは、品太《ほむだ》の天皇《すめらみこと》、巡《めぐ》り行《いでま》しし時、勅《の》りたまひしく、「此の二つの山を見れば、能《よ》く人の眼《め》を割《さ》き下げたるに似たり」とのりたまひき。故《かれ》、目割《まさき》と号《なづ》く。

英賀《あが》の里《さと》。土《つち》は中の上なり。右《みぎ》、英賀《あが》と称《い》ふは、伊和《いわ》の大神《おほかみ》の子《みこ》、阿賀比古《あがひこ》・阿賀比売《あがひめ》二《ふた》はしらの神、此処《ここ》に在《いま》す。故《かれ》、神の名《みな》に因《よ》りて、里《さと》の名と為《な》す。

伊和《いわ》の里《さと》。船丘《ふなをか》・波丘《なみをか》・琴丘《ことをか》・匣丘《くしげをか》・箕丘《みをか》・日女道丘《ひめぢをか》・莜丘《ふぢをか》・稲丘《いなをか》・冑丘《かぶとをか》・鹿丘《しかをか》・犬丘《いぬをか》・甕丘《みかをか》・筥丘《はこをか》。土《つち》は中の上なり。右《みぎ》、伊和部《いわべ》と号《なづ》くるは、積幡《しさは》の郡《こほり》の伊和君《いわのきみら》等が族《やから》、到来《きた》りて此《ここ》に居《を》りき。故《かれ》、伊和部《いわべ》と号《なづ》く。

手《て》苅《がり》丘《をか》と号《なづ》くる所以《ゆゑ》は、近き国の神、此処《ここ》に到り、手《て》以《も》て草を苅《か》りて、食薦《すごも》と為《な》しき。故《かれ》、手苅《てがり》と号《なづ》く。一云《またい》はく、韓人《からひと》等始めて来《きた》りし時、鎌《かま》を用ゐることを識《し》らず。但《ただ》、手《て》以《も》て稲を苅《か》りき。故《かれ》、手苅《てがり》の村と云ふ。

右の十四丘《をか》は已《すで》に上《かみ》に詳《つまびら》かなり。昔、大汝命《おほなむちのみこと》の子《みこ》・火明命《ほあかりのみこと》、心行《こころばせ》甚強《いとこは》し。是《こ》を以《も》て、父神《ちちがみ》患《うれ》へまして、遁《のが》れ棄《す》てむと欲《おもほ》したまひき。乃《すなは》ち、因達《いだて》の神山《かみやま》に到り、其の子《みこ》を遣《つかは》して水を汲《く》ましめ、未《いま》だ還《かへ》らぬ以前《さき》に、即《やが》て発船《ふなだち》して遁《のが》れ去りたまひき。是《ここ》に、火明命《ほあかりのみこと》、水を汲《く》み還《かへ》り来て、船の発《た》ち去《ゆ》くを見て、即ち大きに瞋怒《いか》り、仍《よ》りて風波《なみかぜ》を起《おこ》して、其の船を追ひ迫《せ》めき。是《ここ》に、父神《ちちがみ》の船、進行《すす》むこと能《あた》はずして、遂《つひ》に打ち破《や》られき。所以《ゆゑ》に其《そ》を波丘《なみをか》と号《なづ》く。琴《こと》落ちし処《ところ》は、即ち琴神丘《ことかみをか》と号《なづ》け、箱《はこ》落ちし処《ところ》は、即ち箱丘《はこをか》と号《なづ》け、梳匣《くしげ》落ちし処《ところ》は、即ち匣丘《くしげをか》と号《なづ》け、箕《み》落ちし処《ところ》は、仍《すなは》ち箕《み》形丘《かたをか》と号《なづ》け、甕《みか》落ちし処《ところ》は、仍ち甕丘《みかをか》と曰《い》ひ、稲《いね》落ちし処《ところ》は、即ち稲牟礼丘《いなむれをか》と号《なづ》け、冑《かぶと》落ちし処《ところ》は、即ち冑丘《かぶとをか》と号《なづ》け、沈石《いかり》落ちし処《ところ》は、即ち沈石丘《いかりをか》と号《なづ》け、綱《つな》落ちし処《ところ》は、即ち藤丘《ふぢをか》と号《なづ》け、鹿《しか》落ちし処《ところ》は、即ち鹿丘《しかをか》と号《なづ》け、犬《いぬ》落ちし処《ところ》は、即ち犬丘《いぬをか》と号《なづ》け、蚕子《ひめ》落ちし処《ところ》は、即ち日女道丘《ひめぢをか》と号《なづ》く。尓《そ》の時、大汝《おほなむち》の神、妻弩都比売《ののつひめ》に謂《の》りて曰《い》ひしく、「悪《あ》しき子を遁《のが》れむと為《し》て、返《かへ》りて風波《なみかぜ》に遇《あ》ひ、太《いか》く辛苦《たしな》められつるかも」とのりたまひき。所以《ゆゑ》に、号《なづ》けて瞋塩《いかしほ》と曰《い》ひ、苦斉《たしなみのわたり》と曰《い》ふ。

〈現代語訳〉

餝磨《しかま》の郡《こおり》。

餝磨《しかま》と名づけたわけは、大三間津日子命《おおみまつひこのみこと》が、この地に屋形《やかた》を造っておいでになられたとき、一頭の大きな鹿があって鳴いた。そのとき、王《おおきみ》は勅《みことのり》して、「壮鹿《しか》の鳴くことよ」と仰せられた。それで（この地を）餝磨《しかま》の郡《こおり》と名づけたのである。

漢部《あやべ》の里《さと》。土地（の地味）は中の上である。右、漢部《あやべ》と称するわけは、讃芸《さぬき》の国の漢人《あやひと》たちが、やってきてこの地に住んだ。それで、漢部《あやべ》と名づけている。

菅生《すがふ》の里《さと》。土地（の地味）は、中の上である。右、菅生《すがふ》と称するわけは、この地に菅原《すがはら》がある。それで、菅生《すがふ》と名づけている。

麻跡《まさき》の里《さと》。土地（の地味）は、中の上である。右、麻跡《まさき》と名づけたわけは、品太《ほむだ》の天皇（応神天皇）が（この地を）御巡幸なさったとき、勅《みことのり》して、「この二つの山を見ると、よく人の目を割《さ》き下げたのに似ていることだ」と仰せになられた。それで、目割《まさき》と名づけている。

英賀《あが》の里《さと》。土地（の地味）は、中の上である。右、英賀《あが》と称するわけは、伊和《いわ》の大神の子神《みこがみ》である阿《あ》賀比古《がひこ》・阿賀比売《あがひめ》の二はしらの神が、この地に鎮座されている。それゆえ、この神の御名によって、里《さと》の名としている。

伊和《いわ》の里《さと》。船丘《ふなおか》・波丘《なみおか》・琴丘《ことおか》・匣丘《くしげおか》・箕丘《みおか》・日女道丘《ひめじおか》・莜丘《ふじおか》・稲丘《いなおか》・冑丘《かぶとおか》・鹿丘《しかおか》・犬丘《いぬおか》・甕丘《みかおか》・筥丘《はこおか》。土地（の地味）は、中の上である。右、伊和部《いわべ》と名づけたわけは、積幡《しさわ》の郡《こおり》の伊和君《いわのきみ》等の一族の人たちが、やってきてこの地に住んでいた。それで、伊和部《いわべ》と名づけている。

手苅丘《てがりおか》と名づけたわけは、近くの国の神がこの地にやってきて、手でもって草を苅り、食《す》薦《ごも》とした。それで（この地を）手苅《てがり》と名づけている。一説によれば、韓人《からひと》たちが初めて（この地に）やってきたとき、鎌を使うということを知らず、ただ素手で稲（の穂）を苅っていた。それで、手苅《てがり》の村というのだ、という。

右に挙げた十四の丘については、すでに上文にくわしく述べた通りである。昔、大汝命《おおなむちのみこと》の子《みこ》の火明命《ほあかりのみこと》は、その性格が強情で、その行状もひどく荒々しかった。そのため父神（の大汝命《おおなむちのみこと》）は子神《みこがみ》のことを心配なさったあげく、棄《す》て去ってのがれようとお思いになった。そこで、因達《いだて》の神山《かみやま》までやって来て、その子を水を汲みにやらせて、まだ戻って来ないうちに、すぐさま船出して逃げ去っておしまいになった。ここに火明命《ほあかりのみこと》は、水を汲みおえて戻ってきて、船が出発して去って行くのを見て、たちまちひどく怨《うら》み怒《いか》った。そこで波風を巻き起こすとともに、その船を追いかけ迫《せま》った。そのため父神の船は進むこともできなくなり、（その波風のために）ついに船はうち破られてしまった。そういうわけで、（波のおし寄せた）そのところを波丘《なみおか》と名づける。また、（船に積んでいた）琴の落ちたところは、すなわち琴神丘《ことかみおか》と名づけ、箱の落ちたところは、すなわち箱丘《はこおか》と名づけ、梳匣《くしげ》の落ちたところは、すなわち匣丘《くしげおか》と名づけ、箕《み》の落ちたところは、すなわち箕形丘《みかたおか》と名づけ、甕《みか》の落ちたところは、すなわち甕丘《みかおか》といい、稲の落ちたところは、すなわち稲牟礼丘《いなむれおか》と名づけ、冑《かぶと》の落ちたところは、すなわち冑丘《かぶとおか》と名づけ、沈石《いかり》の落ちたところは、すなわち沈石丘《いかりおか》と名づけ、綱《つな》の落ちたところは、すなわち藤丘《ふじおか》と名づけ、鹿の落ちたところは、すなわち鹿丘《しかおか》と名づけ、犬の落ちたところは、すなわち犬丘《いぬおか》と名づけ、蚕子《ひめこ》の落ちたところは、すなわち日女道丘《ひめじおか》と名づける。そのとき、大汝《おおなむち》の神は、その妻、弩都比売《のつひめ》に告げて言われたことには、「性格のよくない子どもから逃れようとして、かえって波風にあい、いかしく辛苦《たしな》められたことよ」と仰せられた。以上のようなわけで、（その地を）瞋塩《いかしお》といい、（その渡し場を）苦斉《たしなみのわたり》という。

〈注〉

○**餝磨《しかま》の郡《こほり》**―姫路市の主要部およびその周辺部を含む、夢前川と市川の流域地。旧飾磨郡に相当する。『和名抄』に「餝磨国府」とあるように、当郡には国庁（姫路城内にその遺跡地がある）が置かれており、沿岸六郡の中心地であった。『和名抄』には当郡に十四郷の名が見える。○**大三間津日子命《おほみまつひこのみこと》**―孝昭天皇の名ミマツヒコカヱシネに類似するところから、この命を孝昭天皇とする説もあるが（敷田年治氏および栗田寛氏の『標注』など）、定かではない。なお当国風土記讃容郡邑宝《おほ》の里の条に「弥麻都比古命《みまつひこのみこと》」と見えるが、あるいはこの神と関係あるか。○**屋形**《やかた》—仮に設けられた宿舎。○**王**《おほきみ》—この命《みこと》を天皇と解するならば、オホキミは天皇の意であるが、ここでは天皇であるか否か定かではない。○**牡鹿**《しか》—原本の字形判然としないが、あるいは「牡鹿」か。「餝磨《しかま》」の地名説明となるよう「シカ」と訓んでおく。○**餝磨**《しかま》**の郡**《こほり》—この地名説明では「シカマ」の「シカ」を説くのみである。○**漢部**《あやべ》**の里**《さと》—姫路市の書写山の西辺、旧余部村を遺称地とする。『和名抄』に「余部郷」とある地に相当するという。○**讃芸**《さぬき》**の国の漢人**《あやひと》—漢人《あやひと》は漢、すなわち中国大陸からの渡来人を指すことも、韓(百済《くだら》)からの渡来人を指すこともある。そのいずれであるかは不明。『和名抄』によれば讃岐には「阿野綾」郡のあったことが知られ、漢人達が讃岐から播磨に移住したことを物語っている。○**菅生**《すがふ》**の里**《さと》—姫路市夢前町の菅生澗を遺称地とする。『和名抄』に「菅生須加布」とある。菅《すげ》は水辺・湿地などに自生していたのであろうが、笠や簑を作るのに大いに利用された。○**麻跡**《まさき》**の里**《さと》—『和名抄』の郷名にも見えず、遺称なく定かでないが、『地名辞書』などは余部郷の南方付近かという。○**品太**《ほむだ》**の天皇**《すめらみこと》—応神天皇。○**巡**《めぐ》**り行**《いでま》**しし時**—天皇の地方巡幸をいう。○**人の眼**《め》**を割**《さ》**き下げたる**—目尻または目の周辺に入れ墨をすることで、南方系の習俗という。『履中紀』元年四月の条では、この入れ墨が刑罰の一つとされている。ここでは、山容が入れ墨をした二つの目が並んでいるようだというのである。○**英賀**《あが》**の里**《さと》—姫路市飾磨区英賀を遺称地とする。『和名抄』に「英賀安加」とある。○**伊和**《いわ》**の大神**《おほかみ》—宍禾《しさは》郡石作《いしつくり》の里に本拠を持つ、伊和君一族の奉じた神。本来は一村落神であったと思われるが、当国風土記では、播磨第一の地方神として語られている。○**阿賀比古**《あがひこ》**・阿賀比売**《あがひめ》—当地土着の神か。『風土記』においては、土着の部落神が、しばしば男女一対の神として語られている。なお『三代実録』元慶五（八八一）年五月五日の条に「播磨国正六位上、英賀彦神・英賀姫神、並ニ授ク従五位下ヲ一」と見える。○**此処**《ここ》**に在**《いま》**す**—姫路市英賀にある英賀神社をいう。○**伊和**《いわ》**の里**《さと》—姫路市亀山以北の、近世岩郷と呼ばれた地域。『和名抄』に「伊和」と見える。○**船丘**《ふなをか》—船丘以下注記された地名は、下文にその地名説明があることを示すが、下文の地名と合致しないもの、下文にあって注記にないもの、地名順の異なるものなどがある。今原本のままに残した。なお標記の里名の下に、地名説明を施した地名を列記する書式は、餝磨・神前・託賀・賀毛の四郡に共通して見られる。○**伊和部**《いわべ》—この地の旧称はここに見るように「伊和部」であった。恐らくは当郡安相《あさこ》の里の条に見えるように、地名に「好字二字」をつけることが行われるようになって、「部」字は削られたのであろう。○**積幡**《しさは》—「宍禾《しさは》」の特殊用字。○**伊和君**《いわのきみ》—宍禾郡石作の里を本拠とし、伊和の大神を奉じた氏族。○**手苅丘**《てがりをか》—当郡の書式に従うならば、里名の下に「手苅丘」とあるべきもの。さらにこの一条を削除すれば文脈上無理がない。従ってこの一条は追録記事と考えられる（『大系』など）。○**近き国の神**—当国に近い国の意であるが、国内・国外を問わず、どこをいうか不明。○**食薦**《すごも》—神祭などの時、神に供える食物などを置く時、その下に敷く敷物をいう。○**手苅**《てがり》—姫路市西南部の手柄山（標高五〇メートル）を遺称地とする。〇**鎌**《かま》―ここは鉄製のものをいうか。〇**手以**《ても》**て稲を苅**《か》**りき**―稲の根元からではなく穂首だけを苅り取ったのであろう。恐らくは手の中に包み持つようにしていた石庖丁で苅り取ったのを、素手で苅ったように解したもの。土着の人々の収穫の仕方とは異なっていたことを物語る一例。〇**右の十四丘**《をか》**は已**《すで》**に上**《かみ》**に詳**《つまびら》**かなり**―「右の十四丘」とは里名の下に列記された丘々を指す（実際には列記部分には十二丘しかなく、下の説明との間に異同もある）。「已に上に詳かなり」については、『大系』など「上」を「下」の誤写とみて、以下の一説話で全て一括して説明してある意に解している。ここでは原本通り「上」とみて、『全書』の説くように、本来この十四丘の説話は郡の総記としてまとめられていたために「上」とあったものが、後に伊和の里の条に移されたものと考えておく。〇**大汝命**《おほなむちのみこと》―『記』『紀』では大国主神の別名とされているが、『出雲国風土記』などによれば、むしろオホナムチの名が一般的であったらしい。代表的な国津神として知られる。〇**火**《ほ》**明命**《あかりのみこと》―『紀』ではニニギノミコトの子と系譜づけられており、ここは合致しない。ただ火明命は石作連《いしつくりのむらじ》の祖神とされており（『姓氏録』）、その点を重視すべきという『東洋文庫』の説は首肯されよう。〇**因達**《いだて》**の神山**《かみやま》―当郡に見える因達《いだて》の里《さと》にあった、神を祭る山。現在の八丈岩山（標高一七三メートル）という。因達の里の記述によれば、ここに祭られていた神は、航海神のようである。〇**波丘**《なみをか》―里名の下の列記中には「船丘・波丘」とあり、また説話内容からしても「船丘」があって然るべきところである。よって『大系』など脱文ありとして「船丘」を補っているが、ここでは原本のままに従っておく。船をうち破った荒波のおし寄せた丘の意か。遺称なく所在地不明。なお以下に列挙された諸丘は、いずれも姫路市市街地から西および西南方にかけて散在する丘を指す。○**琴神丘**《ことかみをか》—標目では「琴丘」とある。姫路城西方の景福寺山の西にある薬師山をあてている。○**箱丘**《はこをか》—標目では「筥丘」と記されている。遺称地なく定かではないが、当郡枚野の里の条に見える「筥丘」と同一地とすれば、姫路城北東方の地にあることになる。○**匣丘**《くしげをか》—姫路市下手野の舟越山をあてている。○**箕形丘**《みかたをか》—標目では「箕丘」とある。景福寺山北方の秩父山をあてている。○**甕丘**《みかをか》—薬師山西方の神子岡をあてている。○**稲牟**《いなむ》**礼**《れ》**丘**《をか》—標目では「稲丘」とある。遺称地なく所在地未詳。「ムレ」は山を意味する朝鮮語かという。○**冑丘**《かぶとをか》—姫路市内手柄山北方の冑山を遺称地とする。○**沈石丘**《いかりをか》—古く碇《いかり》として重い石が用いられたことを示す用字か。遺称なく所在地未詳。○**藤丘**《ふぢをか》—標目では「莜丘」と記す（「莜」は「藤」に通用）。藤の蔓《つる》の繊維で綱を作ったことを物語る。所在地は定かでないが、姫路市二階町の藤岡長者の屋敷跡かともいわれる。○**鹿丘**《しかをか》—遺称なく所在地未詳。○**犬丘**《いぬをか》—遺称なく所在地未詳。○**蚕子**《ひめ》—蚕《かいこ》をヒメ、またヒメコと呼ぶことは、現代の方言においても少なくないという（『時代別大辞典』）。○**日女道丘**《ひめぢをか》—「蚕子《ひめ》落ち丘」の意か。姫路城天守閣の立つ丘。姫山とも呼ばれた。○**弩都比売**《のつひめ》—「弩」字は当国風土記に用例が少ないが、「ノ」の仮名にあてたもの。この神は他書に見えず、系譜不明。『東洋文庫』は「土《に》ツ比売」の意と解している。○**太く**《いかし》**辛苦**《たしな》**められつるかも**—ひどく苦しい目にあわされた、の意。「太」は「イタク」（『大系』など）、「イカク」（『全書』など）などと訓まれているが、『鑑賞日本古典文学』の西宮一民氏の試訓に従い、地名「瞋《いか》塩《しほ》」に合致するよう「イカシク」と訓む。○**瞋塩**《いかしほ》—姫路市夢前町置塩を流れる置塩川の河口地かという。本来は「怒《いか》れる潮《しほ》」、即ち潮流が荒く激しい意によって命名されたものか。○**苦斉**《たしなみのわたり》—「斉」は「済」に通用。原本「告」とあるが、諸注に従い「苦」の誤写とみる。『名義抄』に「苦」字に「タシナム」という訓が見える。渡河地であろうが定かではない。本来は川が荒れて渡河に苦しむところから命名されたか。

〈解説〉

オオナムチとホアカリという親子神の間で繰りひろげられた争いは、だました親神に対し、子神が復讐するという形で語られる。この説話のモティーフは『出雲国風土記』大原郡海潮《うしお》郷の条にも見えており、あるいは古代における親子の間の何等かの対立関係を反映した説話であったのではないか。

さて、この争いの中で次々と生まれた地名について考えてみると、まずそれらは親神の船に積まれていた数々の品によって命名されている点に注意しなければならない。しかもそれらの品々は、箕《み》・甕《みか》・稲など在地の農民達にとっては日常不可欠な品であり、また琴や匣《くしげ》など古代人が呪力を持つと考えていた品であり、鹿や犬のように彼等の身近にいた動物であったりして、どれ一つ採り上げてみても、在地の人々の生活と無縁なものはないところに、この説話の在地性がはっきりと見られるのである。

また、例えば丘の形が稲を積み上げた形に似ているから稲丘というのだ、とは語っていないことにも目を向ける必要がある。彼等の意識では、稲丘は稲が落ちたところではなく、まさしく〈カミ〉の持っていた稲そのものがそこにあると考えていたのである。『出雲国風土記』神門《かんど》郡の山々について、例えば「稲積山。大神の稲積なり」と記しているところにも、そうした古代人の意識が窺える。吉野裕氏が次のように説かれた、土地に対する彼等の意識こそ、『風土記』的な物の見方であった。

> 農民たちは、田野に鋤鍬を打ちおろしている。かれらは、自分たちの使っている箕《み》の何百万倍の箕をそこに見、甕をそこに見る。稲は山となって積み上げられている。
>
> （『風土記の世界』）

五　餝磨郡㈡

賀野《かや》の里《さと》。幣丘《みてぐらをか》。土《つち》は中の上なり。右《みぎ》、加野《かや》と称《い》ふは、品太《ほむだ》の天皇《すめらみこと》、巡《めぐ》り行《いでま》しし時、此処《ここ》に殿《との》を造《つく》り、仍《よ》りて蚊屋《かや》を張りたまひき。故《かれ》、加野《かや》と号《なづ》く。山・川の名も亦《また》里《さと》と同じ。

幣丘《みてぐらをか》と称《い》ふ所以《ゆゑ》は、品太《ほむだ》の天皇《すめらみこと》、此処《ここ》に到りまして、幣《みてぐら》を地祇《くにつかみ》に奉《たてまつ》りたまひき。故《かれ》、幣丘《みてぐらをか》と号《なづ》く。

韓室《からむろ》の里《さと》。土《つち》は中の中なり。右《みぎ》、韓室《からむろ》と称《い》ふは、韓室首宝等《からむろのおびとたからら》が上祖《とほつおや》、家《いへ》大きに富み饒《にぎは》ひて、韓室《からむろ》を造りき。故《かれ》、韓室《からむろ》と号《なづ》く。

巨智《こち》の里《さと》。草上《くさかみ》の村・大立《おほたち》の丘《をか》。土《つち》は上の下なり。右《みぎ》は、巨智等《こちら》、始めて此の村に屋居《いへゐ》しき。故《かれ》、因《よ》りて名と為《な》す。

草上《くさかみ》と云ふ所以《ゆゑ》は、韓人《からひと》・山村等《やまむらら》が上祖《とほつおや》、柞巨智賀那《ならのこちのかな》、此の地《ところ》を請《こ》ひて田を墾《は》りし時、一聚《ひとむら》の草有りて、其の根尤臭《いとくさ》かりき。故《かれ》、草上《くさかみ》と号《なづ》く。

大立《おほたち》の丘《をか》と称《い》ふ所以《ゆゑ》は、品太《ほむだ》の天皇《すめらみこと》、此の丘に立たして、地形《くにがた》を見たまひき。

故《かれ》、大立《おほたち》の丘《をか》と号《なづ》く。

安相《あさこ》の里《さと》。長畝川《ながうねがは》。土《つち》は中の中なり。右《みぎ》、安相《あさこ》の里《さと》と称《い》ふ所以《ゆゑ》は、品太《ほむだ》の天皇《すめらみこと》、但《たぢ》馬《ま》より巡《めぐ》り行《いでま》しし時、縁道《みちすがら》、御《み》劂《かげ》を撤《め》したまはざりき。故《かれ》、陰山《かげやま》の前《さき》と号《なづ》く。仍《よ》りて、国造《くにのみやつこ》豊忍別命《とよおしわけのみこと》、名を剝《はぎと》られき。尓《そ》の時、但馬《たぢま》の国造《くにのみやつこ》、阿胡尼命《あこねのみこと》が申《まを》し給《たま》ひ、此《これ》に依《よ》りて罪を赦《ゆる》したまひき。即ち、塩代《しほしろ》の塩田《しほた》廿千代《はたちしろ》を奉《たてまつ》りて名を宥《ゆる》されき。塩代《しほしろ》の田飼《たかひ》、但馬《たぢま》の国朝来《あさこ》の人、到来《きた》りて此処《ここ》に居《を》りき。故《かれ》、安相《あさこ》の里《さと》と号《なづ》く。本《もと》の名は沙部《あさこべ》と云ひき。後に里《さと》の名は字を改めて二字に注《しる》すに依《よ》りて、安相《あさこ》の里《さと》と為《な》す。

長畝川《ながうねがは》と号《なづ》くる所以《ゆゑ》は、昔、此の川に蔣生《まこもお》ひき。時に、賀毛《かも》の郡《こほり》の長畝《ながうね》の村人《むらびと》、到来《きた》りて蔣《まこも》を苅《か》りき。尓《そ》の時、此処《ここ》の石作連《いしつくりのむらじ》等、奪《うば》はむと為《し》て相闘《あひたたか》ひ、仍《よ》りて其の人を殺し、即ち此の川に投げ棄《う》てき。故《かれ》、長畝川《ながうねがは》と号《なづ》く。

本文《もとつふみ》に、阿胡尼命《あこねのみこと》、英保《あぼ》の村の女に娶《あ》ひて、此の村に卒《を》へき。遂《つひ》に墓を造りて葬《はふ》りき。以後《そののち》、正骨《かばね》を運《はこ》び持《も》ち去《い》にきと尓云《しかい》ふ。

〈現代語訳〉

賀野《かや》の里《さと》。幣丘《みてぐらおか》。土地(の地味)は、中の上である。右、加野《かや》と称するわけは、品太《ほむだ》の天皇(応神天皇)が(この地方を)御巡幸になられたとき、この地に殿を造り、そうして蚊屋《かや》をお張りになった。それで、加野《かや》と名づけている。(この地の)山と川の名も、里《さと》の名と同じである。
幣丘《みてぐらおか》と称するわけは、品太《ほむだ》の天皇（応神天皇）がこの地においでになって、幣《みてぐら》を地祇《くにつかみ》に奉納になられた。それで、幣丘《みてぐらおか》と名づける。

韓室《からむろ》の里《さと》。土地（の地味）は、中の中である。右、韓室《からむろ》と称するわけは、韓室首宝《からむろのおびとたから》たちの始祖は、その家がたいへん富裕であったので、（この地に）韓室《からむろ》を造った。それで、韓室《からむろ》と名づけている。

巨智《こち》の里《さと》。草上《くさかみ》の村・大立《おおたち》の丘《おか》。土地（の地味）は、上の下である。右は、巨智《こち》たちが、はじめてこの村に住みついた。だから、それによって（この地の）名としている。
草上《くさかみ》と称するわけは、韓人《からひと》の山村《やまむら》たちの始祖の柞巨智賀那《ならのこちのかな》が、この地を請いうけて（新たに）田を開墾したとき、一群の草むらがあって、その草の根はひどく臭かった。それで、草上《くさかみ》と名づけている。
大立《おおたち》の丘《おか》と称するわけは、品太《ほむだ》の天皇（応神天皇）が、この丘の上にお立ちになって、（この地方の）地形《くにがた》（国状）をごらんになった。それで、大立《おおたち》の丘《おか》と名づけている。

安相《あさこ》の里《さと》。長畝川《ながうねがわ》。土地（の地味）は、中の中である。右、（この地を）安相《あさこ》の里《さと》と称するわけは、品太《ほむだ》の天皇（応神天皇）が、但馬《たじま》から（この地に）巡って来られたとき、道すがら、ずっと御《み》刷《かげ》をおつけにならなかった。それで、陰山《かげやま》の前《さき》と名づける。それによって、（当国の）国造《くにのみやつこ》であった豊忍別命《とよおしわけのみこと》は、（国造の）名を剥《は》ぎとられてしまった。そのとき、但馬《たじま》の国造《くにのみやつこ》であった阿胡尼命《あこねのみこと》が（天皇に）申し訳をなさったので、これによってその罪をお赦《ゆる》しになった。（そこで申し訳にしたがって）すぐさま塩代《しおしろ》の塩田《しおた》廿千代《はたちしろ》をたてまつって、（国造《くにのみやつこ》の）名をたもったのである。塩代《しおしろ》の田をつくるため、但馬《たじま》の国の朝来《あさこ》の人たちがやってきて、この地に住んだ。それで、安相《あさこ》の里《さと》と名づけている。（この地の）本《もと》（旧）の名は、沙《あさこ》部《べ》といった。後に、里《さと》の名はそれまでの字を改めて（漢字）二字で書くことになったので安相《あさこ》の里《さと》としたのである。

長畝川《ながうねがわ》と名づけたわけは、昔、この川に蒋《まこも》が生えていた。そのとき、賀毛《かも》の郡《こおり》の長畝《ながうね》の村の人たちが（この川に）やってきて、その蒋《まこも》を苅《か》った。そのとき、この地に住む石作連《いしつくりのむらじ》たちが（その蒋《まこも》を）奪い取ろうとしてたがいに闘い、ついにその（長畝《ながうね》の村の）人を殺し、そのままこの川に投げすててしまった。それで（この川を）長畝川《ながうねがわ》と名づけている。本《もと》の記録によると、（但馬《たじま》の国造《くにのみやつこ》の）阿胡尼命《あこねのみこと》は、英保《あぼ》の村の女をめとって、この村で亡くなった。とうとう（この村に）墓を造って葬った。がその後、遺骸を（本国である但馬に）運んで持ち去った、と書き記している。

〈注〉

○**賀野《かや》の里《さと》**—姫路市夢前町前之庄を中心とする旧鹿谷村の地にあたる。夢前川上流地域。『和名抄』の郷名には見えない。○**品太《ほむだ》の天皇《すめらみこと》**—応神天皇。○**蚊屋《かや》**—いわゆる蚊帳《かや》をいう。『記』『紀』『延喜式』などにも見えるが、全て「蚊屋」と用字する。○**山・川の名**—カヤ山、カヤ川の名、ともに今はない。○**幣 丘**《みてぐらをか》—遺称なく所在地不明。○**幣**《みてぐら》—神に捧げ供えるものは全てミテグラと呼ばれていた。今日いう祭具のヌサと限定することはできない。○**地祇**《くにつかみ》—クニツカミはアマツカミと対比される称。この地に土着の人々によって祭られていた神を指すのであろう。○**韓室**《からむろ》**の里**《さと》—姫路市書写・田寺両町を中心とする地域。書写山の南にあたる。『和名抄』に「辛室加良牟呂」とある。○**韓室 首 宝**《からむろのおびとたから》—韓《から》の国から渡来した氏族であろう。『類聚符宣抄』に「韓室諸成」という人名が見える。宝は名。○**韓室**《からむろ》—韓風の立派な建物をいう。土壁で塗り固めた室かともいう。当時の日本建築において、土壁を塗ることはなかった。○**巨智**《こち》**の里**《さと》—姫路市西北部の田寺・辻井・山吹を中心とする地域。夢前川をはさんで韓室の里と対する。『和名抄』に「巨智古知」とある。○**巨智等**《こちら》—『姓氏録』（大和国諸蕃）に「己智　出ヅレ自リニ秦太子胡亥一也」と見えるが、『欽明紀』元年二月の条に「百済《くだら》人己《こ》知部《ちふ》、投 化《おのづからまう》けり。倭 国《やまとのくに》の添 上 郡《そふのかみのこほり》の山村《やまむら》に置《はべらし》む。今の山村《やまむら》の己知部《こちふ》の先《おや》なり」とあり、百済からの帰化人であったと思われる。○**屋居**《いへゐ》**しき**—この地に住みつき開墾を始めたのであろう。○**韓人**《からひと》**・山村**《やまむら》—先に引いた『欽明紀』によれば「山村の己知部」と呼ばれもしたか。『続紀』宝亀八（七七七）年七月十五日の条には「正六位上山村ノ許智ノ大足等四人ニハ山村ノ忌寸」とあって「山村」とも呼ばれたことが知られる。山村は奈良市帯解付近の地名。○**柞巨智賀那**《ならのこちのかな》—「柞巨智」は氏、「賀那」は名。「柞」は恐らく「奈良」で地名と思われ、居住地を上に冠した氏の名か。『続日本後紀』承和十（八四三）年十二月一日の条に、出羽国河辺郡の百姓、奈良己智豊継等が大瀧宿祢を賜ったとあり、ここに「其ノ先ハ百済国ノ人也」と見えている。○**尤臭《いとくさ》かりき**—土着の人々が口にしないような、香りの非常に強い草（ニラなどの類か）を彼等が植えていたことを物語るか。○**草上《くさかみ》**—姫路市山吹付近。草上寺趾の遺称がある。『和名抄』の郷名に「草上久佐乃加三」と見え、また『延喜兵部式』『和名抄』の駅名にも「草上」と見えている。○**大立《おほたち》の丘《をか》**—姫路市御立《みたち》を遺称地とし、その地の前山をあてている。○**地形《くにがた》を見たまひき**—いわゆる天皇の国見儀礼をいう。○**安相《あさこ》の里《さと》**—『新考』は姫路市東部の旧四郷村付近としたが、『大系』は姫路市西部の土山・今宿付近をあてている。『和名抄』の郷名には見えない。○**御剛《みかげ》**—以下の一句、意味・訓みとも定かではなく、諸説がある。「御剛」は「御蔭（御冠）」に同じか。『持統紀』元（六八七）年三月二十日の条に「花縵《はなかづら》を以て、殯宮《もがりのみや》に進《たてまつ》る。此《これ》を御蔭《みかげ》と曰《まう》す」とあり、これによれば、蔓草などを加工して作った、頭部を飾る装飾品であったと考えられる。○**撒《め》したまはざりき**—身におつけにならなかったの意か。○**陰山《かげやま》の前《さき》**—神前郡蔭山《かげやま》の里の地をいう。なお蔭山の里の条では、天皇の御蔭が落ちたために蔭山と名づけたとある。○**豊忍別命《とよおしわけのみこと》**—土着の豪族を意味するのであろうが定かではない。『大系』は播磨国造と解している。資料性に問題はあるが、田中卓氏の紹介された、但馬国朝来郡粟鹿神社所蔵の『田道間国造日下部足尼系図』には「豊忍別乃君」が見え、これが豊忍別命と同一人とすれば、但馬国造ということになる。○**名を剝《はぎと》られき**—原本「被冢名」とあり、第二字目未詳。『岩波文庫』など「罪」とするが、今『大系』

に従い「剝」とみて、国造としての名（＝地位）を剝奪されたと解しておく。○**阿胡尼命**《あこねのみこと》――他書に所見がない。『延喜神名式』但馬国美含郡の条に「阿古谷神社」とあるが、あるいはこれと関係あるか。『大系』は、播磨佐伯直阿我能胡（後に針間国造）と関係ありとみて、この人物は播磨国造と考えられるとしている。○**申**《まを》**し給**《たま》**ひ**――この一句も訓が定まらない。今、申し開き、おわびを言った意と解しておく。○**塩代**《しほしろ》**の塩田**《しほた》――罪の償いとして奉るための塩を作る塩田の意か。『大系』は下の「塩」を衍字として削除した上で、饌料の塩を奉る、その代償としての水田を献じたと解している。○**廿千**《はたち》**代**《しろ》――「代」は田の広さの単位。高麗尺の方六尺を歩といい、五歩を一代としたという。（『時代別大辞典』）○**名を宥**《ゆる》**されき**――一度剝奪された国造の地位を回復したことをいう。○**塩代**《しほしろ》**の田飼**《たかひ》――塩田を作りその作業に従事する人。『大系』は「飼」を「佃」の誤りとする。○**但馬**《たぢま》**の国朝来**《あさこ》**の人**――当国神前郡に北接する地域。現兵庫県朝来市。『和名抄』に「朝来阿佐古」とある。○**到来**《きた》**りて**――塩田を作るため朝来の人がこの地に移住してきたことをいう。○**沙部**《あさこべ》――「沙」は「砂」に同じで「イサゴ」と訓む。イサゴの転でアサコとしたか。○**字を改めて二字に注**《しる》**す**――好字二字をもって地名を表記することを命じられたと考えられる。『延喜民部式』には「凡ソ諸国部内郡里等ノ名、並ニ用ヰヨ二二字ヲ一、必ズ取レ二嘉キ名ヲ一」とあり、こうした命令が『風土記』編纂以前から出されていたこともあり得よう。「沙部」を「安相部」と改めたので三字となるので「部」字を削り、同時に地名をも「アサコベ」から「アサコ」に改めたのである。「部」字を削除した例は、当郡伊和の里の条にも見える。○**長畝川**《ながうねがは》―姫路市西南部の南畝《のうねん》町がこの川の遺称地という（『大系』）。北の八丈岩山から出て南流し、大川（市川）に注いでいた川であろう。○**蒋**《まこも》―原本「蒔」とあり『全書』は「あをな」と訓むが、『新考』『大系』に従い「蔣」と改める。マコモは湿地に自生するイネ科の多年草で、その葉はムシロや枕などに利用され、若芽や種子は食用とされた。○**賀毛**《かも》**の郡**《こほり》**の長畝**《ながうね》**の村人**《むらびと》―当国賀毛郡に長畝の遺称なく所在地不明。○**石作連**《いしつくりのむらじ》―印南郡大国の里の条に既出。この地の先住者であったか。○**長畝川**《ながうねがは》―この川の名は賀毛郡長畝村の村人が投げ棄てられたからだというのである。○**本文**《もとつふみ》―「文」、原本「又」とあるが、『新考』『大系』に従い「文」に改める。『全書』は原本通り、『東洋文庫』は「本」を削除する。「本文」とは『風土記』筆録のもととなった文書を指すか。なお以下の一条を追録記事とみて、長畝川の記事の前に移すものもある（『大系』『東洋文庫』など）。○**英保**《あぼ》**の村**―当郡英保《あぼ》の里の地をいう。○**運**《はこ》**び持**《も》**ち去**《い》**にき**―阿胡尼命の本拠地である但馬国に持ち帰ったのである。

〈**解説**〉

この段には、他国または他郡から当郡に移住してきた人々の話が数多く見られる。しかもそれらの移住者達の移住の記録、また記念碑として、彼等にゆかりの地名が残されているのである。韓室《からむろ》の里《さと》は、韓国からやってきた移住者が、働きの甲斐あって、ようやくにして本国に在った時と同じような立派な韓室《からむろ》を作ることができた、その建物によって「韓室《からむろ》」の地名を生んでいる。また、巨智《こち》の里《さと》、安相《あさこ》の里《さと》などは、移住者達が自らの氏族名や本国の地名をこの地につけることによって、その移住の歴史を〈地名〉という形で子孫に語り伝えているのである。

この段にかぎらず『播磨国風土記』には移住にまつわる話が多い。この事実については既に折口信夫氏も指摘しており、この書そのものに対して、「大きくいえば、日本の昔の植民の歴史を示している書物と思われる」とまで述べている。(『日本文学史I』〔『折口信夫全集ノート編』第二巻〕中、「土地を占有する話」)まだ十分に交通制度も整わず、往来の道すらまともなものはなかったであろう時代に、これだけ多くの人々が各地から当地にやってきて住みつき、開墾していたのである。地理的にみた場合、播磨地方は山陽と畿内、山陰と畿内とを結ぶ交通の要衝にあたっており、また往時にあっては重要な交通路であった瀬戸内海にも面しており海を隔てた四国・九州の国々との往来の便にも恵まれていたことが、こうした人々の移住を可能にしたのであろうが、それがあるときは彼等の祭った神々の移動として、またあるときは彼等の始祖なる人物の移動として語られていることで、当国風土記では〈カミ〉も〈ヒト〉も入り混じって、当国の各地にその移住の記録を残す結果となっている点は、まことに興味深い。

六　餝磨郡㈢

枚野《ひらの》の里《さと》。新羅訓《しらくに》の村・筥岡《はこをか》。右《みぎ》、枚野《ひらの》と称《い》ふは、昔、少野《をの》たりき。故《かれ》、枚野《ひらの》と号《なづ》く。

新良訓《しらくに》と号《なづ》くる所以《ゆゑ》は、昔、新羅《しらぎ》の国の人、来朝《まゐき》ける時、此の村に宿《やど》りき。故《かれ》、新《し》羅《ら》訓《くに》と号《なづ》く。山の名も亦《また》同じ。

筥丘《はこをか》と称《い》ふ所以《ゆゑ》は、大汝少日子根命《おほなむちすくなひこねのみこと》、日女道丘《ひめぢをか》の神と期《ちぎ》り会《あ》ひましし時、日女道《ひめぢ》の神、丘《をか》に、食物《をしもの》、及筥《またはこ》の器等《うつはども》の具《もの》を備《そな》へき。故《かれ》、筥丘《はこをか》と号《なづ》く。

大野《おほの》の里《さと》。砥堀《とほり》。土《つち》は中の中なり。右《みぎ》、大野《おほの》と称《い》ふは、本《もと》、荒野《あらの》たりき。故《かれ》、大野《おほの》と号《なづ》く。志貴島《しきしま》の宮《みや》に御宇《あめのしたしら》しめしし天皇《すめらみこと》の御世《みよ》、村上足島《むらかみのたるしま》等が上祖《とほつおや》、恵多《ゑた》、此の野を請《こ》ひて居《を》りき。乃《すなは》ち里《さと》の名《な》と為す。

砥堀《とほり》と称《い》ふ所以《ゆゑ》は、品太《ほむだ》の天皇《すめらみこと》の世《みよ》、神前《かむざき》の郡《こほり》と餝磨《しかま》の郡《こほり》との堺《さかひ》に、大川《おほかは》の岸の道を造りき。是の時、砥《と》を掘《ほ》り出《いだ》しき。故《かれ》、砥堀《とほり》と号《なづ》く。今に猶在《なほあ》り。

少川《をがは》の里《さと》。高瀬《たかせ》の村・豊国《とよくに》の村・英馬野《あがまの》・射目前《いめさき》・檀坂《まゆみさか》・多《た》取山《とりやま》・御取丘《みとりをか》・伊刀島《いとしま》。土《つち》は中の中なり。本《もと》の名は私《きさき》の里《さと》なり。右《みぎ》、私《きさき》の里《さと》と号《なづ》くるは、志貴島《しきしま》の宮《みや》に御宇《あめのしたしら》しめしし天皇《すめらみこと》の世《みよ》、私《きさき》部弓束等《べのゆみつから》が祖《おや》、田又利君鼻留《たたりのきみひる》、此《こ》の処《ところ》を請《こ》ひて居《を》りき。故《かれ》、私《きさき》の里《さと》と号《なづ》く。以後《そののち》、庚《かのえ》寅《とら》の年、上野《かみつけの》の大夫《まへつぎみ》、宰《みこともち》たりし時、改めて小川《をがは》の里《さと》と為《な》す。一云《またい》はく、小川《をがは》、大《おほ》野《の》より此処《ここ》に流れ来《く》。故《かれ》、小川《をがは》と曰《い》ふ。

高瀬《たかせ》と称《い》ふ所以《ゆゑ》は、品太《ほむだ》の天皇《すめらみこと》、夢前《いめさき》の丘《をか》に登りて望《のぞ》み見たまへば、北の方《かた》に白き色の物有《い》りき。勅《の》りたまひしく、「彼《そ》は何物《なにもの》ぞ」とのりたまひて、即ち舎人《とねり》、上野《かみつけの》の国の麻奈毗古《まなひこ》を遣《つかは》して察《み》しめたまふに、申《まを》しけらく、「高き処《ところ》より流れ落つる水、是《これ》なり」とまをしき。即ち、高瀬《たかせ》の村《むら》と号《なづ》く。

豊国《とよくに》と号《なづ》くる所以《ゆゑ》は、筑紫《つくし》の豊国《とよくに》の神、此処《ここ》に在《いま》す。故《かれ》、豊国《とよくに》の村《むら》と号《なづ》く。

英馬野《あがまの》と号《なづ》くる所以《ゆゑ》は、品太《ほむだ》の天皇《すめらみこと》、此の野に狩《みかり》したまひし時、一つの馬走り逸《に》げき。勅《の》りたまひしく、「誰《た》が馬ぞ」とのりたまひき。侍従《おもとびと》等、対《こた》へて云《い》ひしく、「朕《あ》が御馬《みうま》なり」とまをしき。即ち我馬野《あがまの》と号《なづ》く。是《こ》の時、射目《いめ》を立てし処《ところ》は、即ち射目《いめ》前《さき》と号《なづ》け、弓折《ゆみを》れし処《ところ》は、即ち檀丘《まゆみをか》と号《なづ》け、御立《みたち》せし処《ところ》は、即ち、御立丘《みたちをか》と号《なづ》く。是の時、大きなる牝鹿《めしか》、海を泳ぎて島《しま》に就《いた》りき。故《かれ》、伊刀島《いとしま》と号《なづ》く。

〈現代語訳〉

枚野《ひらの》の里《さと》。新羅訓《しらくに》の村・筥岡《はこおか》。右、枚野《ひらの》と称するのは、昔（この地は）小さな野であった。それで、枚野《ひらの》と名づけている。

新良訓《しらくに》と名づけたわけは、昔、新羅《しらぎ》の国の人たちが来朝したとき、この村に宿った。それで、新羅訓《しらくに》と名づける。山の名も（里の名と）同じである。

筥丘《はこおか》と称するわけは、大汝少日子根命《おおなむちすくなひこねのみこと》が、日女道丘《ひめじおか》の（女）神と日を約束しておいてお逢いになったとき、日女道《ひめじ》の神が、この丘に食べ物や筥《はこ》などのうつわなどを準備した。それで、筥丘《はこおか》と名づけている。

大野《おおの》の里《さと》。砥堀《とほり》。土地（の地味）は、中の中である。右、大野《おおの》と称するのは、（この地は）もとは荒野《あらの》であった。それで、大野《おおの》と名づけている。志貴島《しきしま》の宮において天の下をお治めになられた天皇（欽明《きんめい》天皇）の御代に、村上足島《むらかみのたるしま》たちの始祖である恵多《えた》が、この野を請いうけて住みついた。（その後、里制が採用されたので、大野《おおの》を）そのまま里《さと》の名とした。

砥堀《とほり》と称するわけは、品太《ほむだ》の天皇（応神天皇）の御代に、神前《かむざき》の郡《こおり》と餝磨《しかま》の郡《こおり》との堺に、大川の岸の道を造った。この時（偶然）砥《と》を掘り出した。それで（この地を）砥堀《とほり》と名づける。今なお（ここには砥《と》が）ある。

少川《おがわ》の里《さと》。高瀬《たかせ》の村・豊国《とよくに》の村・英馬野《あがまの》・射目前《いめさき》・檀坂《まゆみさか》・多《た》取山《とりやま》・御取丘《みとりおか》・伊刀島《いとしま》。土地（の地味）は、中の中である。（この里の）本《もと》（旧）の名は、私《きさき》の里《さと》という。右、私《きさき》の里《さと》と名づけたのは、志貴島《しき しま》の宮において天下をお治めになられた天皇（欽明天皇）の御代、私部弓束《きさきべのゆみつか》たちの先祖である田又利君鼻留《たたりのきみひる》が、この地を請いうけて住みついた。それで、私《きさき》の里《さと》と名づけたのである。その後、（持統天皇の）庚寅《かのえとら》の年に、上野《かみつけの》の大夫《まえつぎみ》が宰《みこともち》であったとき、改めて小川《おがわ》の里《さと》とした。また別の伝えによれば、(大川《おおかわ》の支流の)小川《おがわ》が、大野《おおの》からこの地に流れてくる。それで、小川《おがわ》というのだと。

高瀬《たかせ》と称するわけは、品太《ほむだ》の天皇(応神天皇)が、夢前《いめさき》の丘《おか》にお登りになって(四周を)見わたされたところ、北の方に何か白い色のものがお目にとまった。(天皇は)「あれはいったい何であろう」と仰せになり、さっそく舎人《とねり》であった上野《かみつけの》の国の麻奈毗古《まなひこ》を遣わして調べさせになられた。そうすると(麻奈毗古《まなひこ》は)「(あれは)高い所から流れ落ちる水にほかなりません」と御報告した。そこで、高瀬《たかせ》と名づけているのである。

豊国《とよくに》と名づけたわけは、筑紫《つくし》(九州)の豊国《とよくに》の神がこの地に鎮座しておられる。それで、豊国《とよくに》の村《むら》と名づける。

英馬野《あがまの》と名づけたわけは、品太《ほむだ》の天皇(応神天皇)がこの野で狩猟をなさったとき、一頭の馬が走って逃げた。(天皇は)勅《みことのり》して「これは誰の馬か」と仰せられた。その時、おそばに仕えている者たちが、「あれは朕《あ》が御馬《みうま》でございます」と申し上げた。それで、我馬野《あがまの》と名づける。このとき、射目《いめ》を立てたところを、すなわち射目前《いめさき》と名づけ、(檀《まゆみ》の)弓が折れたところは、すなわち檀丘《まゆみおか》と名づけ、(天皇が)お立ちになったところは、すなわち御立丘《みたちおか》と名づける。このとき、大きなメス鹿が、海を泳いで島に就《いた》った。それで(この島を)伊刀《いと》島《しま》と名づける。

〈注〉

○**枚野《ひらの》の里《さと》**—姫路市平野町を遺称地とする。『和名抄』に「平野比良乃」と見える。○**少野《をの》**—ヲノは開墾可能な小さな野の意であろう。ヲノが開墾されてヒラノ（平らな野の意）と名づけられたのである。○**新良訓《しらくに》**—平野町東方の白国を遺称地とする。『延喜神名式』餝磨郡の条に「白国神社」の名が見える。○**新羅《しらぎ》**—四世紀半ば、朝鮮半島南東部の辰韓《しんかん》十二国を統一して建てられた国で、六世紀には百済《くだら》・高句麗《こうくり》とともに三国時代を築き、七世紀にはこれら二国を滅ぼして、半島最初の統一国家を作り上げた。○**来朝《まゐき》ける**—使節のように一時的に来朝したのではなく、帰化人としてこの地に定着したのであろう。○**山《やま》の名**—姫路市の広峰山中の一峰を指す。増位山をあてる説（『新考』など）もある。○**筥丘《はこをか》**—遺称なく所在地は定かではないが、姫路城北東方か。当郡伊和の里の条に見える筥（箱）丘と同一地か。○**大汝《おほなむち》少日子根命《すくなひこねのみこと》**—『記』『紀』においては無論のこと、『風土記』中にあっても、オホナムチとスクナヒコネとは各々別神として扱われており、この二神を合わせて一神とする本条は、きわめて特異な例。二神がしばしば相並んで登場することから、こうした特異例が生まれたものか。○**日女道丘《ひめぢをか》の神**—日女道丘は当郡伊和の里の条に既出。この丘に鎮座していた神は、恐らく土着の女神であろう。○**期《ちぎ》り会《あ》ひましし**—妻訪いを意味するか。○**大野《おほの》の里《さと》**—姫路市大野・野里を中心とする地域。『和名抄』に「大野於保乃」と見える。○**荒野《あらの》**—人手の入っていない未開墾の原野をいう。○**村上足島《むらかみのたるしま》**—他書に見えず系譜不明。○**里《さと》の名と為《な》す**—村上氏がこの地に住みつき村をなしていたのであろうが、律令制に基づく郡里制の導入によりこの地に一つの里《さと》を設けることになり、その際、里名として「大野」を採用したというのである。○**大川《おほかは》の岸の道**―大川は市川の本流をいう。この川沿いに道を設けたのである。○**砥《と》**―砥石をいう。古くより鉄器等を磨き砥ぐのに用いられた。神前郡蔭山の里磨布理《とほり》の村の条にも、砥を掘り出す話がある。○**少川《をがは》の里《さと》**―姫路市花田町小川を遺称地とする。ここから市川東岸の飾東町にかけての地域。『和名抄』の郷名には見えない。○**私部弓束《きさきべのゆみつか》**―印南郡含芸の里の条に「私部の弓取」なる人物が見えている。○**田又利君鼻留《たたりのきみひる》**―「田又利君」はまた「多々良公」とも。『姓氏録』（山城国諸蕃）に「多々良公　出レ自リ御間名国主尓利久牟王一也。天国排開広庭天皇（謚欽明）御世、投化。献二ズ金多々利金乎居等一ヲ。天皇誉レ之、賜二フ多々良公姓一ヲ也」とあって、欽明朝に任那《みまな》より渡来した氏族であることが知られる。「鼻留」は名。○**私の里《きさきのさと》**―私部《きさきべ》が住みついた故にその氏族名を里名としたのである。○**庚寅の年《かのえとらのとし》**―持統天皇四（六九〇）年。全国的な戸籍調査が実施された年で、庚寅年籍が作られた。○**上野の大夫《かみつけのまへつぎみ》**―原本「野」字がないが、揖保郡越《こし》部《べ》の里の条に見える「上野の大夫」と同一人物と考えられるので「野」を補う。他書に所見なくこの人物の経歴は不明。上毛野《かみつけの》朝臣は『姓氏録』によれば崇神天皇の皇子豊城《とよき》入彦《いりひこ》命の子孫とされ、本条の上野の大夫と同時代の人としては、上毛野朝臣男足が見える（『続紀』）。○ **宰《みこともち》** ―播磨の国司の意。○**小川《をがは》の里《さと》**―ここでは何故私《きさき》という旧名を捨てて小川なる里名を採用したのか、その理由は説明されていない。○**一云《またい》はく**―この別伝は小川という里名の由来を説くもの。○**小川《をがは》**―大川、すなわち市川の本流に対する支流の意。小川の方が今日の市川の本流であったという（『大系』）。○**高瀬《たかせ》**―姫路市花田町高木付近という。川の流れがこのあたりで大きく湾曲している。○**夢前《いめさき》の丘《をか》**―遺称なく所在地不明。○**舎人《とねり》**―『名義抄』に「舎人《トネリ》」とある。律令制下においては天皇・皇族などに近侍し雑役にあたった下級官僚を指すが、ここでは単に天皇に仕え雑役に奉仕した者の意か。○**上野《かみつけの》の国の麻奈毗古《まなひこ》**―他書に見えず系譜不明。あるいは『東洋文庫』の説くように伝承上の名か。○**豊国《とよくに》**―姫路市飾東町豊国を遺称地とする。○**筑紫《つくし》の豊国《とよくに》の神**―「豊国《とよくに》」は九州の豊前・豊後両国の地をいう。『豊後国風土記』総記に述べている通り、古くは豊前・豊後は一国で「豊国」と呼ばれていた。その豊国からの移住者が奉じていた神をいう。○**英馬野《あがまの》**―遺称なく所在地不明。○**狩《みかり》**―天皇の遊猟伝説は、巡幸伝説とともに数多く見られる。○**朕《あ》が御馬《みうま》**―あなた様の馬、の意。あるいは「誰《た》が馬《ま》」という問いかけに対し「朕《あ》が御馬《ま》」と返答したということばの上での洒落《しゃれ》・機智がこめられているか（『東洋文庫』）。○**射目《いめ》**―揖保郡伊《い》刀《と》島の条に「射目人」「翼人」とあるのに同じ。狩猟の際獣の通り道などに身を隠し待ち伏せをして弓を射た人をいう。またはその待ち伏せして弓を射るために設けた設備のことをいうか。○**射目前《いめさき》**―姫路市手野付近というが定かではない。○**檀丘《まゆみをか》**―遺称なく所在地不明。檀《まゆみ》はニシキギ科の落葉樹でその材は強いため弓材として多く用いられた。この地名も、その檀で作った丸木弓にちなむもの。○御《み》立丘《たちをか》—当郡巨智《こち》の里の条に見える「大立の丘」と同地であろうという（『大系』など）。○伊《い》刀《と》島《しま》—瀬戸内海に浮かぶ家島群島の総名。揖保郡の冒頭にも同様の伝承が見えている。イト島の名の由来は「島に就《いた》りき」の「就《いた》」に基づくとするのであろうか。家島群島が餝磨・揖保両郡の境界線上の南方海上に散在するので、両郡ともこの島のことを記したものか。

〈解説〉

『風土記』中には、地名にまつわる説話らしい説話こそ持ってはいないが、その地名自身が何よりも確かにその土地の歴史を語っている例も少なくない。この段の枚野《ひらの》の里《さと》、大野《おおの》の里《さと》などは、その典型であろう。

両者とも里名の枚野なり大野なりの起こりが少野《おの》、荒野《あらの》であったと述べるのみであるが、実はそれぞれの野が少野や荒野のままで人間の手が加わらなければ、いつまでたってもそれは単に少野や荒野の状態で、枚野や大野という地名は生まなかったであろう。荒野はまさしく荒涼たる荒地であったわけだが、そこに村上を名乗る人物が住みついて初めて開墾の鍬を入れ、それ以後何代にもわたって、人々の絶えることない開墾の努力があって、ようやくこの野は実り豊かな土地に作り変えられたのである。そして遂には一つの里《さと》を形成し得るに足る人家を持つ村となった。枚野の里についても、事情は全く同様であろう。

『風土記』の編述者の側から言えば、大野は単なる餝磨郡内の一里名、すなわち他の多くの里名と全く同質の一片の行政区画名にすぎなかったであろうが、この地にあって大野なる地名を産み出した人々にとっては、その地名はとりわけ重要なものであった。彼等なりに最大級の称辞である「大」ということばを用いたことと、大野と呼ばれる以前には荒野であったのだと語ることとはまさしく表裏一体の関係にあり、この事実こそ、彼等がその子孫に伝えておくべきことがらであった。

開墾にまつわる何等の逸話も書き留められることなく、ただ荒野から大野へ、また少野から枚野へという開墾の事実のみを伝えるだけであるが、その地名こそが、何よりも雄弁に、この地に住む人々の歴史と、その土地の歴史を語ってくれているのである。

七　餝磨郡(四)

英保《あぼ》の里《さと》。土《つち》は中の上なり。右《みぎ》、英保《あぼ》と称《い》ふは、伊予《いよ》の国の英保《あぼ》の村の人、到来《きた》りて此処《こ》に居《を》りき。故《かれ》、英保《あぼ》の村《むら》と号《なづ》く。

美濃《みの》の里《さと》。継の潮《つぎのみなと》。土《つち》は下の中なり。右《みぎ》、美濃《みの》と号《なづ》くるは、讃伎《さぬき》の国の弥濃《みの》の郡《こほり》の人、到来《きた》りて居《を》りき。故《かれ》、美濃《みの》と号《なづ》く。

継《つぎ》の潮《みなと》と称《い》ふ所以《ゆゑ》は、昔、此の国に一《ひとり》の死《みまか》れる女《をみな》有りき。尓《そ》の時、筑紫《つくし》の国の火君《ひのきみ》等《ら》が祖《おや》名を知らず。到来《きた》りて、復生《つぎい》かし、仍《よ》りて取《あ》ひき。故《かれ》、継《つぎ》の潮《みなと》と号《なづ》く。

因達《いだて》の里《さと》。土《つち》は中の中なり。右、因達《いだて》と称《い》ふは、息長帯比売命《おきながたらしひめのみこと》、韓国《からくに》を平《たひら》げむと欲《おもほ》して、渡《わた》り坐《ま》しし時、御船前《みふなさき》の伊太代《いだて》の神、此処《ここ》に在《いま》しき。故《かれ》、神の名《みな》に因《よ》りて、里《さと》の名と為《な》す。

安師《あなし》の里《さと》。土《つち》は中の中なり。右《みぎ》、安師《あなし》と称《い》ふは、倭《やまと》の穴无《あなし》の神、神戸《かむべ》に託《つ》きて仕《つか》へ奉《まつ》る。故《かれ》、穴師《あなし》と号《なづ》く。

漢部《あやべ》の里《さと》。多志野《たしの》・阿比野《あひの》・手沼川《てぬがは》。里《さと》の名は上《かみ》に詳《つまびら》かなり。

右《みぎ》、多志野《たしの》と称《い》ふは、品太《ほむだ》の天皇《すめらみこと》、巡《めぐ》り行《いでま》しし時、鞭《むち》を以《も》ちて此の野を指《さ》して、勅《の》りたまひしく、「彼《そ》の野は、宅《や》を造り、及《また》、田を墾《は》るべし」とのりたまひき。故《かれ》、佐志野《さしの》と号《なづ》く。今、改めて多志野《たしの》と号《なづ》く。

阿比野《あひの》と称《い》ふ所以《ゆゑ》は、品太《ほむだ》の天皇《すめらみこと》、山の方《かた》より幸行《いでま》しし時、従臣《おもとびとら》等、海の方《かた》より参《まゐ》り会《あ》ひき。故《かれ》、会野《あひの》と号《なづ》く。

手沼川《てぬがは》と称《い》ふ所以《ゆゑ》は、品太《ほむだ》の天皇《すめらみこと》、此の川に御手《みて》を洗ひたまひき。故《かれ》、手沼川《てぬがは》と号《なづ》く。年魚《あゆ》を生ず。有味《うま》し。

貽和《いわ》の里の船丘《ふなをか》の北の辺《へ》に、馬墓《うまはか》の池《いけ》有り。昔、大長谷《おほはつせ》の天皇《すめらみこと》の御世《みよ》、尾治連等《をはりのむらじら》が上祖《とほつおや》長日子《ながひこ》、善《よ》き婢《め》と馬とを有《も》ちき。並《なら》びに意《こころ》に合《かな》へり。是《ここ》に、長日子《ながひこ》、死《みう》せなむとする時、其の子に謂《かた》りて云ひしく、「吾《わ》が死《みう》せなむ以後《のち》は、皆葬《みなはふ》ること吾《われ》に准《なら》へ」といひき。即ち、之《これ》が為《ため》に墓を作り、第一《そのひとつ》を長日子《ながひこ》の墓と為《な》し、第二《そのふたつ》を婢《め》の墓《はか》と為《な》し、第三《そのみつ》を馬の墓と為《な》しき。併《あは》せて三つ有り。後《のち》、上《かみ》の生石《おふし》の大夫《まへつぎみ》、国司《くにのみこともち》たりし時、墓の辺《へ》に池を築《つ》きき。故《かれ》、因《よ》りて名を馬墓《うまはか》の池《いけ》と為《な》す。

餝磨《しかま》の御宅《みやけ》と称《い》ふ所以《ゆゑ》は、大雀《おほさざき》の天皇《すめらみこと》の御世《みよ》、人を遣《つかは》して、意伎《おき》・出雲《いづも》・伯耆《ははき》・因幡《いなば》・但馬《たぢま》、五国の造《みやつこら》等を喚《め》したまひき。是の時、五国の造《みやつこ》、即ち召使《めしのつかひ》を以《も》て水手《かこ》と為《な》して、京《みやこ》に向《むか》ひき。此《ここ》を以《も》て罪と為《な》し、即《やが》て播磨《はりま》の国に退《やら》ひて、田を作らしめき。此の時作りし田を、即ち意伎田《おきた》・出雲田《いづもた》・伯耆田《ははきた》・因幡田《いなばた》・但馬田《たぢまた》と号《なづ》く。即ち、彼《そ》の田の稲を収納《をさ》めし御宅《みやけ》を、即《やが》て餝磨《しかま》の御宅《みやけ》と号《なづ》け、又《また》、賀和良久《かわらく》の三宅《みやけ》と云ふ。

〈現代語訳〉

英保《あぼ》の里《さと》。土地（の地味）は、中の上である。右、英保《あぼ》と称するのは、伊予《いよ》の国の英保《あぼ》の村の人たちがやってきて、この地に住みついた。それで、英保《あぼ》の村《むら》と名づけている。

美濃《みの》の里《さと》。継《つぎ》の潮《みなと》。土地（の地味）は、下の中である。右、美濃《みの》と名づけたのは、讃伎《さぬき》の国の弥濃《みの》の郡《こおり》の人たちがやってきて、（この地に）住みついた。それで、美濃《みの》と名づける。継《つぎ》の潮《みなと》と称するわけは、昔、この国に一人の亡くなった女があった。そのとき、筑紫《つくし》の国の火君《ひのきみ》たちの先祖その名は（今では）わからない。がやってきて、（その女を）復生《つぎ》きかえらせ、そうして（この女を）妻とした。それで、（この地を）継《つぎ》の潮《みなと》と名づける。

因達《いだて》の里《さと》。土地（の地味）は、中の中である。右、因達《いだて》と称するのは、息長帯比売命《おきながたらしひめのみこと》（神功皇后《じんぐう》）が韓国《からくに》を平定しようとして（朝鮮半島に）お渡りになられたとき、御船前《みふなさき》をつとめておられた伊太代《いだて》の神が、この地においでになる。それで、この神の名によって、里《さと》の名としている。

安師《あなし》の里《さと》。土地（の地味）は、中の中である。右、安師《あなし》と称するのは、倭《やまと》の国の穴无《あなし》の神の神戸《かんべ》となって（この神に）お仕え申し上げた。それで、穴師《あなし》と名づける。

漢部《あやべ》の里《さと》。多志野《たしの》・阿比野《あいの》・手沼川《てぬがわ》。里《さと》の名は上に記したところで、明らかである。

右、多志野《たしの》と称するのは、品太《ほむだ》の天皇（応神天皇）が（この地を）御巡幸なさったとき、鞭《むち》をもってこの野を指して、勅《みことのり》して、「その野は、家を造り、また田を開墾するのがよい」と仰せられた。それで、佐志野《さしの》と名づけた。現在は、改めて多志野《たしの》と名づけている。

阿比野《あいの》と称するわけは、品太《ほむだ》の天皇（応神天皇）が山の方から御巡幸になられたとき、おつきの者たちは、海の方からやってきて（この地で）出会った。それで、会野《あいの》と名づけている。

手沼川《てぬがわ》と称するわけは、品太《ほむだ》の天皇（応神天皇）が、この川で御手をお洗いになった。それで、手沼川《てぬがわ》と名づける。年魚《あゆ》を産する。（その味は）うまい。

貽和《いわ》の里《さと》の船丘《ふなおか》の北方近くに、馬墓《うまはか》の池《いけ》がある。昔、大長谷《おおはつせ》の天皇（雄略天皇）の御代に、尾治連《おわりのむらじ》たちの始祖である長日子《ながひこ》は、善い婢《め》と馬を持っていた。（婢も馬も）ともに（長日子の）お気に入りであった。さて長日子《ながひこ》は、いよいよ死ぬというときになって、その子に語って、「私が死んだ後は、（婢《め》も馬も）すべて私と同じように葬ってもらいたい」と言った。それで、これらのために墓を作り、その第一を長日子《ながひこ》の墓とし、その第二を婢《め》の墓とし、その第三を馬の墓とした。あわせて三つの墓がある。その後、上《かみ》の生石《おうし》の大夫《まえつぎみ》が国司《くにのみこともち》であったとき、（馬の）墓のほとりに池を築いた。それで（馬墓に）ちなんで、（その池の）名を馬墓《うまはか》の池としている。

餝磨《しかま》の御宅《みやけ》と称するわけは、大雀《おおさざき》の天皇（仁徳天皇）の御代に、人を派遣して、意伎《おき》・

出雲《いずも》・伯耆《ははき》・因幡《いなば》・但馬《たじま》の五つの国の国造《くにのみやつこ》たちを召換なさった。このとき五国の国造《くにのみやつこ》は、派遣されてきた使の人を水手《かこ》として、都に向かった。このことにより罰せられて、すぐさま播磨《はりま》の国に追いやられて、(刑として)田の開墾にあたらされた。このときに作った田を、それぞれ意伎田《おきた》・出雲田《いずもた》・伯耆田《ははきた》・因幡田《いなばた》・但馬田《たじまた》と名づける。そして、それらの田の稲を収納する御宅《みやけ》を、すなわち餝磨《しかま》の御宅《みやけ》と名づけ、また、賀和良久《かわらく》の三宅《みやけ》という。

〈注〉

○**英保《あぼ》の里《さと》**—姫路市街東南部の阿保・東阿保を中心とする地域。『和名抄』に「英保安母」と見える。○**伊予《いよ》の国の英保《あぼ》の村**—所在地不明。『和名抄』は伊賀国の郷名として「阿保」のあったことを伝えており、伊賀の阿保は『続紀』にも見えるところから、「伊予」は「伊賀」の誤とする説もある(敷田氏『標注』など)。○**美濃《みの》の里《さと》**—姫路市東南部の四郷町見野を遺称地とする。英保の里の東に位置する。『和名抄』に「三野美乃」と見える。○**讃伎《さぬき》の国の弥濃《みの》の郡《こほり》**—香川県三豊市北部地方にあたる。『和名抄』に「三野美乃」と見える。○**継《つぎ》の潮《みなと》**—四郷町見野の南の継《つぎ》を遺称地とする。「潮《みなと》」は水門の意で、八家川河口地。現在では海岸から約二キロ奥に入っているが、往時はこの地が海に臨んでいたのである。○**火君《ひのきみ》**—肥前・肥後の地域を本拠とした一族。『古事記』では神武天皇の皇子・神八井耳命から出た氏族とする。『肥前国風土記』総記に、火君の由来が詳述されている。○**復生《つぎ》かし**—生き返らせたことをいう。今地名「継《つぎ》」の由来となるよう『大系』に従って「ツギイカシ」と訓んでおく。○**取《あ》ひき**—「取」は「娶」の省画。『全書』は「取《と》ぎき」と訓んで「継《つぎ》」の由来とする。○**因達《いだて》の里《さと》**—姫路市城北、八丈岩山の南麓の地をあてる。『和名抄』に「印達以多知」と見える。○**韓国《からくに》を平《たひら》げむ**—記紀に見える神功皇后のいわゆる三韓征伐のことを指す。○**御船《みふな》前《さき》**—船の先頭に立ち、水先案内をするとともに船や乗員を守護する神の意であろう。○**伊太《いだ》代《て》の神**—航海神。『住吉大社神代記』に「船玉神」とある。なお〈解説〉参照。○**此処《ここ》に在《いま》しき**—餝磨郡伊和の里の条に見える「因達の神山」をいい、現八丈岩山を指す。『延喜神名式』に「射楯兵主神社」と見えるのがこの神を祭る神社で、八丈岩山の南麓にある。なお〈解説〉参照。○**安師《あなし》の里《さと》**—市川の河口近く、姫路市阿成を遺称地とする。『和名抄』に「穴無安奈之」と見える。○**倭の穴无の神**—『延喜神名式』大和国城上郡の条に見える「穴師坐兵主神社」をいう。祭神はオホナムチ・スサノヲ・オホモノヌシなどと言われているが定かでない。○**神戸《かむべ》に託《つ》きて**—「神戸」は神社に所属し、その経済を支えた民戸。古くは神社の部《かき》曲《べ》であったと思われる。この一節文意が判然としないが、この地の人々が穴无の神の神戸となってこの神に仕えたことをいうか。○**穴師《あなし》**—大和の穴師神社の分霊を祭る神社は、古くは「アナシ神」として独立していたと思われる（『日本紀略』寛平三〈八九一〉年三月二十六日の条に、播磨国正六位上安志神に従五位下を奉授したとある）が、『延喜神名式』には「射楯兵主神社二座」とあって、この神はイダテの神とともに合祀されたことが知られる。なお

〈解説〉参照。○漢部の里《あやべのさと》―この条から以下郡末までの記事は、いずれも当郡内の補足記事。本来ならば当該の里の記事中に挿入されるべきものが、郡末に一括されている。上文漢部の里の条では里名説明のみが記載されたにすぎず、ここの三条はその補足である。○多志野《たしの》―遺称なく所在地不明。○鞭《むち》―古代文献に見える鞭はいずれも乗馬の際の具としてあらわれている。○宅《や》―諸注いずれも「宅」を「ミヤケ」と訓み屯倉《みやけ》の意とするが、文意から考えるとここは屯倉を指すとは思われないので、『大系』に従い「ヤ」と訓み民家の意と解しておく。○佐志野《さしの》―現在の名「タシノ」は「サシノ」の訛音とするのである。○阿比野《あひの》―姫路市西北部の相野を遺称地とする。餝磨・揖保両郡郡境の丘陵地で、山陽道と山陰道との駅路の分岐点にあたっていた。○山の方《かた》―山陰路をいう。下の「海の方」は山陽路。○手沼川《てぬがは》―夢前川または菅生川をいうか。この両河川の合流点付近に上手野・下手野という遺称地がある。○年魚《あゆ》―アユはその寿命が一年かぎりであったことから「年魚」と用字されるようになったといわれる。古くより食用とされた。○貽和の里《いわのさと》―上文に「伊和の里」とある。「貽」は特殊な用字。以下の一条は伊和の里の補足記事。○馬墓の池《うまはかのいけ》―遺称なく所在地不明。○尾治連《をはりのむらじ》―『神代紀』(下)に火明命から出た氏族とされており、『姓氏録』左京神別にも「火明命之男天賀吾山命之後也」と見える。○婢《め》―貴人につき従う侍女をいう。『日本紀私記』(乙本)に「侍者」を「末加太知」と訓むので、『大系』など「まかたち」と訓む。○第一《そのひとつ》―以下の一文は古墳群についての伝承。いずれも所在地不明。○上の生石の大夫《かみのおふしのまへつぎみ》―原文「上」

とあるを『新考』『大系』など「至」の誤りとし、『東洋文庫』は「王」の誤りとする。生石氏はまた大石氏とも書き、『姓氏録』によれば百済からの帰化系氏族であったことが知られる。『懐風藻』に「従四位下播磨守大石王」なる人物が見え、『東洋文庫』はこの人のことを指すかとする。○**餝磨《しかま》の御宅《みやけ》**—姫路市飾磨区三宅を遺称地とする。『大系』は御宅が伊和の里に属していたとして、伊和の里の補足記事とする。この一条は御宅設置の由来を語るもの。○**召使《めしのつかひ》**—朝廷から派遣されてきた使臣をいう。○**水手《かこ》**—船を漕ぐ者、すなわち船頭・水夫をいう。『和名抄』に「水手加古」とある。○**罪**—朝廷派遣の使臣を船頭に使ったことを咎められたのである。○**意伎田《おきた》**—以下の田については遺称なく所在地不明。いずれも国名を田の名とするのは、各々の国と何等かのつながりがあったか。○**御宅《みやけ》**—印南郡益気《やけ》の里の条の〈注〉において既述。○**賀和良久《かわらく》の三宅《みやけ》**—「三宅」は「御宅」に同じ。「賀和良久」の語義は不詳。『新考』は「カハラク」（＝カハリ）として罪の償いの意とするが恐らく不可。『出雲国風土記』意宇《おう》郡の神社名に「加和羅《かわら》の社」とあり、また物に触れて騒がしく音の鳴る擬声語として「カワラ」なる語もあった（『応神記』・訶和羅前《かわらのさき》の条など）ので、あるいはこれらと関係あるか。

〈解説〉

ここでは因達《いだて》の里の条に見える神と穴師《あなし》の里の条に見える神について、今少し詳しい考察を試みてみよう。

〈注〉でも触れたように、『延喜神名式』によればこの両神は、いつの頃からか合祀されて「射楯兵主神社二座」として祭られ今日に到っているが、本来は各々別個に祭られていたことと思われる。


ところで当国風土記ではただ「伊太代《いだて》の神」とのみある神については、天平三（七三一）年に撰進された『住吉大社神代記』によって、かなり明らかにすることができる。今鎌谷木三次氏の『射楯兵主神社と播磨国総社の研究』に説かれたところに従って、その点を述べよう。『住吉大社神代記』・船木等本記に「大幸還上賜、其御船今奉斎祀武内宿祢。志麻社、静火社、伊達社此三前神也」とあり、また同書の住吉神の子神を記す条に「船玉神　今謂斎祀紀国紀氏神、志麻神・静火神・伊達神本社」とあって、この神は神功皇后の三韓征討の際船木連によって建造された三隻の船を神格化したものの一つで、住吉神の子神である船玉神を祭神としたことが知られるのである。『住吉大社神代記』によれば、住吉神は神功皇后の三韓征討の際、海上の安全を守護した神とされており、古来、海上安全の神として航海者達から信奉されていた。その住吉神の子神とされた船玉神、すなわち伊太代の神もまた、創祀の当初から航海神として祭られていたことであろう。当郡伊和の里の十四丘の説話中、この神が船と関わって登場するのも、右のような経緯からすれば、当然のことであったと言える。

また伊太代の神を祭る神社は『延喜神名式』によれば、紀伊国名草郡・陸奥国色麻郡・丹波国桑田郡・出雲国意宇郡（三社）・同国出雲郡（三社）・播磨国揖保郡に見え、山陰・山陽を中心にかなり広範な地域にわたって航海者達から信奉されていたことが知られる。以上のことから、伊太代の神を出雲系の五十猛命《いそたける》としてきた従来の見解は、ほぼ否定されるであろう。

一方、穴師の神は『風土記』に記す通り、大和の「穴師坐兵主神社」の祭神が分祀されているのであるが、その祭神である兵主神とはどのような神であるのか、未だに定説を見ない。従来からオホナムチとする説が流布しているのであるが、先の伊太代の神と同じく、出雲系の神とするのは疑問がある。大和の穴師神社のある地は帰化系氏族の本拠地であったところからすれば、あるいは彼等によって祭られていた神であろうか。『延喜神名式』によれば、兵主神は大和（二社）・和泉・播磨（二社）・壹岐・丹波・但馬（六社）・因幡（二社）・近江（二社）・三河において祭られており、その分布は殊に山陰に濃く、ついで山陽となっていることや壹岐において祭られていることで、何か朝鮮半島とのつながりを思わせる。後代なぜこの二神が合祀されたのかは定かではないが、『風土記』によって『延喜式』以前の神社の有様が知られるところにも、この書の持つ意義があろう。

八　揖保郡(一)

揖保《いひぼ》の郡《こほり》。

事《こと》は下《しも》に明《あきら》かなり。

伊刀島《いとしま》。諸《もろもろ》の島の総名《すべな》なり。右《みぎ》は、品太《ほむだ》の天皇《すめらみこと》、射目人《いめひと》を餝磨《しかま》の射目前《いめさき》に立てて狩《みかり》を為《し》たまひき。是《ここ》に、我馬野《あがまの》より出《い》でし牝鹿《めしか》、此の阜《をか》を過《す》ぎて海に入り、伊刀島《いとしま》に泳ぎ渡《わた》りき。尓《そ》の時、翼人等《いめひとら》、望み見て相《あひ》語りて云ひしく、「鹿は既《はや》く彼《そ》の島に到《いた》り就《つ》きぬ」といひき。故《かれ》、伊刀島《いとしま》と名づく。

香山《かぐやま》の里《さと》。本《もと》の名は鹿来墓《かぐはか》なり。土《つち》は下の上なり。鹿来墓《かぐはか》と号《なづ》くる所以《ゆゑ》は、伊和《いわ》の大神、国占《くにし》めましし時、鹿来《しかきた》りて山の岑《みね》に立ちき。山の岑《みね》、是《こ》も亦《また》墓に似たり。故《かれ》、鹿来墓《かぐはか》と号《なづ》く。後、道守臣《ちもりのおみ》、宰《みこともち》たりし時に至りて、乃ち名を改めて香山《かぐやま》と為《な》す。

家内谷《やぬちだに》。即ち是《こ》は香山《かぐやま》の谷なり。形《かたち》、垣《かき》の廻《めぐ》れるが如《ごと》し。故《かれ》、家内谷《やぬちだに》と号《なづ》く。

佐々《ささ》の村《むら》。品太《ほむだ》の天皇《すめらみこと》、巡《めぐ》り行《いでま》しし時、猨《さる》、竹《ささ》の葉を噛《か》みて遇《あ》へり。故《かれ》、佐々《ささ》の村《むら》と曰《い》ふ。

阿豆《あつ》の村《むら》。伊和《いわ》の大神、巡《めぐ》り行《いでま》しし時、其の心《むね》の中《うち》の熱《あつ》きに苦しみて、衣《みけし》の紐《ひも》を控《ひ》き絶《た》ちたまひき。故《かれ》、阿豆《あつ》と号《なづ》く。一云《またい》はく、昔、天《あめ》に二つの星《ほし》有り。地《つち》に落ちて、石《いし》と化為《な》りき。此《ここ》に人衆《もろひと》集まり来て、談論《あげつら》ひき。故《かれ》、阿豆《あつ》と号《なづ》く。

飯盛山《いひもりやま》。讃伎《さぬき》の国の宇達《うたり》の郡《こほり》の飯《いひ》の神の妾《め》、名は飯盛《いひもり》の大刀自《おほとじ》と曰《い》ふ、此の神度《わた》り来まして、此の山を占《し》めて居《を》りき。故《かれ》、飯盛山《いひもりやま》と名づく。

大鳥山《おほとりやま》。鵝《おほとり》、此の山に栖《す》む。故《かれ》、大鳥山《おほとりやま》と名づく。

栗栖《くるす》の里《さと》。土《つち》は中の中なり。栗栖《くるす》と名づくる所以《ゆゑ》は、難波《なには》の高津《たかつ》の宮の天皇《すめらみこと》、勅《みことのり》して、刊《けづ》れる栗子《くりのみ》を若倭部連池子《わかやまとべのむらじいけこ》に賜《たま》ひき。即ち将《も》ち退《まか》り来《き》て、此の村に殖《う》ゑ生《お》ほしき。故《かれ》、栗栖《くるす》と号《なづ》く。此の栗子《くりのみ》は、本《もと》、刊《けづ》れるに由りて、後も渋无《しぶな》し。

廻川《めぐりがは》。金箭川《かなやがは》。品太《ほむだ》の天皇《すめらみこと》、巡《めぐ》り行《いでま》しし時、御苅《みかり》の金箭《かなや》、此の川に落ちき。故《かれ》、金箭《かなや》と号《なづ》く。

阿為山《あゐやま》。品太《ほむだ》の天皇《すめらみこと》の世《みよ》、紅草《くれのあゐ》、此の山に生《お》ひき。故《かれ》、阿為山《あゐやま》と号《なづ》く。名を知らぬ鳥住《す》めり。正月《むつき》より四月《うづき》に至るまで見え、五月《さつき》より以後《のち》は見えず。形は鳩《はと》に似て、色は紺《ふかきはなだ》の如《ごと》し。

〈現代語訳〉

揖保《いいぼ》の郡《こおり》。

（「揖保《いいぼ》」の名の由来の）事については、下文に明らかである。

伊刀島《いとしま》。（家島群島の）もろもろの島を総称した名である。右は、品太《ほむだ》の天皇（応神天皇）が、射目人《いめひと》を餝磨《しかま》の射目前《いめさき》に立たせて、狩猟をなさった。このとき、我馬野《あがまの》から出できたメス鹿が、この丘（御立丘《みたちおか》）を通り過ぎて（そのまま）海に入り、（沖にある）伊刀島《いとしま》に泳ぎ渡った。そのとき、翼人《いめひと》たちは（この光景を）はるかに見やって、おたがいに話し合って「鹿はとうとうあの島に泳ぎ到《いた》り就《つ》いてしまった」と言った。それで、伊刀島《いとしま》と名づける。

香山《かぐやま》の里《さと》。（この里の）本《もと》（旧）の名は、鹿来墓《かぐはか》という。土地（の地味）は、下の上である。鹿来墓《かぐはか》と名づけたわけは、伊和《いわ》の大神が国占《くにし》めをなさったとき、一頭の鹿がやってきて、（この）山の頂上に立った。その山の峰もまた墓（の形）に似ていた。それで、鹿来墓《かぐはか》と名づける。その後、道守臣《ちもりのおみ》が宰《みこともち》となったときになって、その名（鹿来墓《かぐはか》）を改めて、香山《かぐやま》とした。

家内谷《やぬちだに》。これはすなわち香山《かぐやま》の谷である。その（谷の）形は、まるで垣をめぐらしたようである。それで、家内谷《やぬちだに》と名づけている。

佐々《ささ》の村《むら》。品太《ほむだ》の天皇（応神天皇）が（この地を）御巡幸になられたとき、竹《ささ》の葉を嚙《か》んだ猴《さる》が（天皇に）出会った。それで（この地を）佐々《ささ》の村《むら》という。

阿豆《あつ》の村《むら》。伊和《いわ》の大神が御巡行になられたとき、その胸の中の熱《あつ》いのに苦しんで、お召し物の紐《ひも》をひきちぎっておしまいになった。それで、（この地を）阿豆《あつ》と名づけている。一説には次のようにも言っている。昔、天に二つの星があり、それが地上に落ちて、石と化してしまった。そこで多くの人たちが集まってきて、いろいろ談論《あげつ》らった。それで、阿豆《あつ》と名づける――と。

飯盛山《いいもりやま》。讃伎《さぬき》の国の宇達《うたり》の郡《こおり》の飯《いい》の神の妾《め》の神――その名を飯盛《いいもり》の大刀自《おおとじ》という――が、この地に渡って来られて、この山を領有して住んでおられた。それで、飯盛山《いいもりやま》と名づける。

大鳥山《おおとりやま》。鵝《おおとり》がこの山に棲《す》んでいる。それで、大鳥山《おおとりやま》と名づけている。

栗栖《くるす》の里《さと》。土地（の地味）は、中の中である。（この地を）栗栖《くるす》と名づけたわけは、難波《なにわ》の高津《たかつ》の宮の天皇（仁徳天皇）が勅《みことのり》して、渋皮を削り取った栗の実を、若倭部連《わかやまとべのむらじ》池子《いけこ》に賜わった。（池子《いけこ》はその栗の実を）持って天皇のもとから退出してきて、それをこの村に殖《う》えて育てた。それで、栗栖《くるす》と名づける。この（栗の木からとれる）栗の実は、もともと（渋皮を）削ってあったために、その後も渋皮がない。

廻川《めぐりがわ》。金箭川《かなやがわ》。品太《ほむだ》の天皇（応神天皇）が（この地を）御巡幸になられたとき、御狩にお使いになる金箭が、この川に落ちてしまった。それで（この川を）金箭《かなや》と名づける。

阿為山《あいやま》。品太《ほむだ》の天皇（応神天皇）の御代に、紅草《くれのあい》がこの山に生えた。それで、阿為山《あいやま》と名づける。（この山に）名まえのわからない鳥が棲《す》んでいる。正月から四月になる頃までは見かけるが、五月以降は姿を見せない。その形は鳩《はと》に似ていて、色は紺《こん》色のようである。

〈注〉

○揖保《いひぼ》の郡《こほり》―揖保川下流の、姫路市西部・同林田町・たつの市龍野町・同新宮町・同太子町・同揖保川町・同御津町を中心とする地域。『和名抄』に「揖保伊比保」とあり、同郡には十九の郷名が見えている。○事《こと》は下《しも》に明《あき》らかなり―「揖保《いひぼ》」の地名の由来については、下文、すなわち揖保《いひぼ》の里の条で説明してある、の意。○伊刀島《いとしま》―家島群島。餝磨郡少川の里の条に既出。この一条、揖保郡内のいずれの里の記事ともしていないのは、この群島がいずれの里にも所属していなかったからであるともいう（『大系』）。○右《みぎ》は―以下の一条は、餝磨郡少川の里英馬野《あがまの》の条の伝承とほぼ一致する。用字などからみると、同一、または共通の資料（文書）によったとも考えられる。○射目人《いめひと》―英馬野の条では「射目」とある。○我馬野《あがまの》―英馬野の条には馬が逃げた話とともに、牝鹿も逃げ出したとあるが、本条では馬のことは見えない。○此の阜《をか》―上文によれば、御立丘《みたちをか》のことと考えられる。○翼人《いめひと》―「射目人」と同義であろう。○香山《かぐやま》の里《さと》―たつの市新宮町香山を遺称地とする。『和名抄』（高山寺本）に「香山加宇也末」とある。以下「家内谷」の条まで仙覚の『万葉集註釈』（巻一）に引用されている。○伊和《いわ》の大神―当国第一の地方神。○国占《くにし》めましし―移住開墾のための土地の発見・占有を、その奉ずる神の土地占有として語るもの。○道守臣《ちもりのおみ》―『姓氏録』には開化天皇の皇子・豊（または武）葉頬別命から出た子族とされている。当国風土記讃容郡中川の里船引山の条に、天智朝の播磨国司として「道守臣」とある。あるいは『天智紀』七（六六八）年十一月五日の条に見える、新羅に派遣された「道守臣麻呂」と同一人物か。○**宰**《みこともち》—律令制下の国司をいう。○**香山**《かぐやま》—旧名「鹿来墓」では三字となり、また「墓」はいわゆる好字・嘉名とは考えられないところから「香山」と改められたのであろう。○**家内谷**《やぬちだに》—新宮町香山北方の家氏《いよじ》谷を遺称地とする。『岩波文庫』は『万葉集』に「垣都能谿《かきつのたに》」(巻十九・四二〇七)などとあるを採って「カキツダニ」と訓んでいる。なおこの「家内谷」の三字は、里内地名で以下に地名説明を記す標目として置かれたもので、当郡の統一的な書式。同様の書式は讃容・宍禾・賀毛の三郡にも見られる。○**垣**《かき》**の廻**《めぐ》**れるが如**《ごと》**し**—谷の形状がまるで垣をめぐらして囲んだようであるというのであり、谷に囲まれた内側は家のようだというのであろう。○**佐々**《ささ》**の村**—新宮町上笹・下笹を遺称地とする。香山の東南、揖保川東岸の地。○**猑**《さる》—「猑」字は本来オナガザルの類を指すが、ここでは普通一般のサルをいう。○**遇**《あ》**へり**—サルが天皇に出会ったという表現で、古くはこうした表現がしばしば見られる。○**阿豆**《あつ》**の村**《むら》—遺称なく所在地不明。○**心**《むね》—『名義抄』に「心ムネ」とある。○**苦しみて**—原本「告」とあり、「告《の》りたまひて」と訓む説もあるが(『岩波文庫』『全書』など)、『新考』『大系』などに従い「苦」の誤とする。○**石**《いし》**と化為**《な》**りき**—いわゆる隕石《いんせき》を指すと思われる。○**談論**《あげつら》**ひき**—『名義抄』(図書寮本)に「論議」を「アゲツラフ」と訓むのに従い、また「阿豆《あつ》」の地名説明となるように訓んだ。○**飯盛山**《いひもりやま》—遺称なく所在地不明。○**讃伎**《さぬき》**の国の宇達**《うたり》**の郡**—『和名抄』讃岐国の郡名に「鵜足宇多利」と見える。○**飯**《いひ》**の神**—『延喜神名式』讃岐国鵜足郡の条に「飯神社」と見える。現丸亀市飯神社。祭神は『神代記』に讃岐の名としても伝えられているイヒヨリヒコという。○飯盛《いひもり》の大刀自《おほとじ》—イヒヨリヒコの妻神の意。飯神社の背後の山が飯山と呼ばれている。「刀自《とじ》」は主婦・婦人の意。「大」は尊称。○大鳥山—新宮町新宮の西北方の山をあてる。○鵝《おほとり》—字義はガチョウの意。恐らくはコウノトリ、ツルなどのような大型の鳥をいうのであろう。『大系』は『釈日本紀』の訓により「オホカリ」と訓んでいる。○栗栖《くるす》の里《さと》—新宮町西北部の西栗栖・東栗栖を遺称地とする。『和名抄』に「栗栖久留須」とある。○刊《けづ》れる栗子《くりのみ》—渋皮を除き去った栗の実。『新撰字鏡』に「栗久利」とある。実が古くより食用とされたほか、材質が堅いので建築・器具材として、またその樹皮は染料に用いられた。○若倭部連池子《わかやまとべのむらじいけこ》—「若倭部連」は、『姓氏録』（右京神別）に「神魂命七世孫天筒草命之後也」とある。「池子」は名。○栗栖《くるす》—『新考』は栗の林の意とする。○渋无《しぶな》し—渋皮のない栗の実がなるというのである。○廻川《めぐりがは》—『大系』は次の「金箭川《かなや》」に添えた注記と判断し「廻れる川なり」と訓む。今原本の表記に従い、一つの河川名と考えておく。遺称なく所在地不明。○金箭川《かなやがは》—新宮町西方を流れ揖保川に注ぐ栗栖川の古名という。○御苅《みかり》—天皇の御狩の意。○金箭《かなや》—やじりに金属（鉄または銅）を使った矢。角矢《つのや》に対する語。○阿為山《あゐやま》—新宮町西栗栖西北方の佐用《さよ》町三日月に通ずる相坂峠を遺称地とする。○紅草《くれのあゐ》—ベニバナ、またスエツムハナと呼ばれるキク科の植物。この花から紅色の染料をとったので、この名がある。クレノアヰは呉《くれ》の国から渡来した藍《あゐ》（染料）の意。『本草和名』に「紅藍花久礼乃阿為」とある。○**名を知らぬ鳥**—以下の記述によれば、あるいは冬の渡り鳥か。○**紺**《ふかきはなだ》—濃い藍《あい》色、つまり紺色のこと。『全書』など「阿為山」にちなんで「ふたあゐ」と訓んでいる。

〈解説〉

ここでは栗栖の里の条の記述について解れておきたい。

この条では、地名の由来を記した後に「此の栗子《くりのみ》は、本《もと》、刊《けづ》れるに由りて、後も渋无《しぶな》し」とあり、『風土記』撰進当時において、渋皮のない栗の実がなることを特記している。これは官命にいう「旧聞異事」の「異事」にあたることがらであろうが、見落としてならないのは、その特異な栗は、稀々《まれまれ》自然にあったものではなく、この地に住んでいた若倭部連池子なる人物が、仁徳天皇から渋皮を削った栗の実を賜り、これを植えたからだと伝える点である。「栗栖」という地名の由来を説くだけならば「栗、この地に生へり」とでもあれば十分要件は果たしているはずであるが、彼等の意識では、渋皮のない栗の実と「栗栖」という地名とは密接不可分に関わっていたのであり、この特異な栗について触れない地名説明は、彼等にとっては何の意味も持っていなかったのである。吉野裕氏の次のことばは、こうした彼等の意識をよく捉えている。

古代農民のそうした生産者の意識構造は、天皇からもらったけずった実を植えたから渋

> 味がない、と伝える点でこんにちの生産者の意識構造とちがう。かれらにとっては、あらゆる自然の根源に神もしくは人間の行為がなければならない。（中略）かれらの古代的意識は、けずった栗の実を植える人間の行為を伝承することにおいて、もっとも合理的な説明をなしとげた、とするのである。
>
> （『風土記の世界』）

同時にまた、栗が中央政府にとっても重要な産物であった以上、この伝承は、池子が栗を中央政府に貢納する途を開いたことを伝えるものであって、その限りにおいては「まつろい（服従）の歴史の伝承化」（前掲書）でもあった。『風土記』は確かに在地の人々の意識をよく反映しているが、そのことと表裏の関係において、実は在地の人々の中央への統合・服従をも語っている点に大きな特色があると言ってよい。

九　揖保郡㈡

越部《こしべ》の里《さと》。旧《もと》の名は皇子代《みこしろ》の里《さと》なり。土《つち》は中の中なり。皇子代《みこしろ》と号《なづ》くる所以《ゆゑ》は、勾《まがり》の宮《みや》の天皇《すめらみこと》の世《みよ》、寵人《めぐみびと》、但馬君小津《たぢまのきみをつ》、寵《みめぐみ》を蒙《かがふ》りて姓《かばね》を賜《たま》ひ、皇子代君《みこしろのきみ》と為《な》して、三宅《みやけ》を此の村に造りて、仕《つか》へ奉《まつ》らしめたまひき。故《かれ》、皇子代《みこしろ》の村《むら》と曰《い》ふ。後《のち》、上野《かみつけの》の大夫《まへつぎみ》、卅《みそ》戸《へ》を結びし時に至りて、改めて越部《こしべ》の里《さと》と号《なづ》く。一云《またい》はく、但馬《たぢま》の国の三宅《みやけ》より越《こ》し来《きた》れり。故《かれ》、越《こし》部《べ》の村と号《なづ》く。

鷁住山《さぎすみやま》。鷁住《さぎすみ》と号《なづ》くる所以《ゆゑ》は、昔、鷁《さぎ》多く此の山に住《す》みき。故《かれ》、因《よ》りて名《な》と為す。

欟坐山《たなくらやま》。山の石、欟《たな》に似たり。故《かれ》、欟坐山《たなくらやま》と号《なづ》く。

御橋山《みはしやま》。大汝命《おほなむちのみこと》、俵《たはら》を積みて橋を立てたまひき。山の石、橋に似たり。故《かれ》、御橋《みはし》山《やま》と号《なづ》く。

狭野《さの》の村《むら》。別君玉手《わけのきみたまて》等が遠祖《とほつおや》、本《もと》、川内《かふち》の国の泉《いづみ》の郡《こほり》に居《を》りき。地《ところ》、便《たづき》よからざるに因《よ》りて、遷《うつ》りて此の土《くに》に到り、仍《すなは》ち云ひしく、「此の野は狭《さ》くあれども、猶《なほ》居《を》るべし」といひき。故《かれ》、狭野《さの》と号《なづ》く。

上岡《かみをか》の里《さと》。本《もと》は林田《はやしだ》の里《さと》なり。土《つち》は中の下なり。出雲《いづも》の国の阿菩《あぼ》の大神、大倭《やまと》の国の畝《うね》火《び》・香山《かぐやま》・耳梨《みみなし》、三《みつ》の山相闘《あひたたか》ふと聞かして、此《こ》を諫《いさ》め止《と》めむと欲《おもほ》して、上《のぼ》り来ましし時、此処《ここ》に到りて、乃《すなは》ち闘《たたか》ひ止《や》みぬと聞かし、其の乗らせる船《みふね》を覆《ふ》せて坐《いま》しき。故《かれ》、神阜《かみをか》と号《なづ》く。阜《をか》の形《かたち》、覆《ふ》せたるに似たり。

〔菅生山《すがふやま》。〕菅《すが》、山の辺《へ》に生《お》へり。故《かれ》、菅生《すがふ》と曰《い》ふ。一云《またいは》く、品太《ほむだ》の天皇《すめらみこと》、巡《めぐ》り行《いでま》しし時、井を此の岡に闢《ひら》きたまひしに、水甚清《いときよ》く寒《さむ》かりき。是《ここ》に、勅《の》りたまひしく、「水の清く寒きに由《よ》りて、吾《あ》が意《こころ》、宗々我々志《すがすがし》」とのりたまひき。故《かれ》、宗我富《すがふ》と曰《い》ふ。

殿岡《とのをか》。殿《との》を此の岡に造りき。故《かれ》、殿岡《とのをか》と曰《い》ふ。岡に柏生《かしはお》ふ。

早部《くさかべ》の里《さと》。人の姓《かばね》に因《よ》りて名と為《な》す。土《つち》は中の中なり。

立野《たちの》。立野《たちの》と号《なづ》くる所以《ゆゑ》は、昔、土師《はにし》弩《の》美宿祢《みのすくね》、出雲《いづも》の国に往来《かよ》ひて、早部野《くさかべの》に宿《やど》り、乃《すなは》ち病を得て死《みう》せき。尓《そ》の時、出雲《いづも》の国の人、来到《きた》りて、人衆《もろひと》を連《つら》ね立てて、川の礫《こいし》を運び伝へ上げて、墓の山を作りき。故《かれ》、立野《たちの》と号《なづ》く。即ち其の墓屋《はかや》を号《なづ》けて、出雲《いづも》の墓屋《はかや》と為《な》す。

〈現代語訳〉

越部《こしべ》の里《さと》。（この里《さと》の）旧《もと》の名は、皇子代《みこしろ》の里《さと》という。土地（の地味）は、中の中である。皇子代《みこしろ》と名づけたわけは、勾《まがり》の宮《みや》の天皇（安閑《あんかん》天皇）の御代に、（天皇の）お気に入りであった但馬君小《たじまのきみお》津《つ》が、天皇の御寵愛を受けて姓《かばね》を賜わり、皇子代君《みこしろのきみ》とされて、三宅《みやけ》をこの村に造って、（小《お》津《つ》に）奉仕させられた。それで、皇子代《みこしろ》の村《むら》という。その後、上野《かみつけの》の大夫《まえつぎみ》が三十戸をもって（一つの里《さと》を）たてたときになって、（皇子代《みこしろ》を）改めて越部《こしべ》の里《さと》と名づけた。一説によると、但馬《たじま》の国の三宅《みやけ》から（人々が）越してきた。それで、越部《こしべ》の村《むら》と名づけたという。

鵲住山《さぎすみやま》。鵲住《さぎすみ》と名づけたわけは、昔、鵲《さぎ》がたくさんこの山に棲《す》んでいた。それでそれによって（この山の）名とした。

欄坐山《たなくらやま》。山の石が欄《たな》に似ている。それで、欄坐山《たなくらやま》と名づける。

御橋山《みはしやま》。大汝命《おおなむちのみこと》が（この地に）俵《たわら》を積《つ》んで橋をお立てになった。その山の石は橋に似ている。それで、御橋山《みはしやま》と名づける。

狭野《さの》の村《むら》。別君玉手《わけのきみたまて》たちの始祖は、もとは川内《かわち》の国の泉《いずみ》の郡《こおり》に住んでいた。その地は何かと不便であったので、遷《うつ》ってこの地にやってきて、言ったことには、「この野は狭《さ》くはあるけれども、（便がよいから）やはり（この地に）住もう」といって（住みついた。）それで、狭野《さの》と名づけている。

上岡《かみおか》の里《さと》。（この里《さと》は）本《もと》（旧）は林田《はやしだ》の里《さと》であった。土地（の地味）は、中の下である。出雲《いずも》の国の阿《あ》菩《ぼ》の大神が、大倭《やまと》の国の畝火《うねび》・香山《かぐやま》・耳梨《みみなし》の三つの山が、たがいに闘っているとお聞きになって、これをいさめ止めようとお思いになって、（出雲から）上って来られたとき、この地まで来られたところで、すでにその闘いは終わったことをお聞きになって、乗って来られた御船を裏返しにして、その上に鎮座なさった。それで（そのところを）神阜《かみおか》と名づける。阜《おか》の形は（船を）裏返しにしたのに似ている。

〔菅生山《すがうやま》。〕菅《すが》が（この）山のあたりに生えている。それで、菅生《すがう》という。一説によると、品太《ほむだ》の天皇（応神天皇）が（この地を）御巡幸になられたとき、井戸をこの岡で掘りひらきになられたところ、その水はたいそう澄んでいて冷たかった。そこで（天皇は）勅《みことのり》して、「水が清らかでまた冷たいのによって、私の心は宗我《すが》宗我《すが》しくなった」と仰せられた。それで、宗我富《すがふ》というのだ――と。

殿岡《とのおか》。（天皇の）御殿をこの岡に造った。それで、殿岡《とのおか》という。この岡に柏《かしわ》が生えている。

早部《くさかべ》の里《さと》。人の姓《かばね》によって（里《さと》の）名としている。土地（の地味）は、中の中である。

立野《たちの》。立野《たちの》と名づけたわけは、昔、土師《はにし》の弩美宿祢《のみのすくね》が、（大和《やまと》から）出雲《いづも》の国に通ったおり、早部野《くさかべの》に宿って、そこでそのまま病気にかかって死んでしまった。そのとき、出雲の国の人がやってきて、多くの人たちを立ち並べて、川の小石を運んでは次々と積み上げて、墓の山を作った。それで（この地を）立野《たちの》と名づける。そしてその墓屋《はかや》を名づけて、出雲の墓《はか》屋《や》と言っている。

〈注〉

○**越部《こしべ》の里《さと》**―たつの市新宮町最南部、旧越部村の地。『和名抄』に「越部古之倍」とある。また『延喜兵部式』に「越部」という駅家が見えている。○**勾《まがり》の宮《みや》の天皇《すめらみこと》の世《みよ》**―『安閑紀』によれば、安閑天皇は子供がなかったので、自分の名を後世に伝えるために、妃に屯倉《みやけ》と田《た》部《べ》を設置したとあり、いわゆる名代・子代と説明している。○**寵人《めぐみびと》**―天皇の寵愛を受けている人の意。『紀』に見える「寵妃」「寵臣」などと同様の語。○**但馬君小津《たぢまのきみをつ》**―他書に見えず系譜・出自不明。但馬国の豪族か。○**姓《かばね》を賜《たま》ひ**―「姓《かばね》」は朝廷から氏族（の長）に与えられた公的地位を示す称号。○**皇子代君《みこしろのきみ》**―先に引いた『安閑紀』に見えるように、天皇に皇子がないためにそれに代って、の意で「皇子代《みこしろ》」という氏《うじ》名を賜わったとするのである。恐らくは当地の屯倉に所属する御子代部《みこしろべ》を統轄する氏族であったと思われる。○**三宅《みやけ》**―屯倉、すなわち皇室の私有地をいう。『安閑紀』二年五月九日の条に「播磨国の越部屯倉・牛鹿《うしか》屯倉」とあり、本条の記述と合致する。○**皇子代《みこしろ》の村《むら》**―「御子代」を地名とする例は上代文献にあまり見えないが、『住吉大社神代記』に、摂津国武庫《むこ》郡の旧名として「御子代《みこしろ》国」とある。○**上野《かみつけの》の大夫《まへつぎみ》**―餝磨郡少川の里の条に既出。それによれば持統四（六九〇）年当時の当国国司。以下の一条はこの年の戸籍調査・地方制度整備の一環として行われたものであろう。○**卌戸《みそへ》を結びし**―大化二（六四六）年に出されたいわゆる大化改新の詔、また『養老令』（戸令）に五十戸をもって一里とすると規定されているが、端数の三十戸で一里としたことをいう。後代の「余戸《あまりべ》」と同じ。○**越部《こしべ》の里《さと》**―五十戸を超過したの意で「越部《こしべ》」と名付けたのである。○**但馬《たぢま》の国の三宅《みやけ》**―『延喜神名式』丹波国桑田郡の条に「三宅神社」と見える。あるいはこの地に但馬国の屯倉が置かれていたか。○**越《こ》し来《きた》れり**―但馬国の屯倉に所属していた人々が当地の屯倉に転属させられたのであろう。○**鴿住山《さぎすみやま》**―遺称なく所在地不明。なおこの一条は『塵袋《ちりぶくろ》』（巻三）に引用されている。○**鴿《さぎ》**―鷺《さぎ》に似た大型の水鳥をいう。○**櫊坐山《たなくらやま》**―遺称なく所在地不明。○**櫊《たな》**―『名義抄』に「棚櫊タナ」とあるのに従い「タナ」と訓む。石が夕ナ、つまり物をのせる台に似て平板であることをいうか。○**御橋山《みはしやま》**―新宮町觜崎《はしさき》の北東にある、俗に屏風岩と呼ばれる山をあてる。○**俵《たはら》を積みて橋を立てたまひき**―「俵」は稲実を入れるもの。「橋」は梯子《はしご》または階段をいう。この一条、印南郡益気《やけ》の里《さと》の条の八十橋の伝承に類似している。恐らく俵を積み上げて天への橋にしようとしたのであろう。○**狭野《さの》の村《むら》**―新宮町佐野を遺称地とする。○**別君玉手《わけのきみたまて》**―「和気公」とも書く。『姓氏録』（和泉国皇別）に「和気公（中略）倭建尊之後也」と見える。「玉手」は名。○**泉《いづみ》の郡《こほり》**―大阪府泉北・泉南両郡の地。『続紀』霊亀二（七一六）年四月十九日の条に「割テ二大鳥・和泉・日根ノ三郡一、始テ置ク二和泉ノ監ヲ一焉」とあり、当国風土記はこの「和泉監」設置以前の行政区画名によって記載しているところから、当国風土記成立年代を決定する一証とされている。○**上岡《かみをか》の里《さと》**―たつの市神岡町を遺称地とする。『和名抄』に「上岡加無都乎加」（高山寺本では「加无乃乎加」）と見える。○**本《もと》は林田《はやしだ》の里《さと》なり**―従来林田の里に所属していた土地が分立されて上岡の里となったことをいう。○**出雲《いづも》の国の阿菩《あぼ》の大神**―他書に所見なく、この神の系譜不明。なおこの一条、『万葉集註釈』（巻一）に引用。○**畝火《うねび》・香山《かぐやま》・耳梨《みみなし》**―いわゆる大和三山としてよく知られている。○**相闘《あひたたか》ふ**—三山が男女の三角関係にあって互いに争ったとする伝承を指す。『万葉集』巻一・一三・一四番歌にその伝承が見える。〈解説〉参照。○**船《みふね》を覆《ふ》せて**—神の乗り物としての船は海上のみならず陸上をも進んだとする例は、餝磨郡伊和の里の十四丘の説話にも見られる。『大系』は喪《も》棺《ふね》を意味するとし、これを裏返したのは棺をおおう、つまり葬ることと解している。○**神阜《かみをか》**—遺称はない。神岡町周辺に散在する小丘のいずれかであろうか。なお「神阜《かみをか》」によって「上岡《かみをか》の里」と名付けられたとするのであろうが、「神《かみ》」の「み」は乙類、「上《かみ》」の「み」は甲類で、いわゆる上代特殊仮名遣いからすれば仮名違いということになる。○**（菅生《すがふ》山《やま》）**—原本にはこの三字がないが、当郡の書式からすれば標目があるべき所なので、『大系』などに従い、仮に補う。新宮町曽我井を遺称地としている。○**菅生《すがふ》**—生えている菅を地名とする例は、餝磨郡㈠菅生の里の条にも見えている。○**水甚清《いときよ》く寒《さむ》かりき**—湧き出した水が清澄で冷たいのをよしとしている。○**吾《あ》が意《こころ》、宗《す》々《が》我《す》々《が》志《し》**—気持ちがさわやかになったの意。『神代記』でスサノヲノミコトが宮を作るべき地を出雲国に求め、須《す》賀《が》の地に到って「吾《あれ》此《こ》地《こ》に来て、我《あ》が御心須《す》賀《が》須《す》賀《が》斯《し》」と告げられた故に須賀と名付けられたとするのと同類の説話。○**殿岡《とのをか》**—たつの市神岡町入野の北方にある殿岡山を遺称地とする。○**殿《との》**—この一条は前後の文脈から考えて、応神天皇の巡幸説話の一部と推定され、「殿」は天皇の御殿の意であろう。○**柏《かしは》**—ブナ科の落葉高木。その葉は祭祀具・飲食器としても用いられた。材は薪《たきぎ》用。『和名抄』に「槲可之波、柏和名同上、木名也」とある。○

早部《くさかべ》の里《さと》—たつの市竜野付近の揖保川西岸地と思われるが遺称がない。『和名抄』の郷名にも見えない。○**人の姓《かばね》に因《よ》りて**—この地に日下部《くさかべ》氏が住んでいたことをいう。日下部氏は『姓氏録』によれば開化天皇の皇子・彦坐命の子孫とされており、当国風土記美嚢《みなぎ》郡志深《しじみ》の里の条に「早部連意美」なる人物が見えている。○**立野《たちの》**—たつの市竜野を遺称地とする。○**土師弩美宿祢《はにしのみのすくね》**—「土師《はにし》」は土器・埴輪《はにわ》などの製作、また朝廷の葬儀に従事した氏族で、『神代紀』に「天穂日命《あまのほひのみこと》。是出雲臣《これいづものおみ》・土師連《はじのむらじ》等が祖《おや》なり」とある。「弩美宿祢」は「野見宿祢」とも書かれ、『垂仁紀』七年七月の条に、当摩蹶速《たぎまのくゑはや》と相撲をとりこれに勝ったと伝えるほか、同紀三十二年七月の条には、陵墓に生きた人を埋める代わりに埴輪を考案し、この功によって土部《はじべの》臣《おみ》の姓を賜わったとある。○**出雲《いづも》の国に往来《かよ》ひて**—土師氏の本拠が出雲にあったことは『垂仁紀』三十二年の条などによっても知られる。出雲臣の一族から割取設定された一族とも言われる（日本古典文学大系『日本書紀』）。○**人衆《もろひと》を連《つら》ね立てて**—『崇神紀』十年九月の箸墓《はしはか》築造の条に「則ち山《やま》より墓《みはか》に至《いた》るまでに、人民《おほみたから》相踵《あひつ》ぎて、手遞伝《たごし》にして運ぶ」とある。○**墓の山**—古墳、恐らくは円墳をいうのであろう。○**墓屋《はかや》**—陵墓の意か。○**出雲《いづも》の墓屋《はかや》**—『東洋文庫』は墳頂に葺石を敷いた墓（方墳）で出雲地方特有の陵墓かとする。たつの市西方の山地中腹にある古墳のうち、宿毛《すくも》塚が野見宿祢の墓と伝えられている。

〈解説〉

ここでは上岡の里の条に記された、大和三山相闘の説話を採り上げてみよう。『万葉集』巻一に、次のような歌がある。

中大兄の三山の歌

○香具山《かぐやま》は　畝火《うねび》雄男志《をを し》と　耳梨《みみなし》と　相《あひ》あらそひき　神代より　斯《か》くにあるらし　古昔《いにしへ》も　然《しか》にあれこそ　うつせみも　嬬《つま》を　あらそふらしき　（一三）

反歌

香具山と　耳梨山と　あひし時　立ちて見に来《こ》し　印南国原《いなみくにはら》　（一四）

中大兄は後の天智天皇のことで、神代における三山相闘の説話を引いて「うつせみ」即ち現実の人間社会の恋愛関係のもつれを歌ったところから、この歌の背後に、額田王《ぬかだのおおきみ》をめぐる中大兄皇子と弟の大海人皇子《おおあまの》との争いがあり、それが後年の壬申《じんしん》の乱の原因の一つともなったという説もあるほどである。

この三山歌については、一三番歌において三山の性別をめぐり諸説が出され、またここには引用しなかったが、一五番歌がはたして一三番の長歌に対する反歌であるか否かも論議を呼んでいる。今それらの問題はひとまずおいて、一四番の反歌に注目しよう。

三山相闘を「立ちて見に来し」人が誰であるか歌に明記されておらず、この三山歌だけでは誰と特定することも難しいが、風土記の上岡の里の条の記述と重ね合わせることにより、その人が「阿菩の大神」と知られるのである。この三山歌の在り方から見て、『風土記』所載のような説話が、当時かなり広範囲に知られていたと考えられる。だからこそ歌に主語たる人物名を明示しなくても、歌意は人々に理解されたのである。

ただ『風土記』と『万葉集』を較べてみる時、問題がないわけではない。三山歌では「立ちて見に来し」場所を「印南国原」、つまり印南野としているが、『風土記』は揖保郡内の説話であって地理的に合致しない。そこで、印南野にも同様の説話があったのであろうとする説も出されているのであるが、大和地方では、阿菩大神がとどまった地が播磨の瀬戸内沿岸の平野程度に漠然と考えられていたというのが正しいのではあるまいか。むしろ三山歌にあっては、「印南国原」の「イナミ」の音（ことば）が重要ではなかったか。すなわち、既述の印南別嬢のイナビツマ伝承「＝容易に心をなびかせなかった妻」を背後におき、これに三山相闘説話をからませて、現実世界の妻争いを詠んだのではないかと考える。歌は風土記の説話をふまえながらも、その伝承世界とは異なる「歌の地理的空間」をつくり出していると考えたい。

なお、近年では三山歌と風土記とを切り離したり、また、三山歌の背後に阿菩大神を考えない（その場合「立ちて見に来し」の主語は「印南国原」と考えるのである）説も出されていることを付記しておく。

また、この阿菩大神が、神系譜不明ながら出雲の神、よって出雲からやってきたとあるのも注意しておいてよい。旱部の里、立野の条にも、播磨と出雲との往来・交流の説話が見えており、往時この両国の交流は、かなりさかんに行われていたのではないかと思われる。わかるように、餝磨・揖保両郡の平野部は、山陽道と出雲道との合流地域であったことを見のがしてはならないだろう。

十　揖保郡㈢

林田《はやしだ》の里《さと》。本《もと》の名は談奈志《いはなし》なり。土《つち》は中の下なり。談奈志《いはなし》と称《い》ふ所以《ゆゑ》は、伊和《いわ》の大神、国《くに》占《し》めましし時、御志《みしるし》を此処《ここ》に植《た》てたまひしに、遂《つひ》に楡樹《いはなし》生《お》ひき。故《かれ》、称《い》ひて談奈志《いはなし》と名づく。

松尾阜《まつををか》。品太《ほむだ》の天皇《すめらみこと》、巡《めぐ》り行《いでま》しし時、此処《ここ》に日暮れぬ。即ち、此の阜《をか》の松を取りて、燎《にはび》と為《し》たまひき。故《かれ》、松尾《まつを》と号《なづ》く。

塩阜《しほをか》。惟《こ》の阜《をか》の南に鹹水《しほみづ》有り。方三《み》丈《つゑ》許《ばかり》、海と相闊《あひさか》ること卅里許《ばかり》なり。礫《こいし》を以《も》ちて底《そこ》と為《な》し、草を以《も》ちて辺《へ》と為《な》す。海の水と同《とも》に往来《かよ》へり。満《み》つる時は、深さ三寸許《ばかり》なり。牛・馬・鹿等《ども》、嗜《たしな》みて飲めり。故《かれ》、塩阜《しほをか》と号《なづ》く。

〔伊勢野《いせの》。〕伊勢野《いせの》と名づくる所以《ゆゑ》は、此の野に人の家在《あ》る毎《ごと》に、静安《やすらか》なることを得ず。是《ここ》に、衣縫猪手《きぬぬひのゐて》・漢人《あやひとと》刀良《ら》等《ら》が祖《おや》、此処《ここ》に居《を》らむとして、社《やしろ》を山本《やまもと》に立てて、山の岑《みね》に在《いま》す神、伊和《いわ》の大神の子《みこ》、伊勢都比古命《いせつひこのみこと》・伊勢都比売命《いせつひめのみこと》を敬《ゐやま》ひ祭《まつ》りき。此《これ》より以後《のち》、家々《いへいへ》静安《やすらか》にして、遂《つひ》に里《さと》を成《な》すことを得たり。即ち伊勢《いせ》と号《なづ》く。

伊勢川《いせがは》。神に因《よ》りて名と為《な》す。

稲種山《いなだねやま》。大汝命《おほなむちのみこと》と少日子根命《すくなひこねのみこと》と二柱《ふたはしら》の神、神前《かむざき》の郡《こほり》聖岡《はにをか》の里《さと》の生野《いくの》の岑《みね》に在《いま》して、此の山を望み見て云ひしく、「彼《そ》の山は、稲種《いなだね》を置くべし」といひて、即ち稲種《いなだね》を遣《や》りて、此の山に積みましき。山の形も亦稲積《またいなづみ》に似たり。故《かれ》、号《なづ》けて稲種《いなだね》山と曰《い》ふ。

邑智《おほち》の駅家《うまや》。土《つち》は中の下なり。品太《ほむだ》の天皇《すめらみこと》、巡《めぐ》り行《いでま》しし時、此処《ここ》に到りて、勅《の》りたまひしく、「吾《あ》は狭《さ》き地《ところ》と謂《おも》ひしに、此《こ》は乃《すなは》ち大内《おほうち》なるかも」とのりたまひき。故《かれ》、大内《おほうち》と号《なづ》く。

冰山《ひやま》。惟《こ》の山の東に流井《ながれゐ》有り。品太《ほむだ》の天皇《すめらみこと》、其の井の水を汲《く》みたまひしに、冰《ひこほ》りき。故《かれ》、冰山《ひやま》と号《なづ》く。

槻折山《つきをれやま》。品太《ほむだ》の天皇《すめらみこと》、此の山に狩《みかり》したまひ、槻弓《つきゆみ》を以《も》ちて、走る猪《ゐ》を射《い》たまふに、即ち其の弓を折りたまひき。故《かれ》、槻折山《つきをれやま》と曰《い》ふ。此の山の南に石の穴有り。穴の中に蒲生《かまお》ふ。故《かれ》、蒲阜《かまをか》と号《なづ》く。今に至りては生《お》ひず。

〈現代語訳〉

林田《はやしだ》の里《さと》。(この里《さと》の)本《もと》(旧)の名は、談奈志《いわなし》という。土地(の地味)は、中の下である。談奈志《いわなし》と称するわけは、伊和《いわ》の大神が(この地方を)国占《し》めになられたとき、土地占居の御志《みしるし》(の杖《つえ》)

をここに突き立てになられ、それがとうとう一本の楡《いわなし》の樹となって生えた。それで（この地を）談奈志《いわなし》と名づけたのである。

松尾阜《まつおおか》。品太《ほむだ》の天皇（応神天皇）が御巡幸になられたとき、この地で日が暮れてしまった。そこで、この阜《おか》（に生えていた）松を取って、かがり火となさった。それで、松尾《まつお》と名づける。

塩阜《しおおか》。この丘の南に、塩を含んだ清水の湧き出るところがある。四方は三丈《つえ》ほどで、（そこは）海からは三十里ばかりも離れている。小石をもって底とし、草をもって縁《ふち》としている。（この泉は）海の水に通じていて干満があり、満潮の時には、その深さが三寸ほどになる。牛・馬・鹿などが、よろこんで飲む。それで、塩阜《しおおか》と名づけている。

〔伊勢野《いせの》。〕伊勢野《いせの》と名づけたわけは、この野に人が住み人家ができるようになると、そのたびに（その人たちは）安らかに暮らすことができない、というようなことがあった。そこで、衣縫猪手《きぬぬいのいて》・漢人刀良《あやひととら》たちの先祖がこの野に住もうとしたときに、社《やしろ》を山のふもとに設けて、山の峰においでになる神、すなわち伊和《いわ》の大神の子神《みこがみ》である伊勢都比古命《いせつひこのみこと》・伊勢都比売命《いせつひめのみこと》を敬い祭った。その後はどの家も静かに安らかに暮らせるようになり、ついには一つの里《さと》を形成できるまでになった。そんなわけで（この地を）伊勢《いせ》と名づける。

伊勢川《いせがわ》。（前条の二はしらの）神の御名によって、（この川の）名としている。

稲種山《いなだねやま》。大汝命《おおなむちのみこと》と少日子根命《すくなひこねのみこと》の二はしらの神が、神前《かんざき》の郡《こおり》、聖岡《はにおか》の里《さと》にある生野《いくの》の峰においでになって、はるか遠くのこの山をごらんになり、「あの山には稲種《いなだね》を置くことにしよう」と仰せになり、すぐさま稲種《いなだね》をやって、この山にお積みになった。その山の形も稲積《いなづみ》に似ていた。それで、名づけて稲種山《いなだねやま》という。

邑智《おおち》の駅家《うまや》。土地（の地味）は、中の下である。品太《ほむだ》の天皇（応神天皇）が御巡幸になられたとき、この地にやって来られて、勅《みことのり》して「私は（ここは）狭い土地だと思っていたが、これはまた大内《おおうち》なことよ」と仰せになった。それで、大内《おおうち》と名づけている。

冰山《ひやま》。この山の東方に、水の流れ出ている泉がある。品太《ほむだ》の天皇（応神天皇）が、その泉の水をお汲《く》みになったところ、（たちまち）冰《ひ》凍ってしまった。それで（この山を）冰山《ひやま》と名づける。

槻折山《つきおれやま》。品太《ほむだ》の天皇（応神天皇）がこの山で狩をなさった折、走っている猪《いのしし》を槻《つき》の弓で射《い》られたところ、たちまちその弓が折れてしまった。それで、槻折山《つきおれやま》という。この山の南には石の穴があり、その穴の中に蒲《かま》が生えていた。それで（そこを）蒲阜《かまおか》と名づけた。今ではもう生えていない。

〈注〉

○**林田《はやしだ》の里《さと》**―姫路市林田町の地。『和名抄』に「林田波也之多」と見える。○**御志《みしるし》**―土地占有の標識として衝き立てた杖・木などをいう。宍禾《しさは》郡御方《みかた》の里の条にも同類の説話が見える。

○楡樹生《いはなしお》ひき—土地占有の標識として衝き立てた杖・木が根付いたとするのである。「楡」は一般にニレを指すが、ここはニレと訓んでは地名説明にならない。イハナシはニレ科に属する樹（『全書』）、またはニレの古名（『大系』）と考えられる。『東洋文庫』は「梔《くちなし》」の誤りとみて、クチナシ（口無し）—イハナシ（言は無し）の言語遊戯と解している。○談奈志《いはなし》—当国と隣接する備前国に磐梨《いはなし》郡があり、『大系』は同郡石成《いはなし》郷に本拠を持っていた和気氏と同族の石成氏が当地に移住してきたことにちなむ地名かとしている。なお本条は旧名イハナシの地名説明を記すのみで、今名ハヤシダの地名の由来、また改名の理由・経緯には何も触れていない。○松尾《まつを》阜《をか》—遺称なく所在地不明。○燎《にはび》—たいまつの意ではなく、庭でたかれたかがり火の意であろう。『名義抄』に「庭燎ニハヒ」とあるのを参考に訓んだ。○塩阜《しほをか》—遺称なく所在地不明。○鹹水《しほみづ》—塩分を含む湧き水をいう。○卅里—約一六—一七キロメートル。○海の水と同《とも》に往来《かよ》へり—泉が海に通じていて、潮の干満に応じて泉の水も上下するというのである。○嗜《たしな》みて—「嗜」は好むの意。『名義抄』に「嗜タシナム」とある。○〈伊勢《いせ》野《の》〉—原本この三字なし。当郡の書式に従って補う。林田町上伊勢・下伊勢を遺称地とする。○人の家在《あ》る毎《ごと》に—この地に移住者が入って住みつこうとすると、それらの人々の定住を妨害するというのである。○衣縫猪手《きぬぬひのゐて》—『姓氏録』（和泉国諸蕃）に「衣縫　出《ヅ》レ自《リ》二百済国神露命一也」とあり、百済からの帰化系氏族。猪手は名。○漢人《あやひと》刀《と》良《ら》—『姓氏録』（右京諸蕃）に「漢人　百済国人多夜加之後也」とある。○社《やしろ》を山本《やまもと》に立てて—山に在る神が居住を妨害すると考え、山頂に在る神を祭るために山麓に社を設けたのである。今林田町下伊勢に梛《なぎ》神社があり、伊勢神明宮とも呼ばれていたという（『新考』）。○**伊勢都比古命**《いせつひこのみこと》・**伊勢都比売命**《いせつひめのみこと》―本条では伊和の大神の子神と系譜づけられているが、この神系譜は後のもので、恐らくは当地土着の神であろう。『伊勢国風土記』逸文に「出雲の神の子、出雲建子命《たけこのみこと》、又の名は伊勢都彦命《いせつひこのみこと》」とあり、本条と関連があるかという。○**伊勢川**《いせがは》―伊勢野を流れる川。現在の大津茂川をいうか。○**稲種山**《いなだねやま》―餝磨・揖保両郡境にある峰相山をあてている。山麓に稲根明神がある。○**大汝命**《おほなむちのみこと》**と少日子根命**《すくなひこねのみこと》―両神はしばしば一対となって登場し、国土経営、ことに農耕経営の開始を司ったとする説話が多い。ここもその一例。○**神前**《かむざき》**の郡**《こほり》**聖岡**《はにをか》**の里**《さと》―下文に見え、同条にこの二神の我慢くらべの説話がある。○**生野**《いくの》**の岑**《みね》―「生野」は下文に見えるが、いずれの峰を指すのかは判然としない。○**稲種**《いなだね》―稲茎《いながら》にもみがついたままの状態をいう。○**稲積**《いなづみ》―穂のついた稲を積み重ねたもの。稲種はこの形で保存されたものか。○**邑智**《おほち》**の駅家**《うまや》―この標目、疑問がある。当郡の書式によれば里名であるべきところ。『大系』は「邑智の里駅家あり。」として「里」字の脱落、「駅家」を注記とする。姫路市最西部の太市中を遺称地とする。『和名抄』に「大市於布知」（高山寺本は「於保知」）と見える。「大市駅家」は『和名抄』『延喜兵部式』にも見え、草上駅の西、布勢駅の東に位置する山陽道の駅であった。○**大内**《おほうち》―当地はまわりを山に囲まれた平野地である。○**氷山**《ひやま》―遺称なく所在地不明。○**流井**《ながれゐ》―水が溢れ出て流れている泉をいうか。○**氷**《ひこほ》**りき**―凍ったの意。突然凍ったことを神意のあらわれとみたものか。○**槻折山**《つきをれやま》―姫路市太市中から西方のたつの市竜野に越える山をケヤキ坂と呼んでいるがこれかという（『新考』）。○**槻弓**《つきゆみ》―槻の木で作った丸木の弓。槻は弓材としてよく用いられた。○**此の山**―『全書』はこの上に標目として「蒲皐」を補っている。○**蒲**《かま》―『和名抄』に「蒲可末」とある。本来池沼に生えるもの。その花粉を薬用とし、葉は干してむしろなどに作る。○**蒲皐**《かまをか》―遺称なく所在地不明。

〈解説〉

〈注〉にも触れた通り、林田の里の地名起源については、旧名「談奈志《いはなし》」の地名起源のみを挙げ、今名「林田」のそれが載せられていない。ここでは、その「談奈志」の地名起源と、地名の改名について触れてみよう。

まず「イハナシ」の地名起源は、風土記では「楡樹」という植物名によっている。よって「楡樹」を「イハナシ」と訓まないかぎり地名起源とならないのであるが、「楡」に「イハナシ」の訓がない。そこで〈注〉に示したような各説があるが、『東洋文庫』の説―言語遊戯説―はきわめて魅力的であるが、「楡」を「梔」の誤りとする点に問題がある。ここでは通説に従ったが、なお考えるべきであろう。地名起源説話は別として、「イハナシ」は〈注〉にも挙げた氏族名、もしくは備前国磐梨《いはなし》郡の地名に由来するものかと思われる。

次に説話中に見える、神の杖が木となるとする話は、神・貴人などの土地占有伝承によく見られるものであるが、古代人の発想からすれば、杖が木に化したのではなく、その木はそのまま神の杖と意識されていたのである。神祭りなど特別な場と時において、木がそのまま神の杖と意識されたことを、こうした断片的な伝承からも見抜く必要がある。

地名の改名記事が多いのは当国風土記の一つの特色であるが、その改名の在り方にはさまざまな型がある。その個々の事例については、それぞれ〈注〉で触れることとして、一般的にいって、地名が単なる土地区分の符号と化してしまっていない古代にあっては、地名はそれ相当の変更理由のないかぎり、むやみに変更されるものではなかったはずである。つまり地名そのものが、在地の人々の生活と歴史を伝えていたのである。各国風土記がひとしく地名とその由来に多大の関心を示し、その記述に執着しているというのも、往時の土地・地名に対する在地の人々の意識が反映しているからに他ならない。

十一　揖保郡㈣

広山《ひろやま》の里《さと》。旧《もと》の名は握《つか》の村なり。土《つち》は中の上なり。都可《つか》と名づくる所以《ゆゑ》は、石比売命《いはのひめのみこと》、泉《いづみ》の里《さと》の波多為《はたゐ》の社《もり》に立ちて射たまふに、此処《ここ》に到りて、箭《や》、尽《ことごと》に地《つち》に入りて、唯握《ただつか》許《ばかり》出でたりき。故《かれ》、都可《つか》の村と号《なづ》く。以後《そののち》、石川王《いしかはのみこ》、総領《すべをさ》たりし時、改めて広山《ひろやま》の里《さと》と為《な》す。

麻打山《あさうちやま》。昔、但馬《たぢま》の国の人、伊頭志君麻良比《いづしのきみまらひ》、此の山に家居《いへゐ》しき。二《ふたり》の女《をみな》、夜麻《あさ》を打ちしに、即ち麻を己《おの》が胸に置きて死《みう》せき。故《かれ》、麻打山《あさうちやま》と号《なづ》く。今に此の辺《あたり》に居る者《もの》、夜に至れば麻を打たず。俗人《くにひと》云へらく、讃伎《さぬき》の国

意此《おし》川《かは》。品太《ほむだ》の天皇《すめらみこと》の世《みよ》、出雲《いづも》の御蔭《みかげ》の大神、枚方《ひらかた》の里《さと》の神尾《かみを》山に坐《いま》して、毎《つね》に行《みちゆ》く人を遮《さ》へ、死《し》に生《い》き半《なか》ばしき。尓《そ》の時、伯耆《ははき》の人小保弖《こほて》・因幡《いなば》の布久漏《ふくろ》・出雲《いづも》の都伎也《つきや》の三人《みたり》相憂《あひうれ》へて、朝庭《みかど》に申《まを》しき。是《ここ》に、額田《ぬかた》部連久等《べのむらじくと》々《と》を遣《つかは》して、禱《の》ましめたまひき。時に、屋形《やかた》を屋形田《やかただ》に作り、酒屋《さかや》を佐々山《ささやま》に作りて祭り、宴遊《うたげ》して甚《いた》く楽《ゑら》ぎき。即ち、山の柏《かしは》を擽《と》りて、帯に挂《か》け、腰に挿《さしはさ》みて、此の川を下りて相圧《あひお》しき。

故《かれ》、圧川《おしかは》と号《なづ》く。

枚方《ひらかた》の里《さと》。土《つち》は中の上なり。枚方《ひらかた》と名づくる所以《ゆゑ》は、河内《かふち》の国茨田《まむた》の郡《こほり》、枚方《ひらかた》の里《さと》の漢《あや》人《ひと》、来到《きた》りて、始めて此の村に居《を》りき。故《かれ》、枚方《ひらかた》の里《さと》と曰《い》ふ。

佐比岡《さひをか》。佐比《さひ》と名づくる所以《ゆゑ》は、出雲《いづも》の大神、神尾山《かみをやま》に在《いま》しき。此の神、出雲《いづも》の国《くに》人《ひと》の此処《ここ》を経過《すぐ》る者の、十人《とたり》の中五人《うちいつたり》を留め、五人《いつたり》の中三人《うちみたり》を留めき。故《かれ》、出雲の国《くに》人等《ひとら》、佐比《さひ》を作りて、此の岡に祭りしに、遂に和《あまな》ひ受けまさざりき。然《しか》る所以《ゆゑ》は、比《ひ》古神《こがみ》先に来まし、比売神《ひめがみ》後《あと》より来まししに、此の男神《ひこがみ》、鎮《しづ》まること能《あた》はずして行去《さ》りましき。所以《このゆゑ》に、女神《ひめがみ》怨《うら》み怒《いか》りますなり。然《しか》して後《のち》、河内《かふち》の国茨田《まむた》の郡《こほり》、枚方《ひらかた》の里《さと》の漢人《あやひと》、来至《きた》りて此の山の辺《へ》に居《を》りて、敬《ゐやま》ひ祭りて、僅《はつか》に和《やは》し鎮《しづ》め得たり。此の神在《いま》すに因《よ》りて、名を神尾山《かみをやま》と曰《い》ふ。又《また》、佐比《さひ》を作りて祭りし処《ところ》を、即ち佐比岡《さひをか》と号《なづ》く。

佐岡《さをか》。佐岡《さをか》と名づくる所以《ゆゑ》は、難波《なには》の高津《たかつ》の宮の天皇《すめらみこと》の世《みよ》、筑紫《つくし》の田部《たべ》を召して、此の地を墾《は》らしめし時、常に五月《さつき》を以《も》ちて、此の岡に集聚《つど》ひて、酒飲《さけの》み宴《うたげ》しき。故《かれ》、佐岡《さをか》と曰《い》ふ。

大見山《おほみやま》。大見《おほみ》と名づくる所以《ゆゑ》は、品太《ほむだ》の天皇《すめらみこと》、此の山の嶺《みね》に登りて、四方《よも》を望《のぞ》み覧《み》たまひき。故《かれ》、大見《おほみ》と曰《い》ふ。御立《みたち》の処《ところ》に盤石《いは》有り。高さ三尺許《みさかばかり》、長さ三丈許《みつゑばかり》、広さ二丈許《ふたつゑばかり》なり。其の石の面《おもて》に、往々《ところどころ》、窪《くぼ》める跡《あと》有り。此を名づけて、御沓《みくつ》、及御杖《またみつゑ》の処《ところ》と曰《い》ふ。

三前山《みさきやま》。此の山の前《さき》、三つ有り。故《かれ》、三前山《みさきやま》と曰《い》ふ。

御立阜《みたちをか》。品太《ほむだ》の天皇《すめらみこと》、此の阜《をか》に登りて、国覧《くにみ》したまひき。故《かれ》、御立岡《みたちをか》と曰《い》ふ。

〈現代語訳〉

広山《ひろやま》の里《さと》。（この里の）本《もと》（旧）の名は、握《つか》の村という。土地（の地味）は、中の上である。（この地を）都可《つか》と名づけたわけは、石比売命《いわのひめのみこと》が（当郡の）泉《いずみ》の里《さと》の波多為《はたい》の社《もり》にお立ちになって弓を射られたところ、この地まで飛んできた箭《や》は、（ここで）ことごとく地中深く突きささり、ただ一握《つか》ほど地上に出ているだけであった。それで、都可《つか》の村《むら》と名づけたのである。その後、石川王《いしかわのみこ》が、（当国の）総領《すべおさ》であった時に、改めて広山《ひろやま》の里《さと》と名を変えたのである。

麻打山《あさうちやま》。昔、但馬《たじま》の国の人、伊頭志君麻良比《いずしのきみまらひ》がこの山に家を構えて住んでいた。（麻良比《まらひ》の）二人の娘が、夜に麻《あさ》を打ったところ、たちまちその麻を自分の胸に置いて死んでしまった。それで（この山を）麻打山《あさうちやま》と名づける。今なおこの（山の）あたりに住んでいる者は、夜になれば麻を打たないという。土地の人の言い伝えによると、讃伎《さぬき》の国

意此川《おしがわ》。品太《ほむだ》の天皇（応神天皇）の御代に、出雲《いづも》の御蔭《みかげ》の大神が、枚方《ひらかた》の里《さと》の神尾山《かみおやま》においでになられて、いつも道を行く人たちをさえぎり、（往来の人の）半数は殺し、半数は生かした。そのとき、伯耆《ははき》の国の人小保弖《こほて》・因幡《いなば》の国の人布久漏《ふくろ》・出雲《いずも》の都伎也《つきや》の三人が、たがいに心を痛めて、（ことの次第を）朝廷に申し上げた。そこで（朝廷は）、額田部連久等々《ぬかたべのむらじくとと》

を派遣して、祈願おさせになられた。そのとき（久等々《くとと》は）、（神を祭る）屋形《やかた》を屋形田《やかただ》に作り設け、（神に供える酒を作る）酒屋《さかや》を佐々山《ささやま》に作り設けて（この神を）祭って、遊宴《うたげ》を催し、たいそうにぎやかであった。すなわち、山の柏《かしわ》を採って、これを帯にかけたり腰にさしたりして、この川を下っておたがいに圧《お》し合った。それで、圧川《おしかわ》と名づける。

　枚方《ひらかた》の里《さと》。土地（の地味）は、中の上である。枚方《ひらかた》と名づけたわけは、河内《かわち》の国の茨田《まんだ》の郡《こおり》、枚方《ひらかた》の里《さと》に住んでいた漢人《あやひと》たちがやって来て、はじめてこの村に住みついた。それで、枚方《ひらかた》の里《さと》という。

　佐比岡《さひおか》。（この地を）佐比《さひ》と名づけたわけは、（昔）出雲《いずも》の大神が、神尾山《かみおやま》においでになった。この神は、出雲《いずも》の国の人でこの地を通ろうとする者があると、（きまって）その十人のうち五人をとどめ、また五人のうち三人をとどめて（通ることを許さなかった。）そこで出雲《いずも》の国の人たちは、佐比《さひ》を作って、この岡にお祭りしたのだが、（神は）どうしても（この佐比《さひ》を受け納めて）その祭りによって鎮まりはなさらなかった。というわけは、（かつて出雲《いずも》の）比古神《ひこがみ》が先に（この地に）おいでになり、比売神《ひめがみ》が後から来られたので、この男神《ひこがみ》は（この地で）鎮座することができないまま、立ち去ってしまわれた。そんなわけで、（ここにおいでになる）女神《ひめがみ》が、（男神《ひこがみ》のことを）怨《うら》みまた怒って（このような行為をされているのである。）そんなことがあって後、河内《かわち》の国茨田《まんだ》の郡《こおり》の枚方《ひらかた》の里《さと》の漢人《あやひと》たちがやってきて、この山のほとりに住みつき、（この神を）敬い祭ったので、やっとのことで、この神の御心をやわらげ、その行為をしずめることができたのである。この神がおいでになるのにちなんで、（その山の）名を神尾山《かみおやま》という。また、佐比《さひ》を作ってこれを祭ったところを、すなわち佐比岡《さひおか》と名づける。

佐岡《さおか》。佐岡《さおか》と名づけたわけは、難波《なにわ》の高津《たかつ》の宮の天皇（仁徳天皇）の御代に、筑紫《つくし》の田部《たべ》を呼びよせて、この地を開墾させたとき、いつも五月《さつき》になるとこの岡に集まってきて、酒を汲みかわし宴《うたげ》を催した。それで、佐岡という。

大見山《おおみやま》。大見《おおみ》と名づけたわけは、品太《ほむだ》の天皇（応神天皇）がこの山の嶺《みね》にお登りになり、はるかに四方を眺めやられた。それで、大見《おおみ》という。（天皇が）お立ちになったところに、大きな一枚の岩がある。その高さは三尺《さか》ばかり、長さは三丈《つえ》ほど、幅は二丈《つえ》ほどもある。その石の表面に、ところどころ窪《くぼ》んでいるところがある。この窪みを名づけて、（天皇の）御《み》沓《くつ》、また御杖《みつえ》の跡だといっている。

三前山《みさきやま》。この山の前《さき》が三つ（に分かれている。）それで、三前山《みさきやま》という。

御立阜《みたちおか》。品太《ほむだ》の天皇（応神天皇）が、この阜《おか》にお登りになって、国見《くにみ》をなさった。それで、御立岡《みたちおか》という。

〈注〉

○**広山《ひろやま》の里《さと》**—たつの市誉田町広山を遺称地とする。『和名抄』に「広山」と見える。○**石比《いはのひ》**

売命《めのみこと》—下文、当郡出水《いづみ》の里の条に「伊和の大神」の子神としてみえる「石龍比売命《いはたつひめ》」と同神か。『大系』など「龍」字を補っているが、しばらく原本のままにしておく。○**泉《いづみ》の里《さと》**—下文の「出水《いづみ》の里」と同一地か。地名表記に際し漢字一字で表記しているのは、あるいはより古い用字か。○**波多為《はたゐ》の社《もり》**—遺称なく所在地不明。「波多為」は畑井、または陸田井の意か(『大系』)。○**射たまふに**—矢を射てその落ちたところを占有するという、古代における土地占居の呪術であろう。○**握許《つかばかり》**—「握」は長さの単位で、握りこぶしの幅をいう。放った矢が一握り分だけ地上に出ていたのである。○**石川王《いしかはのみこ》**—『天武紀』八(六七九)年三月九日の条に「吉備大宰《きびのおほみこともち》石川王《いしかはのおほきみ》、病《やまひ》して吉備《きびのくに》に薨《みう》せぬ」とある人。系譜不明。○**統領《すべをさ》**—『天武紀』に見える「大宰」と同意。地方支配の上で重要な地に置かれた近隣数ヵ国の行政を管轄した職をいうが、大宝令の施行後は九州の大宰府を除き他は廃止された。○**広山《ひろやま》**—今名広山の地名の由来は記されていない。恐らくは地形・地勢による命名であろう。○**麻打山《あさうちやま》**—『新考』は広山の南約一キロの、揖保郡太子町阿曽を遺称地としている。○**伊頭志君麻良比《いづしのきみまらひ》**—「伊頭志」は「出石」で現兵庫県豊岡市出石町の地。この地を本拠としたアメノヒボコの後裔氏族が「出石君」であろう。「麻良比」は名。○**麻《あさ》**—クワ科の一年草。その繊維を衣料に用いることから、古くより栽培もされていた。『和名抄』に「麻乎、一云阿佐」とある。○**夜に至れば麻を打たず**—夜の麻打ちをタブーとするに到った由来譚であることを物語るものであるが、逆にこの一文から、往時麻打ちの仕事は女性の夜の労働であったことが知られる。○

俗人《くにひと》云へらく―以下は文が完結しておらず、諸注さまざまの解をなすが、ここでは『大系』に従い、麻打山に関する別伝を記すつもりであったものが未完または欠落したものと考えておく。○意《お》此《し》川《かは》―原本「比」とあり、『岩波文庫』『全書』など「おひかは」と訓むが、以下の地名起源に合致するよう「此」の誤と解しておく。○出雲《いづも》の御《み》蔭《かげ》の大神―次の枚方の里の条に見える「出雲の大神」と同神か。出雲系の神であろうが系譜不明。○神尾《かみを》山―次の枚方の里の条に見える。なお「かむなびやま」と訓む説もある。○毎《つね》に行《みちゆ》く人を遮《さ》へ―交通妨害をする荒ぶる神の類型的な行為である。○伯耆《ははき》の人小《こ》保《ほ》弓《て》―神尾山にある荒ぶる神の存在によって被害を受ける山陰諸国の代表として伯耆・因幡・出雲の三国を挙げたものと思われる。三人の系譜は不明。○額田《ぬかた》部連《べのむらじ》久等《くと》々《と》―『神代紀』・上（『神代記』も同じ）によれば、アマテラスとスサノヲの誓約《うけひ》の際、天穂日命《あめのほひのみこと》と同時に生まれた天津《あまつ》彦根命《ひこねのみこと》を祖とする氏族。額田部湯坐連とも。『姓氏録』（左京神別）に「額田部湯坐連　天津彦根命子明立天御影命之後也」とあり、既出の「出雲の御蔭の大神」の「御蔭」はこの「天御影命」から出たとする説もある。○屋《や》形田《かただ》―遺称なく所在地不明。○佐《さ》々《さ》山《やま》―「ササ」は酒の異名ないし古名か。たつの市誉田町福田にある笹山が遺称地という（『新考』）。○楽《ゑら》ぎき―笑い興じ満悦する意。○柏《かしは》―『和名抄』に「槲可之波、柏和名同上、木名也」とある。厚手で柔軟で大きなその葉は食物を盛るのに用いられた他、祭祀具としても用いられた。○相圧《あひお》しき―押し合いの意か。判然としない。『全書』は「相圧《おそ》ひき」と訓む。○圧川《おしかは》―広山付近における林田川の名であろう。○**枚方《ひらかた》の里《さと》**―揖保郡太子町佐用岡の平方を遺称地とする。『和名抄』の郷名には見えない。○**河内《かふち》の国茨田《まむた》の郡《こほり》、枚方《ひらかた》の里《さと》**―現大阪府枚方市枚方を中心とする地。『和名抄』の郷名には見えない。○**漢人《あやひと》**―帰化人を指す。○**佐比岡《さひをか》**―太子町佐用岡付近にある丘のいずれかであろう。○**出雲《いづも》の大神**―前の意此川の条で「出雲の御蔭の大神」とある神と同神であろう。○**神尾山《かみをやま》**―遺称なく所在地不明。○**出雲《いづも》の国人《くにひと》**―意此川の条では伯耆・因幡・出雲の三国が挙げられていたが、ここでは出雲だけになっている。○**佐比《さひ》**―「サヒ」には刀剣、鋤《すき》の類の二様の意味があるが、ここは後者であろう。『和名抄』に「鏄《佐比都恵》、鋤属也」とある。農具としての鋤を奉納したものであろう。○**和《あまな》ひ受けまさざりき**―甘受しないの意。『名義抄』に「和《アマナフ》」とある。○**比古神《ひこがみ》**―次の比売神とともに出雲の神を指す。男女二神の土地占居をめぐる争いである。○**女神《ひめがみ》**―神尾山にあって交通妨害をなす「出雲の大神」を指す。○**佐岡《さをか》**―太子町佐用岡の西北方にある佐岡山を遺称地とする説がある（『新考』）。○**筑紫《つくし》の田部《たべ》**―『景行紀』五十七年十月の条に「諸国《くにぐに》に令《のりごと》して、田部《たべ》の屯倉《みやけ》を興《た》つ」とある。田部は朝廷直轄の田を耕作するため、地方豪族の支配下にあった農民を割いて設けた部民。ここでは九州から農民を連れてきたのである。○**五月《さつき》**―五月に行われる酒宴ということで、あるいは田植え祭のようなものか。○**佐岡《さをか》**―「サツキ」に人々の登る岡ということで「サヲカ」と名付けたか。また「サ」は稲作農耕において、田植え時の神霊、あるいは苗そのものに宿る霊を意味しているかも知れない。○**大見山《おほみやま》**―『新考』は太子町太田から勝原にかけての檀特山をあてているが、遺称はなく定かでない。○四方《よも》を望《のぞ》み覧《み》たまひき――いわゆる天皇による国見儀礼の伝承とするもの。○大見《おほみ》――「大」は天皇の行為に対する称辞。○御沓《みくつ》、及御杖《またみつゑ》の処《ところ》――天皇の持つ神異の力により磐の上についていた杖やくつで踏んだ跡がそのまま残ったとするのである。恐らく本来は、全国各地にあった巨人伝説が、天皇の事績に改められたものと思われる。○三前山《みさきやま》――檀特山をあてる説（『大系』など）もあるが、遺称なく定かではない。○前《さき》――山が平野に向かって突き出したところ。また、その地形をいう。○御立阜《みたちをか》――太子町立岡の立岡山を遺称地としている。

〈解説〉

『風土記』をはじめ『記』・『紀』には〈交通妨害説話〉と呼ばれている一群の説話がある。ここでも「意此川」および「佐比岡」の二条に見えている。

〈交通妨害説話〉というのは、ここの二条でもわかるように、往来の人のすべてをとどめ、往来を妨害するのではなく、往来の人の約半数に妨害を加え、しばしばその人々を殺すと語る点にその特徴がある。なぜこのような説話が生まれるのかについては、まだまだ不明な点も多いが、ここでは峠の神、また塞《さえ》の神というものを通してこの説話を考えてみることとする。

現在の我々にとっては、峠といってもその峠越えの辛さなどはなかなか実感できないが、歩いて行くより他なかった時代には、峠越えは大変な労苦を伴うものであった。さらに古くさかのぼれば、峠越えの労苦は、単に肉体的なものばかりではなく、心理的な苦痛をも伴うものであった。旅というものが遊興娯楽の物見遊山的なものになったのは近世中期以降のことで、それ以前の旅は、何等かの目的のために強いられたものであって、それ自体楽しみとは縁遠いものであった。

およそ古代の人々、特に定住して農耕を営なむ農民は、よほどのことがないかぎり旅に出ることはなかったと考えてよい。そして何より重要なことは、一つの部落——日本ではそれは地縁的共同体であると同時に血縁的共同体でもあったのが多い——においては、彼らを護ってくれる〈カミ〉は存在するが、その〈カミ〉の力は彼らの〈ムラ〉の範囲内にとどまるもので、その外に彼らが出る場合には、彼らの〈カミ〉には彼らを護る力はないと考えられていた。峠というのは、まさにある部落と部落との境界をなす地点である。彼らが〈ムラ〉を出て一つの峠の頂上に達するまでは、彼らの〈カミ〉が守護してくれるが、そこから先には何の加護もない。先々の未知の土地には、彼らを苦しめ悩ます〈カミ〉＝〈モノ〉がいると考えた。その最も典型的なものが、峠に旅を妨げる〈カミ〉が存在するという信仰である。〈交通妨害説話〉に登場する〈カミ〉は、まさにこの峠の神であった。よって、この〈カミ〉は、しばしば「悪神」「荒神」と記される。往来者の半数を殺す、また往来者を取って食うというのは、こうした峠の神の恐怖を説話的に表現したものと考えてよい。塞の神もまた文字通り交通妨害の神であり、峠の神と同様な性格の神と考えられる。

古代人は、このような峠の神の祟りを鎮め、旅の安全と無事を祈願して、この峠の神に捧げ物をした。これが手向《たむけ》といわれるものであるという。すでに峠におけるこうした手向の品々も発掘され、峠の神まつりの様子も、考古学的見地から調査・研究されている（大場磐雄氏『まつり』・学生社など）。後の時代になると、峠に道祖神が祀られたり、さらには仏教の影響をうけて、行路の無事を祈る仏像なども置かれるようになったのである。

このように考えてみると、「意此」「佐比」は、風土記にあるような形で地名が成立したのではなく、「意此《おし》」は押しとどめる意、「佐比《さひ》」は塞《さ》ふ（ふさぐ）の意から生じた地名であると考える方が、この説話にはよく合致するかも知れない。

十二　揖保郡㈤

大家《おほやけ》の里《さと》。旧《もと》の名は大宮《おほみや》の里《さと》なり。土《つち》は中の上なり。品太《ほむだ》の天皇《すめらみこと》、巡《めぐ》り行《いでま》しし時、此の村に営宮《みやづくり》したまひき。故《かれ》、大宮《おほみや》と曰《い》ふ。後《のち》、田中《たなか》の大夫《まへつぎみ》、宰《みこともち》たりし時に至りて、大《おほ》宅《やけ》の里《さと》と改む。

大法山《おほのりやま》。今の名は勝部岡《すぐりべをか》なり。品太《ほむだ》の天皇《すめらみこと》、此の山に大法《おほのり》を宣《の》りたまひき。故《かれ》、大法山《おほのりやま》と曰《い》ふ。今、勝部《すぐりべ》と号《なづ》くる所以《ゆゑ》は、小治田《をはりだ》の河原《かはら》の天皇《すめらみこと》の世《みよ》、大倭《やまと》の千代《ちよ》の勝部《すぐりべ》等を遣《つかは》して、田を墾《は》らしむ。即ち此の山の辺《へ》に居《を》りき。故《かれ》、勝部岡《すぐりべをか》と号《なづ》く。

上筥岡《かみはこをか》・下筥岡《しもはこをか》・魚戸津《なへつ》・朸田《あふこだ》。宇治《うぢ》の天皇《すめらみこと》の世《みよ》、宇治連《うぢのむらじ》等が遠祖《とほつおや》、兄太加奈《えたかな》志《し》・弟太加奈志《おとたかなし》の二人、大田《おほた》の村の与富等《よふと》の地を請《こ》ひて、田を墾《は》り蒔《たねま》かむとして来る時、厮人《つかひびと》、朸《あふこ》を以《も》ちて、食《をしもの》の具《うつはども》等の物を荷《にな》ひき。是に、朸《あふこ》折れて荷《に》落《お》ちき。所以《このゆゑ》に、奈閇《なべ》の落ちし処《ところ》は、即ち魚戸津《なへつ》と号《なづ》け、前《さき》の筥《はこ》の落ちし処《ところ》は、即ち上筥岡《かみはこをか》と名づけ、後《しりへ》の筥の落ちし処《ところ》は、即ち下筥岡《しもはこをか》と曰《い》ひ、荷《にな》ふ朸《あふこ》の落ちし処《ところ》は、即ち朸田《あふこだ》と曰《い》ふ。

大田《おほた》の里《さと》。土《つち》は中の上なり。大田《おほた》と称《い》ふ所以《ゆゑ》は、昔、呉《くれ》の勝《すぐり》、韓国《からくに》より度《わた》り来て、始め、紀伊《き》の国名草《なくさ》の郡《こほり》、大田《おほた》の村に到りき。其の後、分《わか》れ来て、摂津《つ》の国三島《みしま》の賀美《かみ》の郡《こほり》、大田《おほた》の村に移り到り、其《そ》れ又《また》、揖保《いひぼ》の郡《こほり》、大田《おほた》の村に遷《うつ》り来《きた》れり。是《こ》は、本《もと》の紀伊《き》の国の大田《おほた》を以《も》ちて名と為《な》せるなり。

言挙阜《ことあげをか》。右《みぎ》、言挙阜《ことあげをか》と称《い》ふ所以《ゆゑ》は、大帯日売命《おほたらしひめのみこと》の時《みよ》、軍《いくさ》を行《おこ》したまひし日、此の阜《をか》に御《いま》して、軍中《いくさびと》に教令《のりごと》したまひしく、「此の御軍《みいくさ》は、慇懃《ゆめ》言挙《ことあ》げすること勿《なか》れ」とのりたまひき。故《かれ》、号《なづ》けて言挙前《ことあげさき》と曰《い》ふ。

鼓山《つづみやま》。昔、額田部連伊勢《ぬかたべのむらじいせ》、神人腹太文《みわびとふくたのあや》と相闘《たたか》ひし時、鼓《つづみ》を打ち鳴らして闘《たたか》ひき。故《かれ》、号《なづ》けて鼓山《つづみやま》と曰《い》ふ。山の谷に檀生《まゆみお》ふ。

石海《いはみ》の里《さと》。土《つち》は惟《これ》上の中なり。右《みぎ》、石海《いはみ》と称《い》ふ所以《ゆゑ》は、難波《なには》の長柄《ながら》の豊前《とよさき》の天皇《すめらみこと》の世《みよ》、是の里《さと》の中に百便《ももたり》の野有りて、百枝《ももえ》の稲生《お》ひき。即ち、阿曇連百足《あづみのむらじももたり》、仍《よ》りて其の稲を取りて献《たてまつ》りき。尓《そ》の時、天皇《すめらみことの》勅りたまひしく、「此の野を墾《は》りて、田を作るべし」とのりたまひき。乃《すなは》ち、阿曇連太牟《あづみのむらじたむ》を遣《つかは》して、石海《いはみ》の人夫《よぼろ》を召《め》して墾《は》らしめき。故《かれ》、野の名を百便《ももたり》と曰《い》ひ、村を石海《いはみ》と号《なづ》く。

酒井野《さかゐの》。右《みぎ》、酒井《さかゐ》と称《い》ふ所以《ゆゑ》は、品太《ほむだ》の天皇《すめらみこと》の世《みよ》、大宅《おほやけ》の里《さと》に造営《みやづくり》し、井《ゐ》を此の野に闢《ひら》きて、酒殿《さかどの》を造り立てき。故《かれ》、酒井野《さかゐの》と号《なづ》く。

宇須伎津《うすきつ》。右《みぎ》、宇須伎《うすき》と名づくる所以《ゆゑ》は、大帯日売命《おほたらしひめのみこと》、韓国《からくに》を平《たひら》げむとして度《わた》り行《いでま》

し し時、御船、宇頭川《うづがは》の泊《とまり》に宿りたまひき。此の泊《とまり》より伊都《いつ》に度《わた》り行《いでま》しし時、忽《たちま》ち逆風《さかしまかぜ》に遭《あ》ひて、え進み行きたまはずして、船越《ふなこし》より御船を越すに、船《みふね》、猶《なほ》もえ進まざりき。乃《すなは》ち百姓《おほみたから》を追《お》ひ発《おこ》して、御船を引かしめき。是に、一《ひとり》の女人《をみな》有りて、資《たす》けむ為に、己《おの》が真子《まなこ》を上《たてまつ》らむとして、江《え》に堕《お》ちき。故《かれ》、宇須伎《うすき》と号《なづ》く。新《いま》の辞《ことば》には伊須須《いすす》久《く》なり。

宇頭川《うづがは》。宇頭川《うづがは》と称《い》ふ所以《ゆゑ》は、宇須伎津《うすきつ》の西の方《かた》に、絞水《うづ》の淵《ふち》有り。故《かれ》、宇頭川《うづがは》と号《なづ》く。即《すなは》ち是《こ》は、大帯日売命《おほたらしひめのみこと》の船宿《ふなやどり》したまひし泊《とまり》なり。

伊都《いつ》の村《むら》。伊都《いつ》と称《い》ふ所以《ゆゑ》は、御船の水手《かこ》等《ども》云ひしく、「何時《いつ》か此の見ゆる所に到らむかも」といひき。故、伊都《いつ》と曰《い》ふ。

雀島《すずめしま》。雀島《すずめしま》と号《なづ》くる所以《ゆゑ》は、雀多く此の島に聚《あつ》まれり。故《かれ》、雀島《すずめしま》と曰《い》ふ。草木生《お》ひず。

〈現代語訳〉

大家《おおやけ》の里《さと》。（この里《さと》の）旧《もと》の名は、大宮《おおみや》の里《さと》という。土地（の地味）は、中の上である。品太《ほむだ》の天皇（応神天皇）が（この地方を）御巡幸になられたとき、この村で（仮の）宮をお造りになった。それで、大宮《おおみや》といった。その後、田中《たなか》の大夫《まえつぎみ》が宰《みこともち》であった時代になって、大宅《おおやけ》の里《さと》と名を改めたのである。

大法山《おおのりやま》。（この地の）現在の名は、勝部岡《すぐりべおか》という。品太《ほむだ》の天皇（応神天皇）が、この山で大きな法令《のり》を御宣告になった。それで、大法山《おおのりやま》といった。今現在勝部《すぐりべ》と名づけているわけは、小治田《おはりだ》の河原《かわら》の天皇（推古天皇）の御代に、大倭《やまと》の千代《ちよ》の勝部《すぐりべ》たちを（この国に）派遣して、田を開墾させたところ、（彼らは）そのままこの山のほとりに住みついた。それで、勝部岡《すぐりべおか》と名づけている。

上筥岡《かみはこおか》・下筥岡《しもはこおか》・魚戸津《なへつ》・朸田《おうこだ》。宇治《うじ》の天皇（菟道稚郎子《うじのわきいらつこ》）の御代に、宇治連《うじのむらじ》たちの始祖である兄太加奈志《えたかなし》・弟太加奈志《おとたかなし》の二人が、大田《おおた》の村の与富等《よふと》の土地を請いうけて、ここに田を開墾し種《たね》を蒔《ま》こうとしてやってきたとき、召し使っていた者が、朸《おうこ》で食べ物の道具類をかついでいた。ところが、この地でその朸《おうこ》が折れてしまい、かついでいたものが落ちてしまった。こんなわけで、鍋《なべ》の落ちたところは、すなわち魚戸津《なへつ》と名づけ、前荷《まえに》の筥《はこ》の落ちたところは、すなわち上筥岡《かみはこおか》と名づけ、後荷の筥《はこ》の落ちたところは、すなわち下筥岡《しもはこおか》といい、かついでいた朸《おうこ》の落ちたところは、すなわち朸田《おうこだ》という。

大田《おおた》の里《さと》。土地（の地味）は、中の上である。大田《おおた》と称するわけは、昔、呉《くれ》の勝《すぐり》が韓国《からくに》から渡ってきて、はじめは紀伊《き》の国の名草《なくさ》の郡《こおり》の大田《おおた》の村にやってきた。その後、（その一部が）分かれて、摂津《っ》の国の三島《みしま》の賀美《かみ》の郡《こおり》の大田《おおた》の村に移ってきて、それがさらに、揖保《いいぼ》の郡《こおり》の大田《おおた》の村に遷《うつ》ってきたのである。これは、もと（住んでいた）紀伊《き》の国の大田《おおた》をもって、（この里《さと》の）名としたのである。

言挙阜《ことあげおか》。右、言挙阜《ことあげおか》と称するわけは、大帯日売命《おおたらしひめのみこと》（神功皇后《じんぐう》）の御代に、（皇后が）御軍の行動を開始なさった日に、この皐《おか》においでになって、軍中（の人々）に向かって訓令を発せられて、「この度《たび》の出兵に際しては、けっして言挙《ことあ》げしてはならないぞ」と仰せになった。そこで（この山を）名づけて言挙前《ことあげさき》という。

鼓山《つづみやま》。昔、額田部連伊勢《ぬかたべのむらじいせ》と神人《みわびと》の腹太文《ふくたのあや》とがおたがいに闘ったとき、（たがいに）鼓《つづみ》を打ち鳴らして闘った。それで（この山を）名づけて鼓山《つづみやま》という。（この）山の谷には、檀《まゆみ》が生えている。

石海《いわみ》の里《さと》。土地（の地味）は、すなわち上の中である。右、石海《いわみ》と称するわけは、難波《なにわ》の長柄《ながら》の豊前《とよさき》の天皇（孝徳天皇）の御代に、この里《さと》の中に、百便《ももたり》の野があって、（そこに）百枝《ももえ》の稲が生えた。そこで阿曇連百足《あずみのむらじももたり》が、さっそくその稲をとって（天皇に）献上した。そのとき、天皇は勅《みことのり》して、「（こんな稲がみのるのであれば）さっそくこの野を開墾して、田を作るがよかろう」と仰せられた。そこで、ただちに阿曇連太牟《あずみのむらじたむ》を派遣して、石海《いわみ》（の国）の人夫たちを呼び召《め》して、田を開墾させた。それで、この野の名を百便《ももたり》といい、村の名を石海《いわみ》と名づけたのである。

酒井野《さかいの》。右、酒井《さかい》と称するわけは、品太《ほむだ》の天皇（応神天皇）の御代に、大宅《おおやけ》の里《さと》に（天皇の仮の）宮を造り、井戸をこの野に掘りひらいて酒殿《さかどの》を造り立てた。それで、酒井野《さかいの》と名づける。

宇須伎津《うすきつ》。右、宇須伎《うすき》と名づけたわけは、大帯日売命《おおたらしひめのみこと》（神功皇后《じんぐう》）が韓国《からくに》を平定しようとして海を渡っておいでになられたとき、（皇后の）御船が、宇頭川《うずがわ》の停泊地におとどまりになった。そしてこの停泊地から伊都《いつ》に渡ろうと船出されたところ、たちまち激しい向い風にあって進むことができなくなり、（改めて）船越《ふなこし》から（陸路で伊都《いつ》まで）御船を越えさせようとしたが、船はそれでも進ませることができなかった。そこで（土地の）百姓を追加徴発して、御船を引っぱらせた。そのとき一人の女があって、この仕事の手助けをしようと思い、自分の愛する子どもをさしあげようとして、（あわてていたために）入江に落ちてしまった。それで（この地を）宇須伎《うすき》と名づける。現在のことばでは、（あわてることを）伊須須久《いすすく》という。

宇頭川《うずがわ》。宇頭川《うずがわ》と称するわけは、宇須伎津《うすきつ》の西方に、水のうずまいている淵《ふち》がある。それで（この川を）宇頭川《うずがわ》と名づけている。すなわちこれは、大帯日売命《おおたらしひめのみこと》（神功皇后《じんぐう》）がその御船をお停泊になられた船着場である。

伊都《いつ》の村《むら》。伊都《いつ》と称するわけは、（神功皇后《じんぐう》の）御船の水夫《かこ》たちが「何時《いつ》の時にかこの今目にしているこの地に戻って来られることだろうか」と言った。それで（この地を）伊都《いつ》という。

雀島《すずめしま》。雀島《すずめしま》と名づけるわけは、雀《すずめ》がたくさんこの島にあつまってくる。それで、雀島《すずめしま》という。（この島には）草木は生えない。

〈注〉

○大家《おほやけ》の里《さと》—姫路市勝原区朝日谷から西方のたつの市太子町にわたる地域。『和名抄』に

「大宅於保也介」とある。○**田《た》中《なか》の大夫《まへつぎみ》**―蘇我氏の同族。『姓氏録』（右京皇別）に「田中朝臣武内宿祢五世孫稲目宿祢之後也」とある。また『天武紀』十三（六八四）年十一月一日の条に、田中臣が「朝臣」を賜ったとある。『東洋文庫』は『持統紀』に直広肆《じきこうし》から伊予総領を経て直大肆《じきだいし》となった田中朝臣法《のり》麻呂のことかとしている。○**宰**《みこともち》―播磨の国司の意。○**大宅**《おほやけ》―「大宅」なる地名の由来については説明がない。○**大法山**《おほのりやま》―旧名を標目とし今名を注記するものは当国風土記中他に例を見ない。○**勝部岡**《すぐりべをか》―姫路市勝原区にある朝日山（俗にスグレ原という）をあてている。○**大法**《おほのり》―重大な法令の意。○**小治田**《をはりだ》**の河原**《かはら》**の天皇**《すめらみこと》―推古天皇の宮号「小治田宮」と、斉明天皇の初期の宮号「飛鳥川原宮」とをあわせたような宮号で他書には見えない。斉明天皇とする説もあるが、ここでは推古天皇を指すと考えておく。○**大倭**《やまと》**の千代**《ちよ》**の勝部**《すぐりべ》―「大倭の千代」は地名で大和の国のどこかであろうが定かでない。「勝部」は韓国からの帰化系氏族村主《すぐり》（勝）氏の部民。「大倭の千代」に本居を持っていたために氏の名の上につけたのであろう。○**上筥岡**《かみはこをか》―以下の四地名についてはいずれも遺称なく所在地不明。○**宇治**《うぢ》**の天皇**《すめらみこと》―応神天皇の皇太子であった菟道稚郎子《うぢのわきいらつこ》を指す。『紀』によれば、皇位を異母兄である仁徳天皇に譲ったとあり、歴代の天皇には数えていない。ここに「天皇」とあるのは『紀』によって歴代天皇が確定する以前の称かともいう（『大系』など）。○**宇治**《うぢの》**連**《むらじ》―『姓氏録』（山城国神別）に「宇治宿祢、饒速日命六世孫、伊香我色雄命之後也」と見え、物部氏と同族。天武天皇十三年に「宿祢」を賜っている（『天武紀』）。本居としていた宇治の地名を採って氏の名としたものか。○**兄太加奈志**《えたかなし》—『大系』は「タカナシ」を林田の里の旧名「イハナシ」と関係ある名かというが定かではない。○**与富等**《よふと》—姫路市勝原区丁《ようろ》を遺称地とする。次条大田の里の領域内の地。○**厮人**《つかひびと》—召し使い。炊事などに従事したものであろう。○**朸**《あふこ》—物をかつぐのに用いる棒。『名義抄』に「朸アフコ」とある。○**奈閇**《なべ》—鍋の意であろう。ナベのナは菜・魚の意、へは食器の意という。○**魚戸津**《なへつ》—原本「黒戸津」とあるが、諸注に従い「黒」は「魚」の誤りと解しておく。○**大田**《おほた》**の里**《さと》—たつの市太子町太田を遺称地とする。大津茂川の流域地で、『和名抄』に「大田於保多」と見える。○**呉**《くれ》**の勝**《すぐり》—既出の大法山の条に見える勝部《すぐりべ》などと同類のものか。呉氏は百済からの帰化人である。○**紀伊**《き》**の国名草**《なくさ》**の郡**《こほり》**、大田**《おほた》**の村**—『和名抄』紀伊国名草郡の条に「大田」とある。現和歌山市太田の地。○**摂津**《つ》**の国三島**《みしま》**の賀美**《かみ》**の郡**《こほり》**、大田**《おほた》**の村**—もと三島郡であったものが上下に二分された三島上郡(『和名抄』には「島上郡」とある)にあった地。現大阪府茨木市北部の太田であろうという。○**言挙阜**《ことあげをか》—遺称なく所在地不明。○**大帯比売命**《おほたらしひめのみこと》—神功皇后を指すのであろうが「大帯比売」なる呼称は『記』『紀』には見えない。時代は下るが『三代実録』貞観十二(八七〇)年二月十五日の条の告文中に「大帯日姫乃彼新羅人乎降伏賜時尓」とあり、本条とよく似た呼称が見えている。○**軍**《いくさ》—『大系』はこの上に「韓国還上」を補っているが、今は原本のままに従う。この軍の行動開始は、『記』『紀』によれば、新羅征討のためとも、香坂王《かごさか》・忍熊王《おしくま》との戦いのためとも解される。○**教令**《のりごと》—訓令、命令の意。○**言挙げ**《ことあ》—『紀』では興言、揚言などと用字されている。自分の意志・行動などをことばに出して言い立てる意。ことばに出すことにより運命が左右されるとする言霊《ことだま》信仰があり、むやみに口に出して言うことは慎むという考えがあった。ここは戦いのことを口にしてはならぬ、の意であろう。○**鼓《つづみ》山《やま》**—太子町太田原の旧称楯鼓《たこ》原を遺称とし、この地の原坂の山をあてている。○**額田部連伊勢《ぬかたべのむらじいせ》**—額田部連については当郡広山の里意此《おし》川の条の「額田部連久等々」の項参照。○**神人腹太文《みわびとふくたのあや》**—「神人」は『姓氏録』（摂津国神別）に「大国主命五世孫大田々根子命之後也」とある氏族、または同書（未定雑姓）に見える「高麗国人許利都之後也」とある氏族か。「腹太文」については訓が判然としないが、『続紀』養老三（七一九）年十月九日の条に「大和ノ国ノ人腹太ノ得麻呂ヵ姓ヲ改テ為スレ葛ト」とあるのを参考に、「腹太」を姓として「フクタ」、「文」を名として「アヤ」と仮に訓んでおく。○**鼓《つづみ》**—打楽器としての鼓《つづみ》は記紀歌謡や『万葉集』にも見え、古くより用いられていたことが知られる。○**石海《いはみ》の里《さと》**—揖保川下流のたつの市太子町南部・姫路市網干区・同余部区・たつの市御津町にわたる地域。『和名抄』に「石見伊波美」とある。○**惟《これ》**—地味の記載中に「惟」字を添えた例は他にない。漢文に見られる文辞を整える助辞。○**百便《ももたり》の野**—「百便」は「百足」（人名）。遺称なく所在地不明。○**百枝《ももえ》の稲**—穂が異常にたくさん出た稲。○**阿曇連《あづみのむらじ》百足《ももたり》**—阿曇氏は『姓氏録』（河内国神別）に「綿積神命児穂高見命之後也」とある通り、海　神《わたつみのかみ》を祖神とする海人族。『肥前国風土記』松浦郡値嘉《ちか》の郷の条に、景行天皇代の人として同名の人物が見える。下の阿曇連太牟も同族。○

石海《いはみ》の人夫《よぼろ》—石見は現島根県西部の国名。「人夫」は二一歳から六〇歳までの男子で、朝廷の課役に従事したものをいい、丁・仕丁などとも書かれる。ここは勅命により当地の耕作に従事させられたのであろう。○**酒井野《さかゐの》**—遺称なく所在地不明。○**宇須伎津《うすきつ》**—姫路市網干区宮内の魚吹《うすき》八幡を遺称とする。往時、この地が揖保川河口で海に臨んでいた。○**宇頭川《うづがは》**—次条にその名の由来が見える。現揖保川を指す。○**伊都《いつ》**—次々条に見える伊都の村の地。○**逆《さかしま》風《かぜ》**—激しい向い風。『名義抄』に「逆サカサ《シ》マ」とある。○**船越《ふなこし》**—たつの市御津町新舞子の北方と推定されている。船の航行が難しい場合などに、船を陸にあげて運ぶことのあったことは、賀古郡鴨波の里船引原の条にも見えている。○**資《たす》けむ為に**—以下「上《たてまつ》らむとして」までの一節、訓が定まらず意味も判然としない。原本には「為資上己之真子」とある。今『全書』の訓に従い、船の輸送を手助けしようとした意に解しておく。○**真子《まなこ》**—愛子《まなご》、すなわち我子を親しんで呼ぶ称であろう。○**宇須伎《うすき》**—下の「伊須須久」と同義、あるいは訛語か。ただし「ウスク」の用例は見られない。○**伊須須久《いすすく》**—原本「伊波須久」とあるが『新考』に従い「伊須須久」の誤とする。あわてうろたえる意。『神武記』や大殿祭の祝詞《のりと》中に用例がある。○**宇頭川《うづがは》**—遺称はないが揖保川の当地での呼称であろう。○**絞水《うづ》の淵《ふち》**—「絞水」は渦《うず》の意。川の水が渦巻いている淵。遺称地はない。○**大帯日売命《おほたらしひめのみこと》**—前条宇須伎津の記事からすると、韓国征討に出かけた時に停泊したとするらしい。○**泊《とまり》**—港・船着場の意。具体的には「宇須伎津」を指すもので、前条の記載と重複する。○**伊都《いつ》の村《むら》**—たつの市御津町岩見の旧伊都村を遺称地とする。○**御船**—神功皇后の船をいう。前条と同一の伝承の一部であろう。○**水夫**《かこ》—船を漕ぐ人々。船頭。○**何時**《いつ》**か**—韓国征討から帰ってきていつの日にか、の意。○**雀島**《すずめしま》—御津町岩見港沖にあるシジマ島をあてている。全島岩石ばかりで当国風土記の記述と一致している。○**雀**—『和名抄』に「雀須々米」とある。古来、人家付近でもっとも普通に見られた小島。

補説　「言挙げ」について

大田里言挙阜《ことあげをか》条は、大帯日売命《おほたらしひめ》（神功皇后）が軍を動かそうとする時に、この丘に立って、「けっして「言挙げ」をしてはいけない」と命じたのが地名の由来であると述べている。「言挙げ」とは、「自分の意志・行動などをことばに出して言い立てる」（訳注者による注）ことである。これについては、「ことばに出すことにより運命が左右されるとする言霊《ことだま》信仰があり、むやみに口に出して言うことは慎むという考えがあった」（同）。『記』『紀』には、「言挙げ」をしたために災難を招いた例が散見する。例えば、『景行記』で、倭建《やまとたける》命は草薙《くさなぎの》剣《つるぎ》を置いたまま、伊吹山の神を服従させに向かう。ところが山の麓で出会った、牛ほどもある白い大猪に対して「この白猪は神の使者だから、後で殺すことにしよう」と「言挙《ことあげ》」して登ると、神の降らせた大氷《おおひ》雨《さめ》によって打たれ、前後不覚になってしまう。それは、白猪は実は神自身の化身で、倭建が誤った「言挙げ」をしたために前後不覚にされたのである、と

『記』は注記する。また『景行紀』では、日本武尊《やまとたける》が、相模国から上総国へ船で渡ろうとした時、海を見て「是《これ》小さき海のみ。立ち跳《はし》りにも渡りつべし」（狭い海峡だ。立ち走りにでも渡ってしまえるだろう）と「高言《ことあげ》」すると、海中で暴風が起こり、妻の一人弟 橘 媛《おとたちばなひめ》が犠牲になることでようやく渡ることができたという。現在の浦賀水道であり、潮流の速い海の難所である。これは、侮辱的な「高言」が海の神の怒りに触れた例と言えよう。

かように「言挙げ」は危険な行為なのであるが、絶対に不可なのではない。『神代紀』上には、伊奘諾尊《いざなき》が、黄泉の国から帰り、その穢れを禊《みそぎ》して祓おうとする時に、「上つ瀬は是《これ》太《はなは》だ疾《はや》し。下つ瀬は是太だ弱し」と「興言《ことあげ》」し、中つ瀬で祓ったという（第五段一書第六）。また素戔鳴尊《すさのを》は、天を追われて新羅国の曽尸茂梨《そしもり》に降臨したが、「此の地は吾居《を》らまく欲《ほり》せず」と「興言」し、船で渡って出雲国の鳥上《とりかみ》の峯《たけ》に到ったという（第八段一書第四）。これらは神が何か行動を起そうとする時にその意志を宣言したのであり、別に何か不幸を招き寄せるようなことは無い。

このように、神までもが「言挙げ」をするということは、神の力とはまた別に、「言挙げ」の力が信ぜられていたことを表すだろう。それが訳注者も言う「言霊信仰」である。概括すれば、言葉は、現実を表すのみならず、現実を牽引する力を持つ、というのが「言霊信仰」である。先のヤマトタケルや神々も、何かを為そうとするに当たって、良き未来を導くために「言挙げ」を行なっているのである。

したがって、それは、神の力が及ばない時にこそ活用すべき力であった。『万葉集』の「柿本人麻呂歌集」に載っていたとされる歌に、次のような作がある（巻十三・三二五三）

葦原の　瑞穂《みづほ》の国は　神《かむ》ながら　言挙《ことあ》げせぬ国　然れども　言挙げぞ我《あ》がする　言幸《ことさき》く　ま幸くませと　障《つつ》みなく　幸くいまさば　荒磯波《ありそ》　ありても見むと　百重波《ももへなみ》　千重波《ちへなみ》に　しき　言挙げす我は　言挙げす我は

「葦原の瑞穂の国（大和の国の神話的表現）は、神の御意思のままにして言挙げをしない国だ。しかし今、自分は言挙げをする。「言葉通りに無事であれ」と。「障害無く、無事でいらっしゃったら、荒磯の波ではないが、「ありて」（今と同じように）また会おう」と、何百何千と重なる波のように繰り返し、自分は言挙げをする、自分は言挙げをする」。

これは、新羅など外国へ向かう使節を港で見送る歌と考えられている。この国では、万事神に任せておけばよいのだが、外国に行くなら話は別である。今、私は「言挙げ」をする。言葉の力が一行を守ることを祈るのである。反歌（三二五四）には、

磯城島《しきしま》の　大和《やまと》の国は　言霊《ことだま》の　助《たす》くる国ぞ　ま幸《さき》くありこそ

「しきしまの（枕詞）大和の国は、「言霊」が助けてくれる国だ、無事であってほしい」。「言挙げ」と「言霊」の関係を端的に示す例である。

ただし、これは「言挙げ」をする、と詠うことが、すなわち「言挙げ」そのものでもある、ということにも注意する必要がある。これは実は、「言挙げ」をしない、と詠う場合にも言えるのである。例えば、天平感宝元（七四九）年の日照りに際して、越中守だった大伴家持は「雲の歌」（巻十八・四一二二―三）を作って降雨を願い、三日後に雨が降ったことを喜んで「雨落《ふ》るを賀する歌」（四一二四）に次のように詠っている。

我が欲《ほ》りし　雨は降《ふ》り来《き》ぬ　かくしあらば　言挙げせずとも　稔《とし》は栄えむ

「自分の願っていた雨は確かに降って来た。こうであれば、「言挙げ」などしなくても、実りは豊かだろう」。これは、先の「雲の歌」が「言挙げ」であることを表すとともに、「言挙げ」をせず、神に任せたままでも豊かに実る、という理想状態を予言している。この歌もまた「言挙げ」に他なるまい。

「言挙阜」条で、大帯日売の、軍に対する「言挙げ」の禁止は、兵士たちの濫《みだ》りな「言挙げ」が神の意思に逆らうことを畏れたのであるけれども、同時にその言葉は、神意に任せておけば、必ず成功するという「言挙げ」でもあった。そもそもその外征は、天照大神その他の神意で始められたのである。「言挙阜」の名は、もともとは、そうした大帯日売自身の「言挙げ」に由来すると考えられていたのではないかと想像するのである。

十三　揖保郡㈥

浦上《うらかみ》の里《さと》。土《つち》は上の中なり。右《みぎ》、浦上《うらかみ》と号《なづ》くる所以《ゆゑ》は、昔、阿曇連百足《あづみのむらじももたりら》等、先に難波《なには》の浦上《うらかみ》に居《を》り、後、此の浦上《うらかみ》に遷《うつ》り来《き》けり。故《かれ》、本居《うぶすな》に因《よ》りて名と為《な》す。

御津《みつ》。息長帯日売命《おきながたらしひめのみこと》、御船《みふね》を宿《は》てたまひし泊《とまり》なり。故《かれ》、御津《みつ》と号《なづ》く。

室原《むろふ》の泊《とまり》。室《むろ》と号《なづ》くる所以《ゆゑ》は、此の泊《とまり》、風を防ぐこと、室《むろ》の如《ごと》し。故《かれ》、因《よ》りて名と為《な》す。

白貝《おふ》の浦《うら》。昔、白貝《おふ》在《あ》りき。故《かれ》、因《よ》りて名と為《な》す。

家島《いへしま》。人民《ひとびと》、家を作りて居《を》り。故《かれ》、家島《いへしま》と号《なづ》く。竹《たけ》・黒葛《つづら》等《ども》生《お》ふ。

神島《かみしま》。伊刀島《いとしま》の東なり。神島《かみしま》と称《い》ふ所以《ゆゑ》は、此の島の西の辺《へ》に石神《いしがみ》在《あ》り。形、仏像《みほとけ》に似たり。故《かれ》、因《よ》りて名と為《な》す。此の神の顔に五色《いついろ》の玉有り。又、胸に流るる涙有り。是《こ》も五色《いついろ》なり。泣く所以《ゆゑ》は、品太《ほむだ》の天皇《すめらみこと》の世《みよ》、新羅《しらぎ》の客《まれびと》来朝《まゐき》けり。仍《すなは》ち、此の神の奇偉《あや》しきを見て、非常《つねなら》ぬ珍《うづ》の玉と以為《おも》ひ、其の面色《おもて》を屠《ほふ》りて、其の一つの瞳《まなこ》を堀《こじと》りぬ。神、因《よ》りて泣けり。是《ここ》に、大きに怒《いか》りて、即ち暴風《あからしまかぜ》を起《おこ》し、客《まれびと》の船を打ち破りき。高島《たかしま》の南の浜に漂《ただよ》ひ没《しづ》みて、人悉《ことごと》に死亡《みう》せり。乃《すなは》ち、其の浜に埋《うづ》む。故《かれ》、号《なづ》けて韓浜《からはま》と曰《い》ふ。今に其処《そこ》を過ぐる者は、心に慎《つつし》み、固《かた》く戒《いまし》めて、韓人《からひと》と言はず、盲《めしひ》の事に拘《かかは》らず。

韓荷《からに》島《しま》。韓人《からひと》の破《や》れたる船の漂《ただよ》へる物、此の島に漂《ただよ》ひ就《つ》きき。故《かれ》、韓荷《からに》島《しま》と号《なづ》く。

高島《たかしま》。高さ当処《ところ》の島等《しまじま》に勝《すぐ》れたり。故《かれ》、高島《たかしま》と号《なづ》く。

萩原《はぎはら》の里《さと》。土《つち》は中の中なり。右《みぎ》、萩原《はぎはら》と名づくる所以《ゆゑ》は、息長帯日売命《おきながたらしひめのみこと》、韓国より還《かへ》り上《のぼ》りましし時、御船、此の村に宿りたまひき。一夜《ひとよ》の間《ほど》に、萩一根《はぎひともと》生《お》ひ、高さ一丈《つゑ》許《ばかり》なり。仍《よ》りて萩原《はぎはら》と名づく。即ち御井《みゐ》を闢《は》りき。故《かれ》、針間《はりま》井《ゐ》と云ひ、其の処《ところ》は墾《は》らず。又、罇《もたひ》の水溢《あふ》れて井と成りき。故《かれ》、韓《から》の清水《しみづ》と号《なづ》く。其の水、朝《あした》に汲《く》めども朝を出でず。尓《ここ》に、酒殿《さかどの》を造りき。故《かれ》、酒田《さかた》と云ふ。舟、傾《かたぶ》き乾《かわ》きぬ。故《かれ》、傾田《かたぶきた》と云ふ。春米女《よねつきめ》等《ら》が陰《ほと》を、陪従《おもとびと》婚《くな》ぎ断ちき。故《かれ》、陰絶田《ほとたちた》と云ふ。仍《すなは》ち、萩《はぎ》多く栄《さか》えき。故《かれ》、萩原《はぎはら》と云ふ。尓《ここ》に祭れる神は、少足命《すくなたらしのみこと》に坐《ま》す。

鈴喫岡《すずくひをか》。鈴喫《すずくひ》と号《なづ》くる所以《ゆゑ》は、品太《ほむだ》の天皇《すめらみこと》の世《みよ》、此の岡に田《みかり》したまひしに、鷹《たか》の鈴《すず》堕《お》落ちて、求むれども得ざりき。故《かれ》、鈴喫岡《すずくひをか》と号《なづ》く。

少宅《をやけ》の里《さと》。本《もと》の名は漢部《あやべ》の里《さと》なり。土《つち》は下の中なり。漢部《あやべ》と号《なづ》くる所以《ゆゑ》は、漢人《あやひと》、此の村に居《を》りき。故《かれ》、以《も》ちて名と為《な》す。後《のち》、改めて少宅《をやけ》と曰《い》ふ所以《ゆゑ》は、川原《かはら》の若侠《わかさ》の祖父《おほぢ》、少宅《をやけ》の秦公《はたのきみ》の女《むすめ》に娶《あ》ひて、即ち其の家を少宅《をやけ》と号《なづ》けき。後《のち》、若侠《わかさ》の孫《うまご》智麻《ちま》呂《ろ》、任《よ》されて里長《さとをさ》と為《な》りき。此《これ》に由《よ》りて、庚寅《かのえとら》の年、少宅《をやけ》の里《さと》と為《な》せり。

細螺川《したたみがは》。細螺《したたみ》川と称《い》ふ所以《ゆゑ》は、百姓《おほみたから》、田を為《つく》らむとして溝《みぞ》を闢《ひら》きしに、細螺多《したたみさは》に此の溝《みぞ》に在《あ》りき。後《のち》、終《つひ》に川と成《な》りき。故《かれ》、細螺川《したたみがは》と曰《い》ふ。

〈現代語訳〉

浦上《うらかみ》の里《さと》。土地（の地味）は、上の中である。右、浦上《うらかみ》と名づけたわけは、昔、阿曇連百足《あずみのむらじももたり》たちが、最初は難波《なにわ》の浦上《うらかみ》の地に住んでおり、後にこの国の浦上《うらかみ》に遷《うつ》って来た。それで、もと居住していた土地にちなんで（この里《さと》の）名としている。

御津《みつ》。息長帯日売命《おきながたらしひめのみこと》（神功《じんぐう》皇后）が御船を停泊になられた船着場である。それで（この港を）御津《みつ》と名づける。

室原《むろう》の泊《とまり》。室《むろ》と名づけるわけは、この港は、風を防ぐことはまるで室《むろ》のようである。それで（その地形に）よって（この港の）名としている。

白貝《おう》の浦《うら》。昔、（この浦に）白貝《おう》が産出した。それで、それによって（この地の）名としている。

家島《いえしま》。人々が家を作って（この島に）住みついている。それで、家島《いえしま》と名づける。（この島には）竹《たけ》・黒葛《つづら》などが生えている。

神島《かみしま》。伊刀島《いとしま》の東方に位置している。神島《かみしま》と称するわけは、この島の西の辺に石神《いしがみ》がおいでになる。その形は仏像に似ている。それで（この石神《いしがみ》に）ちなんで（この島の）名としている。この石神《いしがみ》の顔に五色の玉がある。また、胸には流れる涙があり、これも五色である。（この神が）泣いているわけは、品太《ほむだ》の天皇（応神天皇）の御代に、新羅《しらぎ》の客人が来朝したとき、この神の姿が不思議なほど立派なのを見て、世にも珍しい宝玉だと思って、その（石神の）顔面を切り割《さ》いて、その一つの眼《まなこ》をえぐり取った。それにより、神は泣いたのである。さて（この神は、客人の行為に）たいそう怒って、たちまち暴風を巻き起こし、客人の船を破壊した。（船は）高島《たかしま》の南の浜にまで漂ってきて（そこで）沈没し、（乗っていた客人は）一人残らず死んでしまった。そこで（その死骸を）その浜に埋めた。それで（この浜を）名づけて韓浜《からはま》という。今でもそこを通り過ぎる船人は、心をつつしみ、また戒をかたくまもって、「韓人《からひと》」ということばを口にせず、また盲目に関することにはいっさい触れないようにする。

韓荷島《からにしま》。韓人《からひと》の破壊された船の漂流物が、この島に漂いついた。それで、韓荷島《からにしま》と名づける。

高島《たかしま》。（この島の）高さは、このあたりのどの島よりもまさっている。それで、高島《たかしま》と名づける。

萩原《はぎはら》の里《さと》。土地（の地味）は、中の中である。右、萩原《はぎはら》と名づけるわけは、息長帯日売命《おきながたらしひめのみこと》（神功皇后《じんぐう》）が韓国《からくに》から還《かえ》ってきて（京《みやこ》に）お上りになられたとき、その御船がこの村にお宿りになった。（その夜）一夜のうちに、萩《はぎ》が一株生えた。その高さは一丈《つえ》ばかりであった。それで（この地を）萩原《はぎはら》と名づける。そして（この地で）井戸をお掘りになった。それで（この井戸を）針間井《はりまい》といい、この井戸のあるところだけは（田として）開墾していない。また、水を入れた罇《もたい》の水が溢《あふ》れ出て、ついに井戸となった。そこで、韓《から》の清水《しみず》と名づける。その水は、朝に及んでも、またその朝のうちに湧《わ》いてくる。この（泉のほとりに）酒殿《さかどの》を作った。それで、酒田《さかた》という。その酒船《さかぶね》が傾いて（酒が流れ出し、船は）乾《かわ》いてしまった。だから、傾田《かたぶきた》という。また米をついていた女たちの陰《ほと》を、（神功《じんぐう》皇后の）従者たちが交接して断《た》ち切ってしまった。それで、陰絶田《ほとたちた》という。そんなわけで（この地には）萩《はぎ》がたくさん生えることとなった。それで、萩原《はぎはら》という。この地に祭っている神は、少足命《すくなたらしのみこと》である。

鈴喫岡《すずくいおか》。鈴喫《すずくい》と名づけるわけは、品太《ほむだ》の天皇（応神天皇）の御代に、（天皇が）この岡で狩猟をなさったときに、鷹《たか》につけていた鈴が落ちて、探したけれどもみつからなかった。それで、鈴喫岡《すずくいおか》と名づける。

少宅《おやけ》の里《さと》。（この地の）本《もと》（旧）の名は、漢部《あやべ》の里《さと》という。土地（の地味）は、下の中である。漢部《あやべ》と名づけたわけは、漢人《あやひと》がこの村に住んでいた。それで（この漢人《あやひと》に）よって（里《さと》の）名とした。その後、（この名を）改めて少宅《おやけ》というわけは、川原《かわら》の若狭《わかさ》の祖父が、少宅《おやけ》の秦公《はたのきみ》の女《むすめ》と結婚して、その後その家を少宅《おやけ》と名づけた。その後、若狭《わかさ》の孫の智麻呂《ちまろ》が、任命されて里《さと》長《おさ》となった。このことにより、庚寅《かのえとら》の年に、少宅《おやけ》の里《さと》としたのである。

細螺川《しただみがわ》。細螺《しただみ》川と称するわけは、百姓が（この地に）田を作り開こうとして（まず）溝《みぞ》を掘りひらいたところ、細螺《しただみ》がたくさんこの溝《みぞ》にいた。その後（この溝は）、ついに川となった。それで、細螺川《しただみがわ》という。

〈注〉

○**浦上《うらかみ》の里《さと》**—揖保郡揖保川町浦部から同御津町西部の室津、および相生市東部にかけての海岸沿いの地域。『和名抄』（高山寺本）に「浦上宇良加美」とある。○**阿曇連百足《あづみのむらじももたり》**—当郡石海の里の条に既出。○**難波《なには》の浦上《うらかみ》**—現大阪市南区安堂寺町付近という。阿曇氏の本拠地であった。○**御津《みつ》**—御津町伊津の港。現岩見港。上文に見える伊都《いつ》の村と同地の可能性もあるが、所属する里が異なっている。なおこの一条は、前文宇須伎津等と一連の、神功皇后の韓国征討伝承の一部と思われる。○**室原《むろふ》の泊《とまり》**—御津町室津の室津港。古くより海上交通の要地として栄えた地。○**室《むろ》**—「室」はまわりを土で塗りこめた部屋をいう。風がさえぎられ通らない様を室《むろ》にたとえたもの。○**白貝《おふ》の浦《うら》**—御津町室津の大浦付近か。○**白貝《おふ》**—『和名抄』に「白貝、唐韻云蛤、於富、本朝式用二白貝二字一」とある。ハマグリの類であろうが判然としない。『本朝食鑑』には「於保乃《おほの》貝」と訓み、「潮吹蛤」なる異名を挙げている。○**家島《いへしま》**—室津港の南方海上にある家島群島中、最大の島。家島は浦上里の所管ではなかったが、室津港から渡ったために、ここに掲げられたのであろう（『大系』）。○**黒葛《つづら》**—『名義抄』に「黒葛ツヾラ」とある。つる性植物の総称か。器物の補強・装飾や籠などを作るのに用いられた。○**神島**《かみしま》―家島群島最東端にある上島。○**伊刀島**《いとしま》―家島群島の古名。当郡冒頭の伊刀島の条に見える。○**石神**《いしがみ》―古代に見られた巨石信仰の一種で、特異な形（人形のような）の自然石を神としたものであろう。○**仏像**《みほとけ》―『風土記』中に仏像に関する記載はきわめて稀であるが、ここはその一つ。なお、仏《ほとけ》によって「神《かみ》島」という名の由来としている点が注意される。○**新羅**《しらぎ》**の客**《まれびと》―新羅からの貢調使を言うか。『応神紀』に新羅船が武庫《むこ》の水門《みなと》（現兵庫）に停泊していたと記されている。○**珍の玉**《うづのたま》―珍しく貴重な玉。○**瞳**《まなこ》**を掘**《こじと》**りぬ**―石神の目が宝玉でできていたのである。「コズ」は根こそぎ掘り取る意。ここは目（の宝玉）をえぐり取ったのである。○**暴風**《あからしまかぜ》―『日本紀私記』（丙本）に「暴風」を「アカラシマカゼ」と訓むのによる。はやて。○**高島**《たかしま》―次々条に見える。神島から高島までは二〇キロメートル以上離れている。○**死亡**《みう》**せけり**―暴風が起こり船が難破し、乗組員が死んだのは、目玉を取られた石神の祟りによるものとするのである。○**韓浜**《からはま》―新羅人の死骸を埋めたので、朝鮮の人、つまり「韓《から》人」を埋めた浜と言ったのである。遺称地なく定かでない。○**韓人**《からひと》**と言はず**―これと次の「盲の事に拘らず」の二条は、海上航行の無事・安全を願うタブーであろう。神罰を受けた韓人《からひと》のことを口に出しては、また神を怒らせることになると考えたもの。○**盲**《めしひ》**の事に拘**《かかは》**らず**―石神が目玉をとられて盲目になったと考え、そのことをタブーとしたのである。○**韓荷島**《からにしま》―室津港沖の海上にある沖韓荷・中韓荷・地韓荷の三小島を総称したもの。古来よく歌にも詠まれた島で、『万葉集』巻六・山部赤人作歌（九四二・九四三）にも「辛荷島」と見える。なおこの一条は『万葉集註釈』巻四に引用されている。この一条は、前条神島の説話と一連のものか。○**高島《たかしま》**―家島群島中最高の山を持つ西島の古名かという。家島の南西方にある。○**萩原《はぎはら》の里《さと》**―揖保川と林田川の合流点に近い、両川の流域地域。たつの市揖保町萩原《はいばら》を遺称地とする。『和名抄』の郷名には見えない。○**一夜《ひとよ》の間《ほど》に**―神異のあらわれとして、わずか一夜のうちに萩が生えたというのである。類話が『塵袋』第三に見える。○**萩《はぎ》**―「萩」は国字。元来は秋草の意で、今日のハギを指したものか否か定かでない。『万葉集』ではハギを詠む歌が百四十首余あるが、その大半は「芽」「芽子」と用字され、ハギを「萩」と書いたものとしては本書が最古の例。『全書』など「ハリ」と訓み、地名も「萩原《はりはら》」とする。○**御井《みゐ》を闢《は》りき**―井を掘ったのは下文に見える神酒醸造のためか。○**針間井《はりまゐ》**―井を闢《は》ったところからの地名とも、田に墾《は》り残した土地、即ち墾間《はりま》の意とも考えられる。当国の国号ハリマの由来がこの一条から出たともいう。○**其の処は墾《は》らず**―神異の萩が生えた神聖な井であるとして、その一画を耕地としなかったのであろう。○**罇《もたひ》**―酒や水を入れておく容器。『新撰字鏡』に「罇毛太比」とある。容器の大部分は土中に埋めて用いられた。ここは罇から水が湧き出て井となったというのであり、これも神異のあらわれか。○**韓《から》の清《し》水《みづ》**―清水は冷泉の意。井の構築様式が韓風であったことにちなむかという（『大系』）。○**朝《あした》に汲《く》めども朝を出でず**―この一句判然とせず、訓にも諸説がある。汲めども尽きぬ井の意であろう。○**酒田《さかた》**―遺称なく所在地不明。○**舟**―酒を醸造するのに用いる桶《おけ》。酒槽《さかぶね》。○**傾田**《かたぶきた》―たつの市誉田町片吹が遺称地かという。○**春米女**《よねつきめ》―神酒醸造に用いる米をついていた処女。○**陰**《ほと》―女陰。○**婚**《くな》**ぎ断ちき**―『名義抄』に「婚クナク」とある。交接して裂傷を負わせた意か。神に奉仕する女に通婚した宗教儀礼が説話化されたもの（『大系』）とも、歌垣に似た生産儀礼が説話化されたもの（『東洋文庫』）とも説かれている。○**陰絶田**《ほとたちた》―遺称なく所在地不明。○**萩**《はぎ》**多く栄えき**―なぜ萩がよく生い茂るようになったのか釈然としない。○**少足命**《すくなたらしのみこと》―この神の系譜不明。神功皇后をオホタラシヒメと言うのに対してスクナタラシと言ったか。『新考』は「ヲダリ」と訓み、小墫《をだり》、即ち小さな甕の神格化されたものとする。○**鈴喫岡**《すずくひをか》―遺称なく所在地不明。たつの市誉田町片吹の岩岡かともいう（『地名辞書』）。○**田**《みかり》―ここは鷹を用いてする田猟をいう。○**少宅**《をやけ》**の里**《さと》―揖保川と林田川にはさまれた、たつの市竜野町小宅北を中心とする地域。『和名抄』（高山寺本）に「少宅乎也計」とある。○**漢人**《あやひと》―漢《あや》（中国）から移住してきた人。○**川原**《かはら》**の若俠**《わかさ》**の祖父**《おほぢ》―「川原」はまた「河原」とも。『姓氏録』によれば、魏の武帝の子孫とされている。帰化系氏族。「川原」が姓、「若俠」は名。○**少宅**《をやけ》**の秦公**《はたのきみ》―「秦公」は秦始皇帝の子孫である帰化系氏族。「少宅」は地名か。秦氏の一支族であろう。天平五（七三三）年の右京計帳に「秦少宅」の名が見える（『大日本古文書』）。○**里長**《さとをさ》―律令制下、五十戸を単位として編成された「里《さと》」の長官。○**庚寅**《かのえとら》**の年**―持統天皇四（六九〇）年。庚寅年籍の作成された年で、「少宅里」はこの年に新たに分立されたものであろう。○**細螺川**《しただみがは》―遺称なく定かではない。『地名辞書』はたつの市日飼から南方に引かれた用水の名であろうとする。○**溝**《みぞ》―灌漑用水を引くためのものである。○**細螺**《しただみ》―小型の巻貝の総称か。一般には海水産のものをいう例が多いが、ここは淡水産のものを指す。『令義解』（賦役）に「海細螺」とあるので、淡水産のものも「シタダミ」と呼んだであろうことが知られる。

補説　『万葉集』と播磨

浦上里は海岸沿いにあり、その下にはいくつかの島の名が載せられている。神島には、仏像に似た石神があり、顔の部分に五色の玉があるのだが、新羅《しらぎ》の客が来朝した時、珍しがって目を掘り取ったので、石神は怒りの余り涙を流し、暴風を起して客の船を破壊して、乗っていた者は皆溺死した。その遺体を埋めたのが韓浜《からはま》であり、その荷が流れ着いたのが韓荷島《からにのしま》であるという。

この話は、浦上里沖の海上が航路になっていたことを示す。瀬戸内海航路は、朝廷の外港である難波と、国家の玄関口である大宰府とを結ぶ大動脈である。『万葉集』には、羈旅歌《きりょか》というジャンルがあり、瀬戸内の船の旅も、しばしば詠われている。奈良時代の歌人、山部《やまべの》赤人《あかひと》には、「辛荷嶋《からにのしま》に過《よき》る（立ち寄る）時」の歌がある（巻六・九四二）。

あぢさはふ　妹《いも》が目離《か》れて　しきたへの　枕もまかず　桜皮《かには》巻き　作れる舟に　ま梶貫《ぬ》

き　我が漕ぎ来れば　淡路の　野島も過ぎ　印南つま　辛荷の島の　島の間ゆ　我家《わぎへ》を見れば　青山の　そことも見えず　白雲も　千重《ちへ》になり来ぬ　漕ぎ回《た》むる　浦のことごと　行き隠《かく》る　島の崎々　隈《くま》も置かず　思ひそ我《あ》が来る　旅の日《け》長み

「（あぢさはふ＝枕詞）妻の目を離れ、（しきたへの＝枕詞）その腕枕で寝ることも無く、桜の樹皮を巻いて作った船に、梶を通して私たちが漕いで来ると、淡路島北端の野島も過ぎ、印南つま（印南郡の南毗都麻《なびつま》）を後にして、辛荷の島の間から吾が家の方を見ると、青く見える山のどの辺りとも見えず、白雲も千重に折り重なってきてしまった。漕ぎ巡る浦という浦、行っては隠れる島の岬岬、どこを巡っても、物思いをしながらやってくることだ。旅に出て日が長くなったから」。

辛荷島は景勝地で、そのために「過る」わけだが、そこで詠うのは、家やそこで待つ妻への思いである。淡路の野島を通過するのは、明石海峡を出入りすることで、そこは畿内と畿外（夷《ひな》）の境であった。柿本人麻呂の羈旅の歌でも、明石から出る場合は、

燈火《ともしび》の　明石大門《おほと》に　入《い》らむ日や　漕ぎ別れなむ　家のあたり見ず（巻三・二五四）

「（燈火の＝枕詞）明石の海峡に入る日には、漕ぎ別れてしまうのだろう。家の辺りを見る

ともなくなって」と名残を惜しみ、逆に上京して通る時には、

天ざかる　夷《ひな》の長道《ながち》ゆ　恋ひ来れば　明石の門《と》より　大和島見ゆ（同・二五五）

「(天ざかる＝枕詞)夷の長い道のりを恋しく思いながらやって来ると、明石海峡から大和の山々が見える」と、懐かしい家郷が見えることを喜ぶのである。

赤人は、先の長歌の反歌にも、

玉藻刈る　辛荷の島に　島回《しまみ》する　鵜にしもあれや　家思はざらむ（九四三）

「海人たちが玉藻を刈っている辛荷の島を巡る鵜であれば、家を思わないでいられようか」。

島隠《がく》り　我が漕ぎ来れば　ともしかも　大和へ上る　ま熊野の舟（九四四）

「島に隠れながら私たちが漕いでくると、ああ羨ましい。大和へ上ってゆく熊野船だ」

風吹けば　波か立たむと　さもらひに　都太《つだ》の細江に　浦隠《がく》り居《を》り（九四五）

「風が吹くと、波が立つかもしれないと様子を窺って、都太の細江の浦に籠っている」などと詠っている。「都太の細江」は、飾磨川の河口あたり。どの歌も、なかなか進まない旅程に苛立っている趣である。赤人は、神亀三（七二六）年に行われた聖武天皇の播磨国印南野行幸にも従駕して、讃歌を作っているが（巻六・九三八―四一）、その反歌には、

印南野の　浅茅《あさぢ》押しなべ　さ寝《ぬ》る夜《よ》の　日《け》長くしあれば　家し偲《しの》はゆ（九四〇）

「印南野の短い茅《ちがや》を押し伏せて寝る夜がもう長く続いているので、家が思われる」。

明石潟　潮干《しほひ》の道を　明日よりは　した笑ましけむ　家近づけば（九四一）

「明石潟の潮の引いた跡の道を、明日からは心中に嬉しく思いながら行くだろう。家が近づくので」などと詠っている。行幸であってさえ、旅に倦み、早く帰りたいと願うのである。「家島」（伊刀島）も『万葉集』に詠われている。当国風土記では、人が家を作って住んでいることによる名とされるが、畿内から来る旅人には、やはり残してきた家郷を思わせる名と響いたらしい。

家島は　名にこそありけれ　海原《うなはら》を　我《あ》が恋ひ来つる　妹《いも》もあらなくに（巻十五・三七一八）

「家島は名前だけだったなあ。広い海原をずっと自分が恋しく思ってやってきた妻も居ないのに」。天平八（七三六）年、新羅に派遣された使節の一人の歌である。航海中、漂流したり疫病が発生したりの苦難を経て、ようやく播磨の家島まで戻って来た時の感慨である。もう少しで明石海峡を越え、家郷に近づくという地点での、はやる心を窺うことができよう。

播磨は、夷への出入り口のすぐ外側である。畿内の人である『万葉集』の歌人たちにとっては、ひとしお望郷の思いに駆られる土地であったと思われるのである。

十四　揖保郡(七)

揖保《いひぼ》の里《さと》。土《つち》は中の中なり。粒《いひぼ》と称《い》ふ所以《ゆゑ》は、此の里《さと》、粒山《いひぼやま》に依《よ》る。故《かれ》、山に因《よ》りて名と為《な》す。

粒丘《いひぼをか》。粒丘《いひぼをか》と号《なづ》くる所以《ゆゑ》は、天日槍命《あめのひぼこのみこと》、韓国《からくに》より度《わた》り来て、宇頭《うづ》の川底《かはじり》に到りて、宿処《やどり》を葦原志挙乎命《あしはらのしこをのみこと》に乞《こ》ひて曰《い》へらく、「汝《いまし》は国《くに》の主《あるじ》なり。吾《あ》が宿らむ処《ところ》を得まく欲《おも》ふ」といひき。志挙《しこ》、即ち海の中を許しき。尓《そ》の時、客《まれびと》の神、剣《つるぎ》を以《も》ちて海水《うしほ》を攪《か》きて宿りき。主《あるじ》の神、即ち客《まれびと》の神の盛《さかり》なる行《しわざ》を畏《かしこ》みて、先に国を占《し》めむと欲《おもほ》して、巡《めぐ》り上《のぼ》りて、粒丘《いひぼをか》に到りて、飡《みをし》したまひき。此《ここ》に、口より粒《いひぼ》落ちき。故《かれ》、粒丘《いひぼをか》と号《なづ》く。其の丘の小石、比《ひと》しく能《よ》く粒《いひぼ》に似たり。又、杖《つゑ》を以《も》ちて地《つち》に刺したまひしに、即ち杖《つゑ》の処《ところ》より寒泉《しみづ》涌《わ》き出て、遂に南と北とに通ひき。北は寒く、南は温《あたたか》し。白朮《をけら》生《お》ふ。

神山《かみやま》。此の山に石神《いしがみ》在《いま》す。故《かれ》、神山《かみやま》と号《なづ》く。椎《しひ》生《お》ふ。子《み》は八月《はつき》に熟《な》る。

出水《いづみ》の里《さと》。土《つち》は中の中なり。此の村に寒泉《しみづ》出づ。故《かれ》、泉《いづみ》に因《よ》りて名と為《な》す。

美奈志川《みなしがは》。美奈志《みなし》川と号《なづ》くる所以《ゆゑ》は、伊和《いわ》の大神の子《みこ》、石龍比古命《いはたつひこのみこと》と妹《いも》石龍比売《いはたつひめの》命《みこと》と二はしらの神、川の水を相競《あらそ》ひましき。妋《せ》の神は北の方越部《かたこしべ》の村《むら》に流さまく欲《おもほ》し、妹《いも》の神は南の方泉《かたいづみ》の村《むら》に流さまく欲《おもほ》しき。尓《そ》の時、妋《せ》の神、山の岑《みね》を蹋《ふ》みて流し下したまひき。妹《いも》の神之《これ》を見て、非理《あぢきなし》と以為《おもほ》し、即ち指櫛《さしぐし》を以《も》ちて、其の流るる水を塞《せ》きて、岑《みね》の辺《へ》より溝《みぞ》を闢《ひら》きて、泉《いづみ》の村《むら》に流して格《あらそ》ひたまひき。尓《ここ》に、妋《せ》の神、復《また》泉《いづみ》の底《しも》に到り、川の流れを奪《うば》ひて、西の方桑原《かたくははら》の村《むら》に流さむとしたまひき。是に、妹の神、遂に許さずして、密樋《したひ》を作り、泉《いづみ》の村の田の頭《ほとり》に流し出《いだ》したまひき。此《これ》に由《よ》りて、川の水絶《た》えて流れず。故《かれ》、无水川《みなしがは》と号《なづ》く。

桑原《くははら》の里《さと》。旧《もと》の名は倉見《くらみ》の里《さと》なり。土《つち》は中の上なり。品太《ほむだ》の天皇《すめらみこと》、槻折《つきをれ》山に御立《みたち》したまひて、覧《みそな》はしし時、森然《いよよか》に倉《くら》見えき。故《かれ》、倉見《くらみ》の村《むら》と名づく。今、名を改めて桑原《くははら》と為《な》す。一《また》云はく、桑原村主《くははらのすぐりら》等、讃容《さよ》の郡《こほり》の桉《くら》を盗みて将《も》ち来《こ》しに、其の主《ぬし》認《と》め来て、此の村に見あらはしき。故《かれ》、桉見《くらみ》と曰《い》ふ。

琴坂《ことさか》。琴坂《ことさか》と号《なづ》くる所以《ゆゑ》は、大帯比古《おほたらしひこ》の天皇《すめらみこと》の世《みよ》、出雲《いづも》の国の人、此の坂に息《いこ》ひき。一《ひとり》の老父《おきな》有りて、女子《むすめ》と倶《とも》に坂本の田を作りき。是に、出雲人《いづもびと》、其の女《むすめ》を感《かま》けしめむと欲《おも》ひて、乃《すなは》ち琴を弾《ひ》きて聞かしめき。故《かれ》、琴坂《ことさか》と号《なづ》く。此処《ここ》に銅牙石《どうがせき》有り。形は双六《すぐろく》の綵《さい》に似たり。

〈現代語訳〉

揖保《いいぼ》の里《さと》。土地（の地味）は、中の中である。粒《いいぼ》と称するわけは、この里《さと》（の民家が）粒山《いいぼやま》に寄り添って（存在していた。）それで、山（の名）によって（里《さと》の）名としている。

粒丘《いいぼおか》。粒丘《いいぼおか》と名づけるわけは、天日槍命《あめのひぼこのみこと》が韓国《からくに》から渡ってきて、宇頭《うず》川の河口までやってきて、宿るところを葦原志挙乎命《あしわらしこおのみこと》に乞《こ》いて、「あなたはこの国の主長たる方である。（そこであなたに）私の宿るべきところを与えてほしいと思う」とおっしゃった。そこで志挙乎命《しこおのみこと》は、海中をお与えになり（上陸を許されなかった。）そのとき客神は、剣で海水をかきまわして（その波の上に）お宿りになった。ここに主《あるじ》の神は、客神のこの激しく荒々しいしわざを恐れかしこんで、（客神よりも）先に国占《し》めをしようとお考えになり、（あちこち）巡行して上り、粒丘《いいぼおか》までやってきて、ここでお食事をなさった。このとき、（神の）口から粒《いいぼ》が落ちた。それで、粒丘《いいぼおか》と名づけている。その丘の小石は、みな粒《いいぼ》に似ている。また、（主《あるじ》の神が）杖《つえ》を地面に刺されたところ、たちまちその杖を刺したところから清水《しみず》が涌《わ》き出して、（その水は）ついに南と北に流れて（川となった。）北の方（の水）は冷たく、南の方はあたたかい。（この地には）白朮《おけら》が生えている。

神山《かみやま》。この山に石神《いしがみ》がおいでになる。それで、神山《かみやま》と名づける。（この山には）椎《しい》が生えていて、その実は八月に熟す。

出水《いずみ》の里《さと》。土地（の地味）は、中の中である。この村に清泉《しみず》が湧《わ》き出る。それで、その泉によって

(里《さと》の)名としている。

美奈志川《みなしがわ》。美奈志《みなし》川と名づけたわけは、伊和《いわ》の大神の子神《みこがみ》である石龍比古命《いわたつひこのみこと》と、その妻の石龍比売命《いわたつひめのみこと》の二はしらの神が、(この川の)水を奪い合い争われた。夫の神は、北の方の越部《こしべ》の村に流したいとお思いになり、妻の神は、南の方の泉《いずみ》の村に流したいとお思いになった。その時、夫の神は、山の峰を踏んで(低くして、越部《こしべ》の村に)流し下しになられた。妻の神はこれを見て、道理に合わないむちゃなことだとお思いになって、ただちに頭髪にさしておられた櫛《くし》で、その流れる水をせきとめて、峰のあたりから溝《みぞ》を掘り開いて、泉《いずみ》の村に流して、おたがいに争われた。そこで夫の神は、また泉《いずみ》(の村)の川下にやって来られて、川の流れを奪い取り、西方の桑原《くわばら》の村に流そうとなさった。このとき妻の神は、(夫の神の行為を)どうしてもお許しにならず、密樋《したひ》を作って、泉《いずみ》の村の田があるところに流し出しになられた。これによって、この川の水は絶えてしまって流れない。それで、无水川《みなしがわ》と名づけているのである。

桑原《くわはら》の里《さと》。(この里《さと》の)旧《もと》の名は、倉見《くらみ》の里《さと》という。土地(の地味)は、中の上である。品太《ほむだ》の天皇(応神天皇)が槻折山《つきおれやま》(の上)にお立ちになって、(四方をはるかに)ごらんになったとき、(そびえるように)高く倉が見えた。そこで、倉見《くらみ》の村《むら》と名づけている。現在、その名を改めて、桑原《くわばら》としている。一説によると、桑原村主《くわばらのすぐり》たちが、讃容《さよ》の郡《こおり》(にあった)椋《くら》を盗んで(この地に)持って来たところ、その持ち主が追いかけてきて、この村で見つけ出した。それで、桉見《くらみ》というのだ——と。

琴坂《ことさか》。琴坂《ことさか》と名づけたわけは、大帯比古《おおたらしひこ》の天皇（景行天皇）の御代に、出雲《いづも》の国の人がこの坂で休憩した。そのとき一人の老父《おきな》があって、その女《むすめ》といっしょに、この坂の下の田を作っていた。これを見た出雲《いずも》の人は、その女《むすめ》の心を動かし（気を引こうと）思って、琴を弾《ひ》いて聞かせた。それで、琴坂と名づける。この地に銅牙石《どうげじゃく》が産出する。その形は双六《すごろく》のサイコロに似ている。

〈注〉

○**揖保《いひぼ》の里《さと》**―たつの市揖保町揖保上・揖保中を遺称地とする、揖保川東岸地域。『和名抄』に「揖保伊比奉」とある。○**粒山《いひぼやま》に依《よ》る**―粒山は所在地不明。あるいは次条の粒丘と同地か。集落が山麓沿いに存在するさまを「依る」と言ったもの。○**粒丘《いひぼをか》**―揖保町揖保上の北方にある小丘（中臣山《なかじんやま》）を指す。○**天日槍命《あめのひぼこのみこと》**―韓国より渡来し、但馬《たじま》の出石《いずし》地方を本拠とした帰化系氏族の氏祖。当国風土記では専ら〈カミ〉として扱われているが、『記』では応神朝に、『紀』では垂仁朝に渡来した新羅の王子とある。当国風土記では土着神と土地争いをする説話が多い。○**宇頭《うづ》の川底《かはじり》**―宇頭川は現揖保川の古名。「川底」は河口の意。○**葦原志挙《あしはらのしこ》乎命《をのみこと》**―「葦原」は葦原中国《あしはらのなかつくに》の意。「志挙乎」は醜男《しこを》、すなわち頑丈で強い男の意。記紀神話にあってはオホクニヌシの異名の一とされているが、当国風土記においては、外来の〈カミ〉アメノヒボコと土地争いをする土着神として語られており、オホクニヌシ、またオホナムチとは別個の〈カミ〉と考えられる。○**国《くに》の主《あるじ》**—あるいは「国主《くにぬし》」と訓むか。土地の首長の意。アメノヒボコのことばとして「国主」とあるところからすると、この語には土着の土地支配者の意も含まれているか。○**志《し》挙《こ》**—葦原志挙乎命の略称。他の文献にほとんど例を見ない神名の略称であるが、誤脱ではあるまい。○**海の中を許しき**—上陸を許さず土地を与えなかったことをいう。○**客《まれびと》の神**—天日槍命を指す。「客神」なる神名の省略法も他書に例を見ない特殊なもの。○**剣《つるぎ》を以《も》ちて**—神がその神威を見せた行為か。『記』国譲り条のタケミカヅチの行為に類似する。○**主《あるじ》の神**—「客神」に対する語であると同時に「国主の神」であることも意味するか。「主神」なる呼称も他書に例を見ない。○**盛《さかり》なる行《しわざ》**—神の荒々しい行為を指す。○**飡《みをし》したまひき**—土地占有を示す儀礼の一つとして、その土地で食事をしたものと考えられる。○**比《ひと》しく能《よ》く粒《いひぼ》に似たり**—『大系』など「比」を「皆」の誤とする。飯粒が石と化してこの丘にあるとするのである。○**杖《つゑ》を以《も》ちて**—地面に杖を衝き立てるのは、土地占居にあたっての類型的な行為（儀礼）であったらしい。○**南と北とに通ひき**—湧き出た水が南北にわかれて流れて川となった意か。○**北は寒く**—北に流れた水と南に流れた水の温度が異なっていたことをいう。○**白朮《をけら》**—「うけら」ともいう。キク科の多年草。山野に自生し、その若芽は食用とされたが、殊にその根は健胃薬に用いられ、薬草として知られている。『本草和名』に「朮乎介良」とある。○**神山《かみやま》**—遺称なく定かではないが、揖保町揖保中の神戸北山の丸山（神戸明神を祭る）をあてる説がある（『地名辞書』）。○**石神**《いしがみ》—当郡浦上の里の神島の条参照。○**椎**《しひ》—ブナ科の常緑樹で大木となる。その実は食用。『本草和名』に「椎子之比」とあるのも実を指している。○**出水**《いづみ》**の里**《さと》—揖保川西岸のたつの市揖西町清水を遺称地とする。当地の景雲寺趾に湧き清水があったという（『新考』）。『和名抄』の郷名には見えない。○**美奈志川**《みなしがは》—揖保川の支流の中垣内川を指す。○**石龍比古命**《いはたつひこのみこと》—下の「石龍比売命」と夫婦神。伊和大神の子神とされているが、本来は当地の部落神か。○**妹石龍比売命**《いもいはたつひめのみこと》—当郡広山の里の条に見える「石比売《いはのひめ》命」と同神という。○**川の水を相競**《あらそ》**ひましき**—妹妋《いもせ》二神の水争いは当国風土記に例が多いが、水争いはすなわち土地争いであった。ここは水田耕作のための灌漑用水をめぐる争いか。○**越部**《こしべ》**の村**《むら》—当郡越部の里のある地。揖保川西岸にあり、出水の里から確かに北方にあたる。○**山の岑**《みね》**を蹈**《ふ》**みて**—この川の上流にある山頂を踏みつけて低くし、水を北方に流そうとしたもの。○**非理**《あぢきなし》—道理に合わずむちゃである意。『紀』では「無道」「無状」などの語に「アヂ（ヅ）キナシ」の古訓が見える。○**指櫛**《さしぐし》—頭髪にさしている櫛。櫛には呪力があると考えられていた。○**格**《あらそ》**ひたまひき**—「格」字の訓に異説もあるが、『万葉集』に「相挌良思吉」を「アラソフラシキ」と訓む（巻一・一三）のなども考え『大系』などの訓に従う。○**泉**《いづみ》**の底**《しも》—出水里内の、この川の下流の意。○**桑原**《くははら》**の村**《むら》—次条に見える桑原の里のある地。妹神の行動は、妹神が当地に水を引こうとするのを妨害するためのものと思われる。○**密樋**《したひ》—地下を水が通るように作った樋。暗渠《あんきょ》のようなもの。○**川の水**

絶《た》えて流れず—川の水が密樋を通って流れるため、地表の川には水がないのである。○**桑原《くははら》の里《さと》**—たつの市揖西町桑原北山を遺称地とする。ここから西方の郡境に到る地域。『和名抄』に「桑原久波ヽ良」とある。○**槻折《つきをれ》山**—当郡邑智《おほち》の里の条に見える。槻折山から西方約八キロメートルの所に桑原里があり、両地の間には視界を妨げる山などもなく、視界はひらけている。○**森然《いよよか》に**—樹木などが高くそびえ立つさまをいう語。ここは倉の高いことをいうか。『新撰字鏡』に「森ヽ木長皃、伊与ヽ加尓」とある。○**桑原《くははら》と為《な》す**—旧名「倉見」がなぜ「桑原」に改められたのかについては説明がない。○**桑原村主《くははらのすぐり》**—『姓氏録』によれば漢の高祖の子孫とある（左京諸蕃）。また『天武紀』朱鳥元（六八六）年四月の条に「侍医桑原村主訶都」なる人物名が見える。恐らくは朝鮮半島からの帰化系氏族であろう。○**讃容《さよ》の郡《こほり》の桉《くら》**—讃容郡讃容里桉見《くらみ》の条に、金の桉を見出した説話があり、ここはその桉を指すか。『大系』は「讃容の郡の桉見の桉」と改めている。○**認《と》め来て**—桉の持ち主が盗人のあとをつけて追いかけたことをいう。○**琴坂《ことさか》**—たつの市揖西町構の西方にある琴坂を遺称地とする。山陽道の駅路にあたる。○**感《かま》けしめむ**—感動させ心をひこうというのである。『万葉集』巻十六・三七九四の歌に「はしきやし　翁の歌に　おほほしき　九《ここの》の児らや　蚊《か》間《ま》毛《け》而《て》将レ居《をらむ》」とあり、動詞「カマク」の存在が知られる。○**銅牙石《どうげじゃく》**—底本「飼」。『大系』などに従って「銅」に改める。「銅牙」は自然銅の一種。薬として用いられたものか。『延喜典薬寮式』諸国進年料雑薬の条に、播磨国からたてまつる五十三種中の一として「銅牙一斤」とある。○**双六《すぐろく》**—

今日のスゴロクのことで、大陸渡来の遊戯。また、それに用いる盤。しばしば賭博として行われたらしく、『持統紀』三（六八九）年十二月の条にこれを禁じた例が見える。『和名抄』に「雙六須久呂久」とある。○綵《さい》―『和名抄』に「雙六采、楊氏漢語抄云、頭子雙六乃佐以」とある。双六に用いられた方形のサイコロ。

補説　天日槍　付、粒丘・銅牙石

「天日槍命《あめのひぼこのみこと》」は、当国風土記において、ここが初出であるが、下の宍禾郡・神前郡にも登場する。訳注者による注は、「天日槍」は、「当国風土記では専ら〈カミ〉として扱われているが、『記』では応神朝に、『紀』では垂仁朝に渡来した新羅の王子とある」と記している。ただし、『記』『紀』ともに、単に新羅の王家の出身だというだけではなく、不可思議な伝承を伴っていることに注意される。

『応神記』は、その末尾近くに「また昔、新羅《しらぎ》の国王《くにぎみ》の子有り。名は、天之日矛《あめのひぼこ》と謂《い》ふ」と語り出す。「天之日矛」自身は、応神朝の人ではないのである。来日の経緯は次のようなものである。新羅の阿具奴摩《あぐぬま》という沼の傍で、ある身分の低い女が昼寝をしていると、日の光がその性器を照らし、その様子をある男が覗き見ていた。その女は妊娠して赤い玉を産み、覗いていた男はその玉をもらって腰につけていた。天之日矛は、その男から玉を脅し取り、床《とこ》の脇においておくと、玉は美女に化身した。日矛はその美女を妻とし、妻は様々な珍味を出して日矛に食べさせたが、日矛が思い上がって妻を罵ると、妻は「自分はあなたの妻になるような女ではない、自分の祖の国へ行く」と言って、密かに小船で逃げ渡り、難波に留まった（難波の比売碁曽《ひめごそ》社に鎮座する阿加流比売《あかるひめ》神）。日矛はそれを追って来たが、難波《なには》の渡《わたり》の神に遮られて上陸出来ず、新羅に引き返す途中、日本海から多遅摩《たぢま》（但馬）国に泊り、その豪族の娘を娶ってそこに留まった。その四世の子孫が多遅摩毛理《たぢまもり》（『垂仁記』に常世の国に行ってきたと伝える）、その弟とその姪との間に生まれたのが、息長帯日売命《おきながたらしひめ》（神功《じんぐう》皇后）の母である。そして、日矛が持ってきた八つの宝物は、「伊豆志《いづし》（出石）の八前《やまへ》の大神」であるという。

一方、『垂仁紀』は、三年三月に新羅の王子天日槍《あめのひぼこ》が服属を願って来朝したとし、持ってきた宝物七種は但馬国に収め「神の物」としたという。また異伝では、日槍はまず船で播磨国に到来し、宍粟邑《しさはのむら》に落ち着いた。朝廷から素性を尋ねられると、新羅の王子で、日本の聖王の徳を慕って帰化したと言い、八種の宝物を献上した。朝廷は、宍粟邑と淡路の出浅邑《いでさのむら》を与えるとしたが、日槍は諸国を見て居場所を決めたいと申し出、近江の吾名邑《あなむら》に住み、しばらくして若狭国を経て但馬に移り、出島《いづし》（出石）の豪族の女を娶ってそこに落ち着いたという。その後、正文として、垂仁八十八年に、天日槍が将来した宝物が、但馬で神宝となっていたのを、天皇が日槍の曽孫清彦《きよひこ》に献上させたという記事がある。清彦はその中の「出石《いづしの》刀子《かたな》」だけは隠し持っていたが、自然に服の中からこぼれ出たために、隠しきれずにそれも献上した。ところが朝廷の「神府」に収めていた刀子が消失し、清彦を問い詰めると、「昨夕突然刀子が現われ、翌日の朝には消えた」と答える。天皇は恐れてそれ以上探させなかったが、刀子はその後、淡路島に現われ、当地の人々によって、神として祠に祀られた。その清彦の子が田道間守《たぢまもり》で、同九十年、『記』と同じく、常世の国に行って、非時香菓《ときじくのかくのこのみ》（橘のこと）を探し求めてきたという。

　以上のような『記』『紀』のアメノヒボコ伝承のあり方は、それがもともとは、当国風土記のように、神として信仰されていたことを暗示するだろう。「天の」を名に冠することも、その印象を強める。そして、当国風土記でも、この揖保郡の記事に「韓国《からくに》より度《わた》り来て」とあり、アメノヒボコが朝鮮半島に出自を持つことは『記』『紀』と同様である。それは、その神を奉ずる集団が、半島から渡って来たことを推定させるのである。『紀』に播磨の宍粟・淡路の出浅・近江の吾名などの名が見えることは、そうした集団が、但馬の出石以外にもあちこちに蟠踞したことを表すと見られる。

　気になるのは、「天日槍命」が、「当国風土記では土着神と土地争いをする説話が多い」（訳注者による注）ことである。当郡では、天日槍命が、葦原志挙乎《あしはらしこを》命に対して、国の主として自分に土地を提供するように求め、葦原志挙乎が海を与える（陸を与えない）と、天日槍は剣で海水をかき回した、その勢いに圧倒され、葦原志挙乎は先に国を占めようとして巡り上がり、粒丘《いひぼをか》で食事中に飯粒を落としたと語る。また宍禾郡㈠比治《ひぢ》里奪谷《うばひたに》条は、葦原志挙乎と天日槍がこの谷を奪い合い、そのためにこの谷は葛のように曲がっているのだという。宍禾郡(二)雲箇《うるか》里波加《はか》村条でも、天日槍と国占めを争って出遅れた伊和大神が、「度《はか》らざるに先に到りしかも」と怪しんで言ったのを地名起源とする。そして同御方《みかた》里では、葦原志挙乎と天日槍とが、国占めのために黒土《くろつち》の志尓嵩《しにだけ》に来て、それぞれ黒葛《つづら》三条（本）を足につけて投げ、葦原志挙乎の投げたうち一条がここに落ちたのでその名があるという。葦原志挙乎の残り二条と天日槍の三条はいずれも但馬に落ちたので、天日槍は但馬の伊都志を占拠したのだというのである。神前郡(二)多駝《ただ》里粳岡《ぬかをか》条は、伊和大神と天日桙とが軍を率いて戦ったと端的に記し、同八千軍《やちぐさ》条は、天日桙の軍が八千人だったことに因むという。

神同士の争う話は、当国風土記に珍しくない。むしろ二柱の神が出てくれば、たいていが争いである。しかしここまで天日槍（桙）と土着神との土地争いが多いのは、外国渡来の集団と、土着民との闘争を反映しているのかもしれない。渡来してきた民が、故国の生活様式を保って暮らしていた遺跡は、播磨にも数多いという（岸本一宏「『播磨国風土記』と渡来文化」『風土記の考古学二　播磨国風土記の巻』）。生活習慣が違えば、軋轢《あつれき》もまた大きいであろう。

またそれには、国家間の関係も影響していたかもしれない。朝鮮半島が分裂していた六世紀には、倭の王権も半島に影響力を持っていたが、中国に隋唐の統一王朝が出来た七世紀には、半島も統一に向かって争いが激化し、六六〇年に同盟国百済《くだら》が滅亡、六六三年、その復興を目指した白村江《はくすきのえ》の戦いにおいて、唐と新羅の連合軍に敗れることで、倭の実質的な影響力は失われた。ただしその後、高句麗をも滅亡させて半島を統一した新羅は、唐とも対立したために、倭に対しては融和策を取らざるをえなかった。倭（八世紀からは「日本」を名乗る）は、宗主国として、遣使朝貢を求めたのである。その根拠とされたのが、当国風土記にもたびたび登場する息長帯日売（神功皇后）の所謂「新羅親征」だった。『記』に、息長帯日売を、新羅の王子である天之日矛の子孫とするのは、その正当化でもあろう。しかし七世紀末、新羅の国情が安定し、国際的地位が高まって、唐と新羅が融和すると、倭（日本）に隷属する必要が乏しくなり、遣使についてのトラブルが増加する。

　当国風土記も、『記』『紀』も、その対立深刻化の過程において編纂されている。当国風土記揖保郡㈥浦上《うらかみ》里神島《かみしま》条には、品太天皇（応神）の御世、新羅の客が来朝した時、石神像の目の珠玉をえぐり取って神の怒りに触れ、船が沈没して全員が溺死したという記事もある。こうした好ましからざる話も民間に伝わったものであろうが、風土記撰進に近い頃の新羅との微妙な関係が影響していないとは言えないだろう。

なお、粒丘《いひぼをか》条では、葦原志許乎命が、飯粒を口からこぼしたために、その丘の石は飯粒に似ていると記すが、たつの市揖保川町半田にある半田山には、石英の粒が多量にあり、飯粒にそっくりで、この山が粒丘に比定できるのではないかという（坂江渉「歴史学研究からみた『播磨国風土記』の可能性」『風土記研究』三五）。また桑原《くははら》里琴坂《ことさか》条には、双六《すごろく》のサイコロに似た「銅牙石《どうげじゃく》」があると記す（薬用にすることは訳注者の注にある通り）が、これは銅ではなく、針鉄鉱という鉱物で、たつの市揖西町小犬丸で実際に立方体の姿を見ることができるという（岸本道昭「琴坂の銅牙石」『いひほ研究』一）。

十五　讃容郡㈠

讃容《さよ》の郡《こほり》。

讃容《さよ》と云ふ所以《ゆゑ》は、大神妹妋《いもせ》二柱《ふたはしら》、各《おのもおのも》、競《きそ》ひて国占《し》めたまひし時、妹玉津日女《いもたまつひめの》命《みこと》、生ける鹿を捕《と》り臥《ふ》せて、其の腹《はら》を割《さ》きて、其の血に稲を種《ま》きき。仍《よ》りて一夜《ひとよ》の間《ほど》に、苗生《なへお》ひき。即ち取りて殖《う》ゑしめたまひき。尓《ここ》に、大神勅《の》りたまひしく、「汝妹《なにも》は、五月夜《さよ》に殖《う》ゑつるかも」とのりたまひて、即ち他処《あだしところ》に去りたまひしかば、五月夜《さよ》の郡《こほり》と号《なづ》け、神を賛用都比売命《さよつひめのみこと》と名づく。今に讃容《さよ》の町田《まちだ》有り。即ち、鹿を放《はふ》りし山を鹿庭山《かにはやま》と号《なづ》く。山の四面《よも》に十二の谷有り。皆鉄《みなまがね》を生《いだ》すこと有り。難波《なには》の豊前《とよさき》の朝庭《みかど》に始めて進《たてまつ》りき。見顕《みあらは》しし人は別部犬《わけべのいぬ》にして、其の孫等《うまごら》、奉発之初《たてまつりはじ》めき。

讃容《さよ》の里《さと》。事は郡《こほり》と同じ。土《つち》は上の中なり。

吉川《えがは》。本《もと》の名は玉落川《たまおちがは》なり。大神の玉、此の川に落ちき。故《かれ》、玉落《たまおち》と曰《い》ふ。今、吉川《えがは》と云ふは、稲狭部《いなさべ》の大吉川《おほえがは》、此の村に居《を》り。故《かれ》、吉川《えがは》と曰《い》ふ。其の山に黄連《かくまぐさ》生《お》ふ。

桉見《くらみ》。佐用都比売命《さよつひめのみこと》、此の山に、金《かね》の桉《くら》を得たまひき。故《かれ》、山の名を金肆《かなくら》、川の名を桉見《くらみ》と曰《い》ふ。

伊師《いし》。即ち是は桉見《くらみ》の河上《かはかみ》なり。川の底、床《いし》の如《ごと》し。故《かれ》、伊師《いし》と曰《い》ふ。其の山に、精鹿・升麻《とりのあしぐさ》生《お》ふ。

速湍《はやせ》の里《さと》。土《つち》は上の中なり。川の湍《せ》の速《はや》きに依《よ》る。速湍《はやせ》の社《やしろ》に坐《いま》す神、広比売命《ひろひめのみこと》は、故《こ》那都比売《なつひめ》の弟《いろと》なり。

凍野《こほりの》。広比売命《ひろひめのみこと》、此の土《ところ》を占《し》めましし時、凍氷《こほ》りき。故《かれ》、凍野《こほりの》・凍谷《こほりたに》と曰《い》ふ。

邑宝《おほ》の里《さと》。土《つち》は中の上なり。弥麻都比古命《みまつひこのみこと》、井を治《は》りて粮《かれひ》を飡《を》したまひき。即ち云《の》りたまひしく、「吾《あ》は多《おほ》くの国を占《し》めつ」とのりたまひき。故《かれ》、大《おほ》の村《むら》と曰《い》ふ。井を治《は》りたまひし処《ところ》は、御井《みゐ》の村《むら》と号《なづ》く。

鍫柄川《くはえがは》。神日子命《かむひこのみこと》の鍫《くは》の柄《え》を、此の山に採《と》らしめき。故《かれ》、其の山の川を、号《なづ》けて鍫《くは》柄川《えがは》と曰《い》ふ。

室原山《むろふやま》。風を屏《ふせ》ぐこと室《むろ》の如《ごと》し。故《かれ》、室原《むろふ》と曰《い》ふ。人参《かのにけぐさ》・独活《つちたら》・監漆《やまあさ》・升麻《とりのあしぐさ》・白朮《をけら》・石灰《いしはひ》を生《いだ》す。

久都野《くづの》。弥麻都比古命《みまつひこのみこと》、告《の》りたまひしく、「此の山は、踰《ふ》めば崩《くづ》るべし」とのりたまひき。故《かれ》、久都野《くづの》と曰《い》ふ。後《のち》、改めて宇努《うの》と云ふ。其の辺《へ》は山たり。中央《まなか》は野たり。

柏原《かしはばら》の里《さと》。柏《かしは》多く生《お》ふるに因《よ》りて、号《なづ》けて柏原《かしはばら》と為《な》す。

筌戸《うへと》。大神、出雲《いづも》の国より来ましし時、島《しま》の村の岡を以《も》ちて呉床《あぐら》と為《な》して坐《いま》して、筌《うへ》を此の川に置きたまひき。故《かれ》、筌戸《うへと》と号《なづ》く。魚入らずして、鹿入りき。此《こ》を取りて鱠《なます》に作りて食《を》したまふに、口《みくち》に入らずして、地《つち》に落ちき。故《かれ》、此処《ここ》を去りて、他《ほか》に遷《うつ》りたまひき。

〈現代語訳〉

讃容《さよ》の郡《こおり》。

讃容《さよ》というわけは、大神の夫妻二はしらの神が、おのおの先を争って国占《し》めをなさったとき、妻である玉津日女命《たまつひめのみこと》が、生きている鹿をつかまえ臥せて、その腹を割《さ》いて、その血を苗代《なわしろ》として稲種《いなだね》をお蒔《ま》きになった。すると一夜のほどに苗《なえ》が生えた。さっそくその苗《なえ》を取って（田に）お植えさせになった。ここで大神は 勅《みことのり》 して、「あなたは五月夜《さよ》に田に植えてしまったことよ」と仰せになって、そのまま他の土地に行っておしまいになった。それで（この地を）五月夜《さよ》の郡《こおり》と名づけ、また（妻の）神を賛用都比売命《さよつひめのみこと》と名づける。現在なお讃容《さよ》の町田《まちだ》がある。さて（血を取った）鹿を葬《ほうむ》った山を、鹿庭山《かにわやま》と名づける。（この）山の四方には十二の谷があり、（どの谷でも）砂鉄を産する。難波《なにわ》の豊前《とよさき》の天皇（孝徳天皇）の時代に、はじめて（朝廷に）献上した。その砂鉄を発見した人は別部犬《わけべのいぬ》という者で、その子孫たちが、砂鉄を献上しはじめたのである。

讃容《さよ》の里《さと》。（里名の由来についての）事情は、郡（の名のそれ）と同じである。土地（の地味）は、上の中である。

吉川《えがわ》。（この川の）本《もと》（旧）の名は、玉落川《たまおちがわ》という。大神の玉がこの川に落ちてしまった。それで、玉落《たまおち》という。現在吉川《えがわ》というのは、稲狭部《いなさべ》の大吉川《おおえがわ》がこの村に住んでいた。それで、吉川《えがわ》という。その山には黄連《かくまぐさ》が生えている。

桉見《くらみ》。佐用都比売命《さよつひめのみこと》が、この山で金属製の桉《くら》を手に入れられた。それで、山の名を金肆《かなくら》、また川の名を桉見《くらみ》という。

伊師《いし》。この地はすなわち桉見《くらみ》（川）の河上である。（この地では）川の底は床《いし》のように（平らに）なっている。それで、伊師《いし》という。その山には、精鹿・升麻《とりのあしぐさ》が生えている。

速湍《はやせ》の里《さと》。土地（の地味）は、上の中である。（佐用《さよ》）川の瀬の速いのにちなむ（里《さと》の）名である。速湍《はやせ》の社《やしろ》に鎮座しておられる神である広比売命《ひろひめのみこと》は、故那都比売《こなつひめ》の妹である。

凍野《こおりの》。広比売命《ひろひめのみこと》がこの土地を占有なさったとき、氷が張った。それで（野を）凍野《こおりの》、（谷を）凍谷《こおりたに》という。

邑宝《おお》の里《さと》。土地（の地味）は、中の上である。弥麻都比古命《みまつひこのみこと》が（この地で）井戸を掘りひらいて、粮《かれい》をお食べになった。そして、「私は多くの国々を占有したぞ」と仰せになった。それで、大《おお》の村という。また、井戸をお掘りになったところは、御井《みい》の村《むら》と名づけている。

鍫柄川《くわえがわ》。神日子命《かむひこのみこと》の鍫《くわ》の柄《え》を、この山で採らせた。それで、その山（から流れる）川を、名づけて鑿柄川《くわえがわ》という。

室原山《むろうやま》。（この山が）風をさえぎり防ぐことは、まるで室《むろ》のようである。それで、室原《むろう》という。（この山から）人参《かのにけくさ》・独活《つちたら》・監漆《やまあさ》・升麻《とりのあしぐさ》・白朮《おけら》・石灰《いしはい》がとれる。

久都野《くずの》。弥麻都比古命《みまつひこのみこと》が仰せられるには、「この山は、踏みつけると（その山が）崩《くず》れてしまいそうだ」とおっしゃった。それで、久都野《くずの》といった。その後、（久都野《くずの》を）改めて、宇努《うの》と言っている。（この地は）周囲は山であり、中央は野となっている。

柏原《かしわばら》の里《さと》。（この地には）柏《かしわ》がたくさん生えていることにちなんで、（この里《さと》を）名づけて柏原《かしわばら》としている。

筌戸《うえと》。大神が出雲《いずも》の国から（この国に）やって来られたとき、島《しま》の村の岡を腰かけとしておすわりになり、筌《うえ》をこの川に仕掛けおかれた。それで、筌戸《うえと》と名づける。（ところがこの筌《うえ》には）魚が入らないで、鹿が入ってしまった。それでこの鹿を取りおさえ、鱠《なます》にして召し上がったところ、その鱠《なます》は（大神の）お口には入らないで、地面に落ちてしまった。そこで（大神は）、この地を去って、よその地にお還《うつ》りになってしまった。

〈注〉

○**讃容《さよ》の郡《こほり》**―現在の兵庫県佐用郡佐用町のほぼ全域にあたる。千種川の上流地域で、当国最西部の山間地域。『和名抄』の郡名に「佐用佐与」とあり、八つの郷のあったことが知られる。○**大神**―『大系』その他、いずれも伊和大神の略称とするが、当郡には伊和大神という神名は一例もなく、この「大神」が「伊和大神」であるとするには疑問がある。○**妹妋**《いもせ》**二**《ふた》**柱**《はしら》―女神と男神。男神はただ「大神」としかわからないが、女神は下文により、「玉津日女《たまつひめ》命」と知られる。○**妹玉津日女命**《いもたまつひめのみこと》―魂《たま》の依《よ》りつく巫女神、また魂を発動する神の意かという。下文に「賛用都比売命」という別名が見える。○**其の血に稲を種**《ま》**きき**―鹿の生血を苗代として、または種もみを生血にひたした後、これを蒔いたという意であろう。発芽や苗の生育を早めるための呪法か。当国風土記賀毛郡雲潤《うるみ》の里の条にも類例がある。○**一夜**《ひとよ》**の間**《ほど》**に**―鹿の血に宿る霊力によってわずか一夜のうちに苗が生長したというのである。○**殖**《う》**ゑしめたまひき**―苗を水田に植えた。この例から、当時既に苗代を作っていたと推定される。○**汝妹**《なにも》―女性を親しんで呼ぶ語。「汝妋《なせ》」の対。○**五月夜**《さよ》―五月《さつき》の夜の意。五月《さつき》は田植えの季節であった。○**他処**《あだしところ》**に去りたまひき**―水田に早く苗を植えつけた者がその水田を占有できたのであろうか。要は妹神が国占め争いに勝ったことをいう。○**賛用都比売命**《さよつひめのみこと》―玉津日女命の別名。風土記は「五月夜《さよ》」にちなんで命名されたとするが、本来は地名サヨに基づく神名で、当地の首長神・部落神であろう。『延喜神名式』播磨国佐用郡の条に「佐用比売神社」とあり、現在佐用町本位田に佐用都比売神社がある。○**讃容**《さよ》**の町田**《まちだ》―「町」は鹿の肩骨を用いて行う卜占の際、骨の表面にできる縦横の線をいう。「町田」は区画された田の意とも、卜占により豊凶を占なう田の意とも説かれる。恐らくは佐用比売神社の神田であろう。○**鹿を放**《はふ》

りし―生血を取った鹿を再び放してやったことをいうか。『鑑賞日本古典文学』では鹿を屠殺する意とみて「葬《はぶ》る」と試訓している。○**鹿庭山**《かにはやま》―佐用都比売神社西方の大撫《おおなで》山をあてる。字大谷に「鹿庭《かにわ》」という遺称があったという（『大系』）。○**鉄**《まがね》**を生**《いだ》**すこと有り**―ここに言う鉄は砂鉄のこと。『新考』によれば、鹿庭山東麓に「カナクソ谷」なる地名があり、砂鉄と鉄滓《てっさい》を見るという。また、この谷に神場《かんば》神社があり、鍛冶の祖天目一箇《あめのまひとつ》神を祭神とするという。○**別部犬**《わけべのいぬ》―備前国和気《わけ》郡磐梨郷を本居とした和気氏の部民。「犬」は名。○**奉発之**《たてまつり》**初**《はじ》**めき**―原文「奉発文初」とあり、意が判然としない。今諸注に従い「文」を「之」の誤とみておく。○**讃容**《さよ》**の里**《さと》―佐用郡佐用町を中心とする佐用川（千種川の支流）流域地域。『和名抄』に「佐用佐与」とある。○**事**―里名の由来の意。○**吉**《え》**川**《がは》―佐用町西北部、旧江川村のあった地、およびその地を流れる佐用川支流の江川を指す。『和名抄』（高山寺本）に「江川衣賀八」とある。○**大神の玉**―神が身につけている、または服飾としての宝玉であろう。○**稲**《いな》**狭部**《さべ》**の大吉**《おほえ》**川**《がは》―他書に見えない。「稲狭」はあるいは出雲国の因佐《いなさ》（大社町稲佐）と関係あるか。「大吉川」は名。○**黄連**《かくまぐさ》―薬草。『本草和名』に「黄連加久末久佐」とある。『延喜典薬寮式』諸国進年料雑薬の条のうち、播磨国から貢進すべきものの一つとして見えている。地下茎を健胃剤とし、また黄色の染料ともする。

〈補注〉

○**桉見《くらみ》**—佐用《さよ》川の別名。「桉」は、『万葉集』巻三・三七三に「高桉《たかくら》の三笠の山」などと用いられている字。「肆」は、名詞としては、店・工場・宿りなどを表す字で、クラとのつながりがはっきりしないが、諸注に従い、クラと読んでおく。○**伊師《いし》**—佐用川の上流、佐用町上石井・下石井を遺称地とする。○**床《いし》の如《ごと》し**—床几《しょうぎ》のように平らである意で、同義語の「椅子」を音読してイシと結びつけたか（『大系』）。○**精鹿**—薬草の一種であろうが、未詳。○**升麻《とりのあしぐさ》**—『和名抄』に「止里乃阿之久佐《とりのあしくさ》」。『延喜典薬寮式』に、播磨国から貢進される年料雑薬中に名が見える。○**速湍《はやせ》の里《さと》**—『和名抄』佐用郡の郷名に「速瀬」とある。佐用町早瀬《はやせ》が遺称地。○**広比売命《ひろひめのみこと》・故那都比売命《こなつひめのみこと》**—ともに他に見えず未詳。「故那都比売」は『新考』に「散用都比売《さよつひめ》」の誤りとし、『大系』が従うが、原本のままでよい（『新編全集』）。○**凍野《こほりの》・凍谷《こほりたに》**—佐用町上月《こうづき》が遺称地か。揖保郡㈢「冰山《ひやま》」に類話が見える。○**邑宝《おほ》の里《さと》**—佐用町久崎《くざき》を中心とする佐用川・千種《ちくさ》川の流域。『和名抄』佐用郡に「大田」とあるのに相当するか（栗田『標注』）。○**弥麻都比古命《みまつひこのみこと》**—餝磨郡㈠の「餝磨」の名の由来を説く部分に「大三間津日子命《おほみまつひこのみこと》」とあった。それと同人か。○**御井《みゐ》の村《むら》**—遺称地無く所在地不明。○**鍫柄《くはえ》川《がは》**—遺称地無く、所在地不明。『新考』は、佐用川の支流、秋里《あきさと》川に擬す。○**神日子命《かむひこのみこと》**—他に見えない神。『新考』は弥麻都比古命《みまつひこのみこと》の誤りではないかというが疑問。○**室原山《むろふやま》**—室は四囲を塗り固めた部屋。風が吹きこまないので、風を防ぐ山をそのように名付けた。揖保郡㈥室原《むろふの》泊《とまり》の条と同趣。○**人参《かのにけくさ》・独活《つちたら》・監漆《やまあさ》・升麻《とりのあしぐさ》・白朮《をけら》・石灰《いしはひ》**—薬の原料。人参は、『和名抄』に「加乃仁介久佐《かのにけくさ》」とある。当郡㈡の中川の里船引山の条にも見える。独活は『和名抄』に「宇止《うど》」。監漆は『典薬寮式和名考異』（狩谷棭斎）による仮訓。升麻は上の讃容里伊師条、白朮は揖保郡㈦粒丘の条にも見えた。人参・石灰以外は、『延喜典薬寮式』に播磨国貢進の年料雑薬中にある（『大系』）。○**久都野《くづの》・宇努《うの》**—弥麻都比古《みまつひこ》の神が踏めば崩れそうだと言ったのでクヅノと言ったが、後にウノに改められた。『和名抄』佐用郡の郷名に「宇野」。現在のどこに当るかははっきりしない。○**柏原《かしはばら》の里《さと》**—『和名抄』の郷名に「柏原」。佐用川と合流するまでの千種川流域。佐用町の旧南光町付近。○**筌戸《うへと》**—千種川のこと。○**大神**—当郡冒頭の「大神妹妋《いもせ》」を指すと見られる。「伊和の大神」とする説が多いが、特にこの条では出雲から来た神と明記されており、それでよいのか疑問が残る。○**島《しま》の村の岡**—千種川と志文《しぶん》川の合流地点、佐用町中島《なかしま》ともされるが確かでない。○**呉床《あぐら》**—足座《あくら》の意。高く大きく設けた座席。「胡床」とも書く。『雄略記』歌謡に、「やすみしし吾が大君の猪《しし》待つと阿具《あぐ》良《ら》にいまし」云々とある。○**筌《うへ》**—割った竹を編んで筒型に作り、川などに仕掛けて魚を捕る道具。『神武記』に、吉野河の河尻に「筌を作りて魚を取れる人有り」。鹿が入ったという伝承は、『神武記』の歌謡に、「宇陀の　高城《たかき》に　鴫罠《しぎわな》張る　我が待つや　鴫は障《さや》らず　いすくはし　鯨《くぢら》障る」とあるのを連想させる。○**鱠《なます》**—肉や魚介を薄く切って、生で食べる料理。○**他《ほか》に遷《うつ》りたまひき**—筌に鹿が入るという奇瑞《きずい》があったが、鱠が口に入らずに落ちたのが不祥だとして他の地に遷ったのである。

補説　鹿の話

当郡冒頭は、妹妋《いもせ》の大神の妹神玉津《たまつ》日女《ひめ》命が、捕えた鹿の腹を割いて出た血の中に稲種を蒔き、一夜のうちに苗を生やしたことで、妋神との国占め（土地の占有）争いに勝利したことを語る。そうした奇跡を起こしたのは、神の力というよりは、鹿の血に宿る不可思議な力なのだろう。「宍《しし》の血を以《も》ちて佃《たつく》る」ことは、後の賀毛郡㈢雲潤《うるみ》里条にも見える。

鹿の記事は、当国風土記において、動物の中では群を抜いて多い。

・賀古郡㈠日岡条…「鹿児《かこ》」のようだという国見の言葉から「賀古」が、この丘で鹿がヒヒと鳴いたことから「日岡《ひをか》」の名が付いた。
・餝磨郡㈠総記…大三《おほみ》間津《まつ》日子《ひこ》命（孝昭天皇）が来た時、鹿が鳴いたので「餝磨《しかま》」と付いた。
・同伊和里鹿丘《しかをか》…大汝命《おほなむち》が、船を壊されて、鹿を落とした場所。
・揖保郡㈠伊刀《いと》島…品太《ほむだ》天皇（応神）が狩をした時、雌鹿が海を泳いでこの島に到《いた》った。
・同香山《かぐやま》里…伊和大神の国占めの時、鹿がやって来たので「鹿来《かぐ》」といった。
・当郡柏原里筌戸《うへと》…大神の筌（魚を捕る道具）の中に鹿が入った。
・宍禾郡㈠・矢田《やた》村…伊和大神が巡行の時、大鹿が舌を出しているのに遇い、「矢が鹿の舌の上にある」と言ったので、「宍禾《しさは》」（鹿《しし》＋遇《あは》）といい、「矢田」という。

・神前郡㈠川辺里《かはのへ》勢賀川《せか》…品太天皇が猪・鹿を約き出《せ》して殺した。
・託賀郡㈡都麻里《つま》比也山《ひや》…品太天皇が狩をした時に、鹿がヒヒと鳴いた。
・賀毛郡㈠條布里《すふ》鹿咋山《かくひ》…品太天皇が狩をした時、白い鹿が舌を咋《く》う（嚙む）のに出遇った。

鹿が地名起源と関わる話だけで以上のようにあり、それも賀古・餝磨・宍禾など、重要な地名の起源になっているのが特徴である。

狩の時の話が多いのは、一つには鹿が、猪と並んで、狩の主要な獲物だからである。食肉となる獣を「宍《しし》」と言い、その代表が「猪《ゐ》の宍」と「鹿《か》の宍」であった。しかし、先に挙げた話の中に、現実ではとうていありえないようなものが目立つことからして、鹿は単なる動物ではない。

賀毛郡鹿咋山条の「白き鹿」からただちに連想されるのは、『記』『紀』に登場する白鹿である。倭建命《やまとたける》が東国の荒ぶる蝦夷《えみし》や山河の神々を平定して、足柄の坂本に戻って来て食事をしていた時、坂の神が白い鹿になって現れ、倭建命は食い残しの蒜《ひる》の片端をその目に当てて打ち殺したという（『景行記』。『景行紀』では、信濃国の山の神だという）。なお『記』の倭建命は、その後、伊吹山の神が白い猪となって現れたのを、神の使者の化身と誤認して打ち負かされる。狩の対象となる獣が、神の化身とも、神の眷属《けんぞく》とも考えられ得たことがわかる。鹿咋山の白鹿も、おそらくその類であろうし、当国風土記の他の話でも、鹿が霊的存在であるからこそ、地名起源になりえたと考えられよう。

鹿が神に近い存在なのは、それが山から下りて来て、益と害とを与えるからであろう。鹿は捕えることができれば、多くの役に立つ。『万葉集』巻十六に「乞食者《ほかひびと》の詠」(門付け芸人の歌)があって、そのうちの一首が「鹿の為に痛みを述ぶ」である(三八八五番)。その中で、狩人に出会った鹿は、「私は死んで、大君のお役に立ちましょう。角は笠の飾りに。耳は墨壺に。目は鏡に。爪は弓の筈《はず》に。毛は筆に。皮は箱に張る皮に。肉や肝は膾《なます》に。胃は塩辛に」と述べる。単なる見立ても含んでいるが、肉や内臓が食用に、毛・皮・爪・角などが実用に供されたのは確かである。

一方、次のような歌もある。

魂《たま》し合へば　相寝《あひぬ》るものを　小山田《をやまだ》の　鹿猪田守《ししだも》るごと　母し守《も》らすも

(巻十二・三〇〇〇)

(互いの心が合えば共寝をするものなのに、小さい山の中の、鹿猪田を監視するように、母が見張っていらっしゃる)

恋する男女にとって、娘を監視する母は憎まれ役である。それが「小山田の鹿猪田を守る」ごとくだという。山の中の田は、鹿や猪に荒らされやすく、見張っていなければならないのである。鹿が害獣であるのは、今も昔も変わりがない。

幸と害とを与える両義性は、神の持つ属性そのものである。鹿と神との関わりは、例えば奈良の春日大社の御祭神武甕槌命《たけみかづち》が、常陸国鹿島から鹿に乗って来たという話から、各地に残る祭礼における鹿踊りまで、枚挙に暇《いとま》が無い。

当国風土記には、天皇（特に品太天皇）による巡行が多く語られ、中でも狩の記事は多い。その獲物が神に連なる存在であるのならば、狩も単なる娯楽ではなく、儀礼の一種であったと考える必要がある。それは、土地の神から幸を受け取って、その土地の支配権を確認することであっただろう。そうした中で、狩の獲物から出た血をすするような儀礼もあったかもしれない。風土記編纂の奈良時代には、神事は清浄を重んじ、血の穢《けが》れは排除されていたように見える。しかし天皇や皇子による狩は、『万葉集』において、奈良時代半ばまで詠われ続ける。山の獣に対する信仰は、理念として長く残存するのである。

十六　讃容郡㈡

中川《なかつがは》の里《さと》。土《つち》は上の下なり。仲川《なかつがは》と名づくる所以《ゆゑ》は、苫編首等《とまみのおびとら》が遠祖《とほつおや》、大仲子《おほなかつこ》、息長《おきなが》帯日売命《たらしひめのみこと》の韓国《からくに》に度《わた》り行《いでま》しし時、船《みふね》、淡路《あはぢ》の石屋《いはや》に宿りたまひき。尓《そ》の時、風雨《あめかぜ》大きに起《おこ》り、百姓《おほみたから》悉《ことごと》に濡《ぬ》れき。時に、大中子《おほなかつこ》、苫《とま》を以《も》ちて屋《や》を作りき。天皇《すめらみこと》勅《の》りたまひしく、「此《こ》は国の富《とみ》たり」とのりたまひて、即ち、姓《かばね》を賜ひて、苫編首《とまみのおびと》と為《な》したまひき。仍《よ》りて此処《ここ》に居《を》りき。故《かれ》、仲川《なかつがは》の里《さと》と号《なづ》く。

昔、近江《あふみ》の天皇《すめらみこと》の世《みよ》、丸部《わにべ》の具《そなふ》といふもの有り。是《こ》は仲川《なかつがは》の里《さと》の人なり。此の人、河内《かふち》の国兎寸《とのき》の村の人の賷《も》たる剣《つるぎ》を買ひ取りき。剣を得てより以後《のち》、家挙《こぞ》りて滅《ほろ》び亡《う》せき。然《しか》して後《のち》、苫編部犬猪《とまみべのいぬゐ》、彼《そ》の地の墟《あと》を圃《つく》るに、土の中に此の剣《つるぎ》を得たり。土《つち》と相去《あひさ》ること、廻《めぐ》り一尺許《さかばかり》なり。其の柄は朽《く》ち失《う》せしかども、其の刃は渋《さ》びずして、光《ひかり》、明《あきら》けき鏡の如《ごと》し。是に犬猪《いぬゐ》、即ち心に恠《あや》しと懐《おも》ひ、剣《つるぎ》を取りて家に帰り、仍《よ》りて鍛人《かぬち》を招《よ》びて、其の刃《や》を焼かしめき。尓《そ》の時、此の剣《つるぎ》、申屈《のびかがみ》して蛇《へみ》の如《ごと》し。鍛人《かぬち》大きに驚《おどろ》き、営《つく》らずして止《や》みぬ。是に犬猪《いぬゐ》、異《あや》しき剣《つるぎ》と以為《おも》ひて、朝庭《みかど》に献《たてまつ》りき。

後、浄御原《きよみはら》の朝庭《みかど》の甲申《きのえさる》の年の七月《ふみつき》、曽根連麿《そねのむらじまろ》を遣《つかは》して、本《もと》つ処《ところ》に返し送らしめき。今に此の里《さと》の御宅《みやけ》に安置《お》けり。

船引山《ふなひきやま》。近江《あふみ》の天　皇《すめらみこと》の世《みよ》、道守臣《ちもりのおみ》、此の国の宰《みこともち》と為《な》り、官《おほやけ》の船を此の山に造りて、引き下《おろ》さしめき。故《かれ》、船引《ふなひき》と曰《い》ふ。此の山に鵲《かささぎ》住めり。一《また》、韓国《からくに》の烏《からす》と云ふ。枯木《かれき》の穴に栖《す》み、春時《はる》は見え、夏は見えず。人参《かのにけくさ》・細辛《みらのねくさ》生ふ。此の山の辺《へ》に、李《すもも》五根《いつもと》有り。仲冬《しもつき》に至れども、其の実落ちず。

弥加都岐原《みかつきはら》。難波《なには》の高津《たかつ》の宮の天　皇《すめらみこと》の世《みよ》、伯耆《ははき》の加具漏《かぐろ》・因幡《いなば》の邑由胡《おほゆこ》の二人、大《いた》く驕《おご》りて節《さだめ》無く、清酒《すみさけ》を以《も》ちて手足を洗ひき。是に、朝庭《みかど》、度《ほど》に過ぎたりと為《し》て、狭井連佐夜《さゐのむらじさよ》を遣《つかは》して、此の二人を召さしめき。尓《そ》の時、佐夜《さよ》、仍《すなは》ち悉《ことごと》に二人の族《やから》を禁《いまし》めて、参赴《まゐおもむ》く時、屢《しばしば》、水の中に漬《かづ》けて酷《いた》く拷《たしな》めき。中に女《をみな》二人有り。玉を手足に纏《ま》けり。是に、佐夜《さよ》恠《あや》しみ問ふに、答へて曰《い》へらく、「吾《あ》は此《これ》、服部《はとり》の弥蘇《みそ》の連《むらじ》、因幡《いなば》の国造《くにのみやつこ》・阿良佐加比売《あらさかひめ》に娶《あ》ひて生みませる子《こ》、宇奈比売《うなひめ》・久波比売《くはひめ》なり」といひき。尓《そ》の時、佐夜《さよ》驚きて、「此は是《こ》れ、執政大臣《おほきまへつぎみ》の女《むすめ》なり」といひて、即ち還《かへ》し送りき。送りし処《ところ》を、即ち見置山《みおきやま》と号《なづ》け、溺《かづ》けし処《ところ》を、即ち美加都岐原《みかつきはら》と号《なづ》く。

雲濃《うの》の里《さと》。土《つち》は上の中なり。大神の子《みこ》、玉足日子《たまたらしひこ》・玉足比売命《たまたらしひめのみこと》の生める子《みこ》、大石命《おほいしのみこと》、此の子、父の心に称《かな》へり。故《かれ》、有怒《うの》と曰《い》ふ。

塩沼《しほぬま》の村《むら》。此の村に海水《うしほ》出づ。故《かれ》、塩沼《しほぬま》の村《むら》と曰《い》ふ。

〈現代語訳〉

中川《なかつがわ》の里《さと》。土地（の地味）は、上の下である。仲川《なかつがわ》と名づけたわけは、苫編首《とまみのおびと》たちの始祖に、大仲子《おおなかつこ》という者があった。息長帯日売命《おきながたらしひめのみこと》（神功《じんぐう》皇后）が韓国《からくに》にお渡りになられたとき、御船を淡路《あわじ》の石屋《いわや》におとどめになった。そのときひどい風雨が起こり、（課役に従っていた）百姓たちは、残らずずぶぬれになってしまった。そのときかの大中子《おおなかつこ》が、苫《とま》でもって仮屋を作った。時に天皇は勅《みことのり》して、「この（人物は）国の富《とみ》（とすべき人物である）」と仰せられて、ただちに姓《かばね》を賜わって、苫編首《とまみのおびと》とされた。そしてこの地に住みついた。それで、仲川《なかつがわ》の里《さと》と名づけたのである。

昔、近江《おうみ》の天皇（天智天皇）の御代に、丸部具《わにべのそなう》という者があった。これは仲川《なかつがわ》の里《さと》の住人であった。（あるとき）この人が、河内《かわち》の国の兎寸《とのき》の村の人が所有していた剣を買い取った。ところがこの剣を手に入れてから後、その一族は一人残らず死滅してしまった。そんなことがあって後、苫編《とまみ》部《べの》犬猪《いぬい》という人が、かの（滅んでしまった一族の）土地のあとを耕して畠《はたけ》を作ったところ、地中からこの剣を見つけた。剣の周囲一尺《さか》ばかりは、地面から離れていた。その（剣の）柄は朽《く》ちはててなくなっていたけれども、その刃は錆《さ》びることもなく、その光はまるで明るい鏡のようであった。そのとき犬猪《いぬい》は、心の中で不思議なことだと思い、剣を取り上げて家に持って帰り、すぐに鍛冶《かじ》師を呼んできて、その剣の刃を焼かせた。

するとそのとき、この剣はのびちぢみして、まるで蛇のようであった。鍛冶師はたいそう驚いて、（焼きも入れず）そのまま仕事をやめてしまった。犬猪《いぬい》はいよいよ不思議な霊力のある剣と思って、これを朝廷に献上した。その後、浄御《きよみ》原《はら》の朝庭《みかど》（天武天皇代）の甲申《きのえさる》の年の七月に、（朝廷は）曽根連麿《そねのむらじまろ》を派遣して、この剣を元のところに送り返してきた。（その剣は）現在もこの里《さと》の御宅《みやけ》に安置してある。

船引山《ふなびきやま》。近江《おうみ》の天皇（天智天皇）の御代に、道守臣《ちもりのおみ》がこの国の宰《みこともち》となって、官船をこの山で建造し、引きおろさせた。それで、船引《ふなひき》という。この山には鵲《かささぎ》が棲んでいる。あるいはまた、韓国《からくに》の烏《からす》ともいう。（この鳥は）枯木の穴に栖《す》んでいて、春には見られるが、夏には姿が見えない。人参《かのにけくさ》・細辛《みらのねくさ》が生えている。またこの山の近くに李《すもも》が五株あって、仲冬《しもつき》になってもその実は落ちない。

弥加都岐《みかつき》原《はら》。難波《なにわ》の高津《たかつ》の宮の天皇（仁徳天皇）の御代のこと、伯耆《ほうき》（の国）の加具漏《かぐろ》と因幡《いなば》（の国）の邑由《おおゆ》胡《こ》の二人は、ひどく思いあがって節度もなく、清酒でもって手足を洗うようなありさまであった。そこで朝廷は、（二人の行為は）度を過ぎたものであるというので、狭井連佐夜《さいのむらじさよ》を派遣して、この二人を召し出した。そのとき佐夜《さよ》は、二人の一族のものまで一人残らず捕えてしばり上げ、（朝廷に）連れて行くとき、しばしば（かれらを）水中に漬《かず》けて、むごいほどに苦しめた。その中に、女が二人いて、ともに手足に玉をまいて（飾りとして）いた。これを見た佐夜が、不思議に思って女に尋ねたところ、「私たちは、服部《はとり》の弥蘇《みそ》の連《むらじ》が因幡《いなば》の国 造《くにのみやつこ》である阿良佐加比売《あらさかひめ》と結婚してお生みになった子であり、（名を）宇奈比売《うなひめ》・久波比売《くわひめ》と申します」と答えた。これを聞いた佐夜《さよ》はすっかり驚いて、「それではあなた方は、執政大臣《おおまえつぎみ》の御娘さんではありませんか」といって、すぐさま（この二人を）本居に送り返したのである。それで、（この二人を見つけて、本居に送り返すのを）見送ったところを、見置山《みおきやま》と名づけ、また（水に）溺《かず》けたところを、すなわち美加都岐原《みかつきはら》と名づける。

雲濃《うの》の里《さと》。土地（の地味）は、上の中である。大神の子神《みこがみ》である玉足日子《たまたらしひこ》・玉足比売命《たまたらしひめのみこと》のお生みになった子が大石命《おおいしのみこと》である。この子神《みこがみ》（大石命《おおいしのみこと》）は、父神（玉足日子《たまたらしひこ》）の心にかなった。それで、有怒《うの》という。

塩沼《しおぬま》の村《むら》。この村に塩分を含んだ泉がある。それで、塩沼《しおぬま》の村《むら》という。

〈注〉

○**中川《なかつがは》の里《さと》**—中川は千種川の支流で現在の志文川をいう。里はこの川の流域地で佐用郡佐用町三日月にあたるという。『和名抄』に「中川」とあり、『延喜兵部式』によれば、当地には駅家が設置されていたことが知られる。○**苫編首《とまみのおびと》**—他書に見えず系譜不明。説話内容からすると、屋根葺きなどに従事した部民の長か。○**息長帯日売命《おきながたらしひめのみこと》**—『記』『紀』に見られる神功皇后の三韓征討伝承を指す。ここは征討に向かう折のこととする。○**淡路《あはぢ》の石屋《いはや》**—淡路島の北端、明石海峡をはさんで播磨国明石と向き合う岩屋港。○**百姓**《おほみたから》―征韓の人々のための雑役・課役に徴用されていた農民をいうか。○**苫**《とま》―スゲやチガヤなどで薦《こも》のように編み、小屋の屋根などをおおうもの。『和名抄』に「苫土万」とある。○**天皇**《すめらみこと》―神功皇后を指す。神功皇后を天皇と称した例は、『常陸国風土記』茨城郡の条にもある。○**国の富**《とみ》**たり**―国の宝とすべき人物、の意。○**仲川**《なかつがは》**の里**《さと》―説話内容は、必ずしも地名「仲川」の起源とは結びつかない。『大系』が説くように、恐らくは千種川と本郷川との中間にある川で中川と称し、その川の流域にあるところから「中川里」と名付けられたものであろう。○**昔**―以下に記された霊剣説話は、原本では次条の船引山の記事の間に挟まれているが、霊剣説話は里内の特定の地名と結びついて語られているものではないと認められるので、里名の由来説明に続けて記載すべきものとした『大系』の考えに従った。○**丸部**《わにべ》**の具**《そなふ》―丸部氏は孝昭天皇より出た氏族。印南郡郡末に置かれた南毗都麻の条に「丸部臣《わにべのおみ》」と見える。○**河内**《かふち》**の国兎寸**《とのき》**の村**―大阪府泉北郡高石町富木を遺称地とする。『神名式』和泉国大鳥郡の条に「等乃伎《とのき》神社」と見えるが、この地は当国風土記編纂当時まだ河内国に属していた。『仁徳記』枯野の船の説話に見える「兎寸河」も恐らくこの地であろう。○**苫編**《とまみ》**部犬猪**《べのいぬゐ》―前文に見える苫編首に率いられた部民であろう。犬猪は名。○**圃**《つく》**るに**―「圃」は畠、また畠作りの意。○**鍛人**《かぬち》―鉄などを鍛《きた》えて種々の器具をつくる者。鍛冶。○**其の刃を焼かしめき**―刃に焼きを入れて切れ味をよくしようとしたのである。この剣は恐らく鉄剣であろう。○**申屈**《のびかがみ》**して蛇**《へみ》**の如**《ごと》**し**―神異の剣であることを言うのであろう。剣と蛇とが結びついた伝承は数多い。○**朝庭**《みかど》**に献**《たてまつ》**りき**―『天智即位前紀』に、播磨国司岸田臣麻呂《きしたのおみまろ》が、同国狭夜《さよ》郡内の禾田《いな》の穴の中から宝剣を得た者があり、この宝剣を献上した旨の記事があり、風土記記事との関連を思わせる。○**浄御原**《きよみはら》**の朝庭**《みかど》**の甲申**《きのえさる》**の年**―天武天皇十三（六八四）年。○**曽根連麿**《そねのむらじまろ》―『姓氏録』によれば、神饒速日命《かむにぎはやひ》の後裔とあるので、物部氏と同族であったことが知られる。なお『天武紀』四（六七五）年四月十日の条に、曽根連韓犬《からいぬ》なる人物が、広瀬神を祭るための勅使に任じられたとある。○**本**《もと》**つ処**《ところ》**に返し送らしめき**―『天武紀』朱鳥元（六八六）年六月十日の条に、天皇の病気を占ったところ草薙剣の祟りであるとわかり、その日のうちに本来安置すべきであった熱田神宮に返還したという記事がある。『風土記』の説話もこの一条の二年前とされており、何らかの関連あるか。○**御宅**《みやけ》―中川里の役所にあった官倉の意。「屯倉」ではない。なおその所在地は明らかではない。○**船引山**《ふなひきやま》―『新考』によれば、佐用町三日月付近を近世まで「船曳《ふなひき》庄」と称したとある。恐らくこの地であろうが、どの山を指すかは明らかではない。○**道守臣**《ちもりのおみ》―開化天皇の子孫から出た氏族。揖保郡香山の里の条にも播磨国司として見える。○**官**《おほやけ》**の船**―朝廷また政府のための船。○**鵲**《かささぎ》―カラス科の鳥。カラスよりやや小さく、尾は長く美しい。本来中国・朝鮮半島に棲息したもので、我国にも古く渡来したと思われる。『和名抄』に「鵲加佐々岐」とある。○**韓国**《からくに》**の烏**《からす》―狩谷棭斎《かりやえきさい》の『箋注《せんちゅう》倭名類聚抄』に「今ノ俗ニ呼ブニ高麗烏ト」とある。○**人参**《かのにけくさ》―薬草としてのニンジンをいう。『和名抄』に「人参、和名加乃仁介久佐」とある。○**細辛**《みらのねくさ》—根を薬用とする草。『新撰字鏡』に「細辛、弥良乃祢草」とある。また『典薬寮式』諸国進年料雑薬の項中播磨国五十二種のうちに、「細辛五十五斤」とある。○**李**《すもも》—中国原産のイバラ科の小高木。その実は酸味に富み食用とされた。『新撰字鏡』に「李、須毛々」とある。○**弥加都岐原**《みかつきはら》—三日月町三日月を遺称地とする。なお、いわゆる万葉仮名によって標目地名を表記する例は、当国風土記においては珍しい。○**伯耆**《ははき》**の加具漏**《かぐろ》—次の「因幡の邑由胡」とともに他書に見えず不明。○**清酒**《すみさけ》—濁酒《にごり》に対する語。貴重なものとされていた。○**狭井連佐夜**《さゐのむらじさよ》—『姓氏録』によれば、饒速日命《にぎはやひの》の六世または八世の孫の後裔氏族とあり、物部氏の同族であることが知られる。名の「佐夜」は当郡の郡名と関係するか。当地の権力者かともいう（『大系』）。○**漬**《かづ》**けて**—「ヒタス」と訓む説もあるが、ここは地名「ミカヅキハラ」の由来を説いているので、地名に沿って「カヅク」と訓む。○**酷**《いた》**く拷**《たしな》**めき**—「タシナム」は苦しめ困らせるの意。○**玉を手足に纏**《ま》**けり**—手首・足首に玉製の装身具をつけていたのである。立派な身なりであったことをあらわすもの。○**服部**《はとり》**の弥蘇**《みそ》**の連**《むらじ》—『姓氏録』（大和国神別）に「天御中主命十一世孫天御桙命之後也」とあり、摂津国神別の条では、允恭朝に「織部司」に任ぜられたことから「服部連」の姓を賜ったとある。「ハトリ」は「ハタ＝オリ」の約で、この氏族は恐らく機織に従事したものであろう。名の「弥蘇」もあるいは「御衣《みそ》」の意か。なお氏名の下に姓《かばね》である「連」を添えたのは敬意を表すもの。○**因幡**《いなば》**の国造**《くにのみやつこ》**・阿良佐加比売**《あらさかひめ》—『国造本紀』によれば、成務朝に成務天皇の孫である彦多都彦命を国造に定めたとある。あるいはその子孫か。名の「阿良佐加」は神酒を意味するとも考えられ、前文に清酒で手足を洗ったとあることと関係あるか。○**執政大臣**《おほきまへつぎみ》―この語

〈**補注**〉

○**（執政大臣―この語）**がどうして用いられるのかは難解。服部弥蘇連《はとりのみそのむらじ》を大和朝廷の最有力者と見なすのであるが、『記』『紀』には見えない。流浪する二人の女の話については、美嚢郡補説参照。○**見**《み》**置山**《おきやま》―遺称地無く、所在地不明。○**雲濃**《うの》**の里**《さと》―『和名抄』の郷名に「宇野」。角亀《つのかめ》川との合流地点以西の志文《しぶん》川流域で、佐用《さよ》町の内、旧大広村・旧中安村の地域。○**玉足日子**《たまたらしひこ》**・玉足比売命**《たまたらしひめのみこと》**・大石命**《おほいしのみこと》―当郡冒頭に出る「大神妹妋」の子が、「玉足日子・玉足比売命」で、その間に生まれた子が「大石命」にあたる。この三神は、他に見えない。○**故**《かれ》**、有怒**《うの》**と曰**《い》**ふ**―なぜ父神の心にかなうことがウノという名につながるのかが明確でない。上の「称於父心」の「称」を、敷田『標注』はウナヅク、『新考』はウナフ（『東洋文庫』同説）、『大系』はウヅナフと訓じて、それぞれ心にかなう意の動詞とする。『新編全集』は「称」字はカナヘリと訓じ、「心」をウラと訓じて、そのウからウノと言ったとする。訳注者も「称」字の訓に関しては同説である。○**塩沼**《しほぬま》**の村**《むら》―遺称地無く、所在地不明。揖保郡㈢林田の里塩阜《しほをか》の条など、塩水の出る泉の記事は数多い。

補説　「異剣」伝説について

ここの中川里には、「異《あや》しき剣《つるぎ》」とされる剣に関わる伝承が記されている。いくつかの時代のことが一連として述べられているので、時代ごとに整理しよう。

一、「昔、近江天皇（天智）の世」、中川里に住む丸部具《わにべのそなふ》という者が河内国兎寸《とのき》村の人から、一本の剣を買った。すると、丸部具の家は一人残らず死滅してしまった。

二、その後、苫編部犬猪《とまみべのいぬゐ》という人が、丸部具の住んでいたところを耕作しようとして、土の中にその剣を掘り当てた。剣の周りは一尺《さか》ばかりの空間があった。柄《え》が朽《く》ちているにもかかわらず、刃には錆《さび》が無く、鏡のように輝いている。鍛冶《かじ》師に焼き入れをさせてみると、蛇のように屈伸した。犬猪は「異しき剣」だと思って、朝廷に献上した。

三、浄御原《きよみはら》宮の甲申年《きのえさる》（天武天皇十三〈六八四〉年）七月、曽根連麻呂《そねのむらじまろ》という者を派遣して、「異剣」を元の場所に戻した。

四、（当国風土記を編纂している）現在も、中川里の御宅《みやけ》に安置されている。

この伝承は、全体が底本（三条西家本）では、次の船引《ふなひき》山条の「故《かれ》、船引と曰《い》ふ」と、「此の山に鵲《かささぎ》住めり」という伝承の間に記されている。本書や『大系』『新編全集』など最近の注釈が、「異剣」伝承を、船引山条の前に移している（『全書』は船引山条の後に移す）のは、「異剣」伝承はもともと追記されてあったもので、それを本文の中に繰り入れる時に、入れる場所を誤ったものと考えてのことである。適切な措置であろう。

廣岡義隆「異剣譚寸考」（『風土記考説』）は、「異剣」伝承冒頭に「昔、近江天皇の世」とあるのは、船引山条冒頭に「近江天皇の世」とあるのを、繰り入れの際、ここにも書いてしまった誤りで、本来は無かったものと考えている。「近江天皇」（天智）と、「三」に見える「浄御原宮」（天武）とは連続した御代で、その間のせいぜい二十年くらいの間に、先の「一」から「三」までのことが起こったとは考えにくい。また、当国風土記の記す歴史の中で天智朝はごく新しく、「昔」と呼ぶに相応《ふさわ》しくない。廣岡氏の推定は正しいと思われ、「一」は、単に「昔」とあるのが元来の形だったと考えられる。

「二」に相当する事柄としては、『天智即位前紀』斉明七（六六一）年是歳条に、「播磨国司岸田臣麻呂《きしたのおみまろ》等、宝剣を献《たてまつ》りて言《まを》さく、「狭夜《さよ》郡の人禾田《いなだ》の穴《あな》内にして獲《え》たり」とまをす」とあるのが参照される。「禾田」の名は当国風土記に見えないが、讃容郡ということと、穴の中で見つかったという点が合致しているので、同一の剣をいうと見てよい。これと見合わせても、「一」の「近江天皇の世」はもともと無かったと考える廣岡説が支持される。

「三」に関しては、『天武紀』朱鳥元（六八六）年六月条に、天武天皇の病を占ったところ、草薙剣《くさなぎのつるぎ》が祟っていることが判明したので、尾張国の熱田神宮に送って安置したとあるのが注意される。草薙剣はもともと熱田神宮にあったが、『天智紀』七（六六八）年、道行という僧が盗んで新羅《しらぎ》に逃亡しようとして暴風雨に吹き戻されたとあり、そのまま宮中にあったらしい。播磨国の「異剣」が戻された天武十三年には、まだ天武天皇は健在であるが、大地震や津波、天文の異変などが記録されているので、「異剣」が祟っている可能性が考えられたのかもしれない。

剣は言うまでもなく、人を殺傷する武器であり、権威の象徴（レガリア）ともなった。古墳から副葬品として出土することも多い。「土と相去ること、廻《めぐ》り一尺ばかり（当国風土記）」、「穴内にして」（『紀』）などは、そうした出土の状況を表すように思われる。

焼きを入れた剣が蛇のように曲がったというのは、廣岡氏によれば材質が均一でなく伸縮率に差が生じたためと推測されるが、あるいは各地から出土する「蛇行剣《だこうけん》」（最近は、富雄《とみお》丸山《まるやま》古墳から出土して注目された）と関わるのかもしれない。無論、実用ではなく、儀礼のためのものである。その背景には、蛇と剣とを重ねて霊威あるものと見なす神話的思考があっただろう。草薙剣が、須佐之男命《すさのをのみこと》による八俣遠呂智《やまたのをろち》退治の際に、大蛇の尾から取り出されたという『記』の神話に、その結びつきの典型を見ることができる。

中川里の「異剣」伝説は、神秘的な起源を語らず、河内国の人から買い求めたものだとするに止まる。しかし持ち主の一家を全滅させ、土中でも錆びず、火に入れれば蛇のように曲がるということからして、やはり霊威を持つ特別な剣として由来を語られていたのだろう。そして、廣岡氏も言うように、他の記事とは異なり、民間ではなく、安置された「御宅」、すなわち公の施設に一連の経緯を記した文書があり、そこから当国風土記に追記されたと考えられる。

十七　宍禾郡㈠

宍禾《しさは》の郡《こほり》。

宍禾と名づくる所以《ゆゑ》は、伊和《いわ》の大神、国作り堅《かた》め了《を》へましし以後《のち》、山・川・谷・尾を堺《さか》ひに巡《めぐ》り行《いでま》しし時、大きなる鹿、己《おの》が舌を出《いだ》して、矢田《やた》の村《むら》に遇ひき。尓《ここ》に勅《の》りたまひしく、「矢は彼《そ》の舌に在《あ》り」とのりたまひき。故《かれ》、宍禾《しさは》の郡《こほり》と号《なづ》け、村の名を矢田《やた》の村《むら》と号《なづ》く。

比治《ひぢ》の里。土《つち》は中の上なり。比治《ひぢ》と名づくる所以《ゆゑ》は、難波《なには》の長柄《ながら》の豊前《とよさき》の天皇《すめらみこと》の世《みよ》、揖保《いひぼ》の郡《こほり》を分《わか》ちて、宍禾《しさは》の郡《こほり》を作りし時、山部比治《やまべのひぢ》、任《よ》されて里長《さとをさ》と為《な》りき。此の人の名に依《よ》りて、故《かれ》、比治《ひぢ》の里《さと》と曰《い》ふ。

宇波良《うはら》の村《むら》。葦原志許乎命《あしはらのしこをのみこと》、国占めたまひし時、勅《の》りたまひしく、「此の地《くに》は小狭《ちさ》くして、室《むろ》の戸の如《ごと》し」とのりたまひき。故《かれ》、表戸《うはと》と曰《い》ふ。

比良美《ひらみ》の村《むら》。大神の褶《ひらび》、此の村に落ちき。故《かれ》、褶《ひらび》の村と曰《い》ふ。今の人は比良美《ひらみ》の村《むら》と云ふ。

川音《かはと》の村《むら》。天日槍命《あめのひぼこのみこと》、此の村に宿りまして、勅《の》りたまひしく、「川の音《おと》、甚高《いとたか》し」とのりたまひき。故《かれ》、川音《かはと》の村と曰《い》ふ。

庭音《にはと》の村《むら》。本《もと》の名は庭酒《にはき》なり。大神の御粮《みかれひ》、枯《か》れて糆生《かびは》えき。即ち、酒を醸《かも》さしめて、庭酒《にはき》に献《たてまつ》りて宴《うたげ》したまひき。故《かれ》、庭酒《にはき》の村《むら》と曰《い》ひ、今の人は庭音《にはと》の村《むら》と云《い》ふ。

奪谷《うばひたに》。葦原志許乎命《あしはらのしこをのみこと》と天日槍命《あめのひぼこのみこと》と二はしらの神、此の谷を相奪《あひうば》ひたまひき。故《かれ》、奪谷《うばひたに》と曰《い》ふ。其の相奪《あひうば》ひし由《ゆゑ》を以《も》ちて、形、曲《まが》れる葛《かづら》の如《ごと》し。

稲春岑《いなつきみね》。大神、此の岑《みね》に舂《いねつ》かしめたまひき。故《かれ》、稲春前《いなつきさき》と曰《い》ふ。味栗生《うまくりお》ふ。其の粳《ぬか》の飛び到りし処《ところ》を、即ち粳前《ぬかさき》と号《なづ》く。

高家《たかや》の里《さと》。土《つち》は下の中なり。高家《たかや》と名曰《なづ》くる所以《ゆゑ》は、天日槍命《あめのひぼこのみこと》、告《の》りたまひしく、「此の村の高きこと、他の村に勝《まさ》れり」とのりたまひき。故《かれ》、高家《たかや》と曰《い》ふ。

都太川《つたがは》。衆人《もろひと》、得称《えい》はず。

塩《しほ》の村《むら》。処々《ところどころ》に鹹水《しほみづ》出づ。故《かれ》、塩《しほ》の村《むら》と曰《い》ふ。牛馬等《うしうまども》、嗜《この》みて飲めり。

柏野《かしはの》の里《さと》。土《つち》は中の上なり。柏野《かしはの》と名づくる所以《ゆゑ》は、柏《かしは》、此の野に生《お》ふ。故《かれ》、柏野《かしはの》と曰《い》ふ。

伊奈加川《いなかがは》。葦原志許乎命《あしはらのしこをのみこと》と天日槍命《あめのひぼこのみこと》と、国占《し》めたまひし時、嘶《いなな》く馬有りて、此の川に遇《あ》へりき。故《かれ》、伊奈加川《いなかがは》と曰《い》ふ。

土間《ひぢま》の村《むら》。神衣《かむみぞ》、土《ひぢ》の上に附《つ》きき。故《かれ》、土間《ひぢま》と曰《い》ふ。

敷草《しきくさ》の村《むら》。草を敷きて、神の座《みまし》と為《な》しき。故《かれ》、敷草《しきくさ》と曰《い》ふ。此の村に山有り。南の方《かた》に去《さ》ること、十里許《ばかり》に沢《さは》有り。二町許《ばかり》なり。此の沢に菅《すげ》生《お》ふ。笠《かさ》に作るに最《もと》も好《よ》し。⿰木奄《ひのき》・枌《すぎ》・栗《くり》・黄連《かくまぐさ》・黒葛《つづら》等《ども》生《お》ひ、鉄《まがね》を生《いだ》す。狼《おほかみ》・羆《くま》住めり。

飯戸《いひべ》阜《をか》。国占めたまひし神、此処《ここ》に炊《いひかし》ぎたまひき。故《かれ》、飯戸《いひべ》阜《をか》と曰《い》ふ。阜《をか》の形も、橧《こしき》・箕《み》・竈《かまど》等《ども》に似たり。

〈現代語訳〉

宍禾《しさわ》の郡《こおり》。

（この地を）宍禾《しさわ》と名づけたわけは、伊和《いわ》の大神が国土を作りこれを堅《かた》め終えられた後で、山・川・谷・尾によって国の境界を定めるために御巡行になったとき、一頭の大きな鹿が、自分の舌を出して、矢田《やた》の村で（神に）出会った。そこで（神は）勅《みことのり》して、「矢はその舌にある」と仰せられた。それで（郡《こおり》の名を）宍禾《しさわ》の郡《こおり》と名づけ、村の名を矢田《やた》の村《むら》と名づけている。

比治《ひじ》の里《さと》。土地（の地味）は、中の上である。比治《ひじ》と名づけたわけは、難波《なにわ》の長柄《ながら》の豊前《とよさき》の天皇（孝徳天皇）の御代に、揖保《いいぼ》の郡《こおり》を分割して宍禾《しさわ》の郡《こおり》を作ったとき、山部比治《やまべのひじ》が任じられて里長《さとおさ》となった。それで、この人の名によって、（この里《さと》を）比治《ひじ》の里《さと》という。

宇波良《うはら》の村《むら》。葦原志許乎命《あしわらのしこおのみこと》が国を占居なさったとき、勅《みことのり》して「この地は狭小で、まるで室《むろ》の戸のようである」と仰せられた。それで、表戸《うわと》という。

比良美《ひらみ》の村《むら》。大神の褶《ひらび》がこの村に落ちた。それで、褶《ひらび》の村《むら》といった。今の人たちは、比良《ひら》美《み》の村といっている。

川音《かわと》の村《むら》。天日槍《あめのひぼこのみこと》命がこの村にお宿りになった折、勅《みことのり》して「この川の音はたいそう高い」と仰せられた。それで、川音《かわと》の村という。

庭音《にわと》の村《むら》。（この村の）本《もと》（旧）の名は、庭酒《にわき》という。大神のお食べになる粮《かれい》が古くなって、黴《かび》（こうじ）が生えた。そこで酒を醸造させて、それを庭酒《にわき》として献上し、酒宴をおひらきになった。それで、庭酒《にわき》の村《むら》といったが、今の人たちは庭音《にわと》の村《むら》といっている。

奪谷《うばいたに》。葦原志許乎命《あしわらのしこおのみこと》と天日槍《あめのひぼこのみこと》命の二はしらの神が、この谷を奪い合いになられた。それで、奪谷《うばいたに》という。谷を奪い合ったのが原因で、この谷の形は、まるで葛《かずら》のように曲がりくねっている。

稲春岑《いなつきみね》。大神がこの岑《みね》で（稲を）お舂《つ》かせになった。それで、稲春前《いなつきさき》という。（この岑には）味のよい栗が生えている。（稲を舂《つ》いたときの）糠《ぬか》が飛んでやってきたところを、糠前《ぬかさき》と名づける。

高家《たかや》の里《さと》。土地（の地味）は、下の中である。高家《たかや》と名づけたわけは、天日槍《あめのひぼこのみこと》命が「この村の（土地の）高いことは、まわりの他の村々にまさっている」と仰せになった。それで、高家《たかや》という。

都太川《つたがわ》。（土地の）人々はだれも（この地名の由来について）語ることができない。

塩《しお》の村《むら》。（この村の）ところどころに、塩分を含んだ水が湧《わ》いている。それで、塩《しお》の村《むら》という。牛や馬たちが、喜んで飲んでいる。

柏野《かしわの》の里《さと》。土地（の地味）は、中の上である。柏野《かしわの》と名づけたわけは、柏《かしわ》がこの野に生えている。それで、柏野《かしわの》という。

伊奈加川《いなかがわ》。葦原志許乎命《あしわらのしこおのみこと》と天日槍命《あめのひぼこのみこと》とが国占《し》め争いをなさったとき、一頭の嘶《いなな》く馬があって、この川のところで（神に）出会った。それで、伊奈加川《いなかがわ》という。

土間《ひじま》の村《むら》。神のお召し物が、土《ひじ》の上についてしまった。それで、土間《ひじま》という。

敷草《しきくさ》の村《むら》。草を敷いて神の御席（の敷物）とした。それで、敷草《しきくさ》という。この村に一つの山がある。その山から南方十里ほどのところに沢がある。（沢の周囲は）二町ほどである。この沢には菅《すげ》が生えている。（この菅は）笠を作るのに最適のものである。（この山には）梅《ひのき》・杉《すぎ》・栗《くり》・黄連《かくまくさ》・黒葛《つづら》などが生えていて、また、砂鉄を産出する。狼《おおかみ》・熊《くま》が棲《す》んでいる。

飯戸阜《いいべおか》。国を占居になられた神が、この地で御飯をお炊《た》きになった。それで、飯戸阜《いいべおか》という。（この）阜《おか》の形もまた、槽《こしき》・箕《み》・竈《かまど》などに似ている。

〈補注〉

○**宍禾の郡《しさはこほり》**―旧宍粟郡《しそう》に相当し、現在の宍粟市《しそう》とその周辺の揖保川《いぼがわ》上流域に当たる。『和名抄』に「宍粟志佐波《しさは》」とあり、八つの郷があったとされている。下文によれば、「鹿《しし》」に

「遇《あふ》」が地名の由来。『垂仁紀』三年三月条、新羅の王子天日槍《あめのひほこ》が来朝したという記事の異伝として、「初め、天日槍、艇《はしぶね》に乗りて播磨国に泊《は》て、宍粟邑《しさはのむら》に在り」云々とある。○**国作り堅《かた》め了《を》へましし以後《のち》**—『記』に、大穴牟遅《おほあなむぢ》と少名毘古那《すくなびこな》の神が、兄弟として「其の国を作り堅めむ」としたとある。当国風土記で、伊和《いわ》の大神《おおかみ》が「国作り」をするという叙述はここが最初。○**矢田《やた》の村《むら》**—遺称地無く、所在地不明。○**大きなる鹿、己が舌を出《いだ》して**—下の賀毛郡㈠鹿咋山《かくひやま》条では、品太《ほむだ》天皇（応神）の狩の時、そこで舌を咋《くふ》（嚙んだ）鹿に遇ったという記事が見える。下の「矢は彼《そ》の舌に在《あ》り」によれば、矢に射られた舌を鹿が苦しんで出していたということか（『大系』）。○**比治《ひぢ》の里**—『和名抄』の郷名に「比地」とある。宍粟市山崎《やまさき》町《ちょう》上比地《かみひじ》・中比地《なかひじ》・下比地《しもひじ》周辺を遺称地とする。○**難波《なには》の長柄《ながら》の豊前《とよさき》の天皇《すめらみこと》**—孝徳天皇。大化元年（六四五）、いわゆる「大化改新」で即位した。揖保郡㈤石海《いはみ》の里の条にも、この御世の記事があった。○**揖保《いひぼ》の郡《こほり》を分《わか》ちて、宍禾《しさは》の郡《こほり》を作りし時**—『孝徳紀』大化二年正月の詔に、大・中・小の郡の規模を定め、郡司を置くことが見えている。ここは孝徳朝に揖保郡が建てられ、更に揖保郡と宍禾郡に分割されたことをいう。ただし「郡」の字は大宝令で改められたもので、それ以前は「評」であった。○**山部比治《やまべのひぢ》**—他出無く不明。下の安師《あなし》の里にも「山部三馬《やまべのみま》」なる者が里長《さとをさ》となったとある。『孝徳紀』大化二年正月の詔に「凡そ五十戸を里とし、里毎に長一人を置く」とある。○**宇波良《うはら》の村《むら》**—現在の宍粟市山崎町宇原《うわら》を遺称地とする。○**葦原志許乎命《あしはらしこをのみこと》**—『記』などでは大国主神の異称とされる。当郡㈡補説参照。○

国占《くにし》**め**—神による土地の占有。揖保郡(一)香山の里の条を参照のこと。葦原志許乎の神の国占めは揖保郡(七)粒丘《いひぼをか》条で天日槍《あめのひぼこのみこと》命と競って行ったとあり、当郡の伊奈加川の条には、葦原志許乎命と天日槍命とが国占めをしたとある。○**室**《むろ》**の戸**《と》**の如**《ごと》**し**—周囲が山で囲まれた地形。揖保郡(六)室原《むろふ》の泊《とまり》の条参照。「表戸《うはと》」はその表の出入口の意。「宇《う》波《は》良《ら》」はその音訛だというのである（『大系』）。○**比**《ひ》**良**《ら》**美**《み》**の村**《むら》—宇原の北、揖保川西岸のたつの市新宮町香山《こうやま》の平見《ひらみ》を遺称地とする（『大系』）。○**褶**《ひらび》—平帯《ひらおび》。「衣服令」集解によれば、男は袴の上、女は唐裳の上に付ける（『時代別大辞典』）。『天武紀』五年正月条の「褶」の古訓にヒラビとある。『名義抄』にヒラミの訓もある。○**川音**《かはと》**の村**《むら》—平見の北、揖保川東岸の山崎町川戸《かわと》を遺称地とする。○**天日槍**《あめのひぼこのみこと》**命**—韓国《からくに》から渡って来て、但馬《たぢま》の出石《いづし》に鎮座したとされる神。揖保郡(七)補説参照。○**庭音**《にはと》**の村**《むら》—遺称地無く所在地不明。○**大神**—伊《い》和《わ》の大神のこととされることも多いが、単に「大神」とあるのをすべて同列に扱ってよいかは疑問。本節補説参照。○**御粮**《みかれひ》**、枯**《か》**れて糆**《かび》**生えき**—粮は干した米で携帯する食糧。諸注「沾《ぬ》れて」とするが、原文は「枯」。「糆」は諸説あるが明らかでない。「粬」「粺」の誤りで、カビを表すか（『大系』）。○**庭酒**《にはき》—斎庭《ゆには》（神聖な広場）に捧げる酒の意か（『大系』）。○**奪谷**《うばひたに》—遺称地無く所在地不明。記述によれば、揖保川の曲がりくねった辺りであろう。土着の神葦原志許乎《あしはらしこを》命と韓国から来た神天日槍《あめのひぼこ》命とが国占めを行なう時、奪い合いがあり、そのために川が地面を這う葛のように曲がったということである。○**稲春岑**《いなつきみね》—遺称地無く所在地不明。○**粳**《ぬか》—『名義抄』に「粳　アラヌカ」。『万葉集』にもこの字の訓を借りてヌカ（〜してくれないかの意の助詞）を表わした例がある。下の賀毛郡(二)楢原《ならはら》の里の条にも類似の伝承が記されている。また神前郡(二)粳岡《ぬかおか》条には、伊和の大神の軍が稲を舂いた時の「粳」が集まったのがその岡だと伝える。○**高家《たかや》の里《さと》**—『和名抄』に宍粟郡の郷名として「高家」が見える（ただし高山寺本は「多以恵《たいゑ》」と訓む）。宍粟市山崎町の伊沢《いざわ》川流域から山崎にわたる地。○**都太川《つたがは》**—伊沢川の古称。黒尾《くろお》山西麓を水源として南流し、揖保川に合流する。○**衆人《もろひと》、得称《えい》はず**—調査したが、何の情報も得られなかったということ。この下の神前郡(二)高岡里の奈具佐《なぐさ》山の条に「其の由を知らず」とあるのが類例としてあるのみ。○**塩《しほ》の村《むら》**—山崎町庄能《しょうのう》を遺称地とするが、確かでない。付近には塩田《しおた》・塩山《しおやま》など塩を名とする地名が散在する（『大系』）。揖保郡(三)林田里の塩阜《しほをか》の条にも、付近に塩水の湧く池があって、牛・馬・鹿などが好んで飲むと記されている。○**柏野《かしはの》の里《さと》**—高山寺本『和名抄』の郷名に「栢野　加之八乃《かしはの》」とある。郡の西部、千種《ちくさ》川上流域の宍粟市千種町から佐用郡佐用町上三河・中三河・下三河、宍粟市山崎町土万《ひじま》・上比地・下比地にわたる志文《しぶん》川・菅野《すがの》川流域一帯（『大系』）。○**伊奈加川《いなかがは》**—菅野川あるいは土万《ひじま》川（志文川上流）であろうが、遺称地無く、不明。『新編全集』は「嘶」をイナクと訓んでいる。○**土《ひぢ》間《ま》の村《むら》**—宍粟市山崎町土万《ひじま》を遺称地とする。ヒヂは泥の意。○**神衣《かむみぞ》、土《ひぢ》の上に附《つ》きき**—神の名を記さないので、前条に見える葦原志許乎命と天日槍命、あるいは伊和の大神のいずれかは不明。次条も同じ。○**敷草《しきくさ》の村《むら》**—宍粟市千種《ちくさ》町を遺称地とする。大神が草を敷いて座としたことに由来するという。『神功皇后紀《じんぐう》』四十九年の百済王《くだら》の誓約の言葉に「若《も》し草を敷きて坐《ゐしき》と為《な》さば、恐るらくは火に焼かれむことを」とある。一里は、約五三五メートル（『大系』）。○**栜**《ひのき》—当郡及び賀毛郡の記述にこの字を見る。『出雲国風土記』神門郡に同じ字が見え、同様にヒノキと訓む（『大系』）。なお神前郡には「檜」とある。○**黄連**《かくまぐさ》—讃容郡㈠讃容の里吉川《えがは》条を参照のこと。○**黒葛**《つづら》—揖保郡㈥家島の条を参照のこと。○**鉄《まがね》を生《いだ》す**—讃容郡㈠の鹿庭山《かにはやま》条に、その十二の谷すべてで砂鉄が取れると述べていた。千種町地方は、産鉄で知られ、中世では備前長船《びぜんおさふね》の原料となり、近世では大坂の泉屋が鉄山を経営した（『新編全集』）。○**飯戸阜**《いひべをか》—遺称地無く、所在地不明。岡の地形が、飯を炊く道具に似ているというのである。○**檜**《こしき》—丸い鉢型の土器で、飯を蒸す道具。『万葉集』山上憶良の「貧窮問答歌」（巻五・八九二）に「許之伎《こしき》には蜘蛛《くも》の巣掛《すか》きて」とある。○**箕**《み》—穀物を振るって、殻やゴミを選り分ける道具。

補説　「大神」・「伊和大神」について

当国風土記には、様々な神が登場するが、その中で「大神」と呼ばれるのは、神々の上に立って支配する特別な神である。分かり易いのは、「天照大神《あまてらす》」（賀毛郡㈡山田里猪養野条）であろう。難波高津宮御宇天皇（仁徳）の御代に、日向《ひむか》の肥人《くまひと》の朝戸君が、「天照大神の坐せる舟」に猪を載せて、それを飼う場所を求めたという。「天照大神」は、『記』『紀』の高天原における至高神であり、「朝戸君」はそれを船に祀っていたというのであろう。

一方、「住吉《すみのえ》大神」(賀毛郡㈢河内里条)は、伊耶那岐《いざなき》大神が、日向《ひむか》国で禊《みそぎ》をした時に生まれた「底箇之男《そこつつのを》・中箇之男《なかつつのを》・上箇之男《うはつつのを》命」の「墨江《すみのえ》の三前《みまへ》の大神」(『記』)のことと考えられ、日向から摂津国住吉に上ってゆく時に、従神たちが人の刈った草を座にしてしまった代償に、草を敷かずに苗代を作れるようにしたと語る。住吉三神は代表的な航海神である。また「宗形大神」(託賀郡㈠黒田里袁布《をふ》山条)は、続けて奥津島比売《おきつしまひめ》命と名が記され、後述する「伊和大神」との間に子を産んだと伝える。『記』では、須佐之男《すさのを》命の剣から生まれた三はしらの女神の内、多紀理毘売《たきりびめ》命の「亦の名」として「奥津島比売命」が挙げられ、筑前国の宗像大社奥津宮に鎮座するという。これらは、『記』『紀』にも名が見えるが、地方で祀られていることが明らかな神々である。揖保郡㈡上岡《かみおか》里条で、大和三山の争いを見に来たという「出雲《いづも》の国の阿菩《あぼ》大神」、同㈣広山里意此《おし》川条で道を遮って往来の人々を害した「出雲御《み》蔭《かげ》大神」(同枚方里佐比岡条の「出雲大神」も同神だろう)も、『記』『紀』には該当の神が見えないが、他国から到来した神である点では同じである。

かように、当国風土記で「大神」と称されるのは、中央で、また当国以外の地で信仰された神であることが多いのだが、「伊和大神」のみは、当国風土記にのみ見られる「大神」である。この神は、餝磨・揖保・宍禾・神前・託賀の五郡に名が見える。

餝磨郡㈠英賀《あが》里条では、この地に坐す阿賀比古《あがひこ》・阿賀比売《あがひめ》の父とされ、揖保郡㈢林田里伊勢野条・同㈦出水《いづみ》里美奈志川条・神前郡㈠総記などでも同様に、当地の神の父神として現れる。先に見た託賀郡㈠黒田里袁布山条も、宗形大神が伊和大神の子を産んだとあるので、やはりその地に伊和大神の子神が祀られていたのかもしれない。また当郡㈡石作里阿和《あわ》賀山条で、「伊和大神の妹、阿和加《あわか》比売《ひめ》」が坐したというのも同列に扱えるであろう。同安志《あなし》里条で、当地の安師《あなし》比売《ひめ》が伊和大神の求婚を固辞したので、伊和大神が怒ってそこに水を少しか流れないようにした、というのも、神同士の結婚に関わっている。

「伊和大神」自身の活動としては、当宍禾郡の冒頭に「伊和の大神、国作り堅《かた》め了《を》へまして以後《のち》、山・川・谷・尾を堺《さか》ひに巡《めぐ》り行《いま》しし時」とあるのが目立つ。国作りをした後に、巡行してその国を秩序立てて回ったというのである。巡行記事は、他に揖保郡㈠香山里阿豆村条があり、国占め（土地の占有）をしたとあるのは、揖保郡㈠香山里条・同㈢林田里条・当郡㈡雲箇里波加村条と数多い。神前郡㈡多駝里粳岡条で、伊和大神と天日桙（揖保郡㈦補説参照）とが軍を発して戦ったというのも、当郡波加村での国占めが、天日槍との競争に負けたという話であることからして、やはり国占めに関わる争いだったと見てよいだろう。

これに対して、単に「大神」とだけある記事が、讃容郡と宍禾郡に集中して見える。特に讃容郡は、「大神」に名が記されない例ばかりである。讃容郡の名の由来を語る冒頭の記事では、「大神妹妋《いもせ》」が競って国占めをした」とあり、妹神の名は「玉津日女《たまつひめ》」であったが、妹神が敗れて去る時の言葉によって「賛用都比売《さよつひめ》」になったという。この場合は、残った女神には名があるが、去った男神には名が無いのである。国占めをする「大神」は、他に当郡㈡石作里伊加麻《いかま》川条にも見える。また当郡㈡の結び、御方里伊和村には、「大神」が「国作り訖《を》へまして」云々とある。更に讃容郡㈡雲濃《うの》里では、「大神」の子を「玉足日子《たまたらしひこ》・玉足比《たまたらしひ》売《め》」とし、当郡㈡雲箇《うるか》里条では「大神」の妻を「許乃波奈佐久夜比売《このはなさくやひめ》」とする。こうした「大神」の記事の内容が、「伊和大神」のそれに近いことは明らかである。「伊和村」で「大神」が国作りを終えたという接点もある。

それでは、「大神」は「伊和大神」と同じ、あるいはその省略形と考えてよいだろうか。訳注者は、論文「風土記神話試論　伊和大神をめぐって」（『古事記年報』一八）で、「伊和大神」と、ただの「大神」とに相違を見出している。

讃容郡の「大神」自身の行動を語るのは、玉津日売（賛用都比売）に敗れて去ったという先の記事の他、玉を落としたという㈠讃容里吉川《えがは》（元の名は玉落川）条と、「大神」が出雲から来て、筌《うへ》に入った鹿の肉を膾にして食おうとして落とし、その地を去ったという同柏原里筌戸条である。物を落とすのは、その地を領有できなかったことを呪的に表わすのであり、「大神」は讃容郡に定着していない。

一方、宍禾郡では、㈠比治《ひぢ》里比良美《ひらみ》村が「大神」の褶《ひらび》の落ちた場所だというけれども、比治里庭音《にはと》村（旧名庭酒《にはき》村）は「大神」の食べる粮《かれひ》が古くなって発酵し、それで酒盛りをした跡、同稲春岑《いなつきみね》は「大神」が稲を搗いた跡、㈡安志《あなし》里（旧名酒加《すか》里）は「飡《いひすか》し」（食事し）

た跡、同御方里《みかた》は「大神」が形見《かたみ》として杖を突き立てた跡、御方里伊和村（旧名神酒村《みわ》）は酒《みわ》を醸した跡だとする。それらは、「大神」が宍禾郡に定着し得たことを表す、と訳注者はいう。

総じて「大神」に酒を醸したり稲を搗いたりする、農業神的な色彩が強いのに対して、「伊和大神」は、荒々しい活動神として語られている。そして、限られた一集団に奉祀される神である間は、名を必要としなかった「大神」が、本拠地宍禾を離れ、国作りの神、巡行神として活動することによって、本拠地「伊和」の名を冠する必要を生じたのだ、という仮説を訳注者は立てている。

その仮説が成り立つかどうかは定かでない。「大神」にも競争的な国占めがあり（讃容郡㈠総記）、国作りを終えたという活動（当郡㈡伊和村条）が語られている。一方、出雲から来て、またいずこかへ去ってゆく「大神」（讃容郡㈠筌戸条）は、そもそも「伊和大神」よりは、「出雲（御蔭）大神」に近しい。すべての「大神」を「伊和大神」の前身とすることは難しい。

しかし「伊和大神」の名は、伊和を離れたところで必要となるはずだ、という訳注者の指摘は重要であろう。餝磨郡㈠伊和里は、積幡《しさは》（宍禾）郡の伊和君の一族が住みついたからだという。その本拠は、当郡㈡の石作里（旧名伊和）や、御方里伊和村（旧名神酒《みわ》村・於和《おわ》村）と考えてよい。訳注者は、「伊和大神」伝承の分布から、伊和君は、揖保川流域を下る形で勢力を広め、その奉斎する「(伊和) 大神」の伝承を各地に植え付け、あるいはその土地に祀られていた神を、妻や子と位置づけたと推測する(「風土記試論(二) 伊和大神をめぐって」『古事記年報』一九)。その推測は蓋然性が高いと思われる。

十八　宍禾郡㈡

安師《あなし》の里《さと》。本《もと》の名は酒加《すか》の里《さと》なり。土《つち》は中の上なり。大神、此処《ここ》に飡《いひすか》しましき。故《かれ》、須《す》加《か》と曰《い》ふ。後に、山守《やまもり》の里《さと》と号《なづ》くる所以《ゆゑ》は、然るは、山部三馬《やまべのみま》、任《よ》されて里長《さとをさ》と為《な》りき。故《かれ》、山守《やまもり》と曰《い》ふ。今、名を改めて安師《あなし》と為《な》すは、安師川《あなしがは》に因《よ》りて名と為《な》す。其の川は、安師比売神《あなしひめのかみ》に因《よ》りて名と為《な》す。伊和《いわ》の大神、娶誂《つまどひ》せむとしたまひき。尓《そ》の時、此の神、固《かた》く辞《いな》びて聴《き》かず。是に、大神、大きに瞋《いか》りまして、石を以《も》ちて川の源《みなもと》を塞《せ》きて、三形《みかた》の方に流し下したまひき。故《かれ》、此の川は水少し。此の村の山に、檜《ひのき》・杉《すぎ》・黒葛《つづら》等《ども》生《お》ふ。狼《おほかみ》・羆《くま》住めり。

石作《いしつくり》の里《さと》。本《もと》の名は伊和《いわ》なり。土《つち》は下の中なり。石作《いしつくり》と名づくる所以《ゆゑ》は、石作首等《いしつくりのおびとら》、此の村に居《を》りき。故《かれ》、庚午《かのえうま》の年、石作《いしつくり》の里《さと》と為《な》せり。

阿和賀山《あわかやま》。伊和《いわ》の大神の妹《いも》、阿和加比売命《あわかひめのみこと》、此の山に在《いま》す。故《かれ》、阿和加山《あわかやま》と曰《い》ふ。

伊加麻川《いかまがは》。大神、国占《し》めたまひし時、烏賊《いか》、此の川に在《あ》りき。故《かれ》、烏賊間川《いかまがは》と曰《い》ふ。

雲箇《うるか》の里《さと》。土《つち》は下の下なり。大神の妻《め》、許乃波奈佐久夜比売命《このはなさくやひめのみこと》、其の形、美麗《うるは》しかりき。故《かれ》、宇留加《うるか》と曰《い》ふ。

波加《はか》の村《むら》。国占《しめ》めたまひし時、天日槍命《あめのひぼこのみこと》、先に到りし処《ところ》に、伊和《いわ》の大神、後《おく》れて到りたまひき。是に、大神、大きに恠《あや》しみて、云《の》りたまひしく、「度《はか》らざるに先に到りしかも」とのりたまひき。故《かれ》、波加《はか》の村《むら》と曰《い》ふ。此処《ここ》に到る者、手足を洗はざれば、必ず雨ふる。其の山に、椼《ひのき》・枌《すぎ》・檀《まゆみ》・黒葛《つづら》・山薑《わさび》等《ども》生《お》ふ。狼《おほかみ》・熊《くま》住めり。

御方《みかた》の里《さと》。土《つち》は下の上なり。御形《みかた》と号《なづ》くる所以《ゆゑ》は、葦原志許乎命《あしはらのしこをのみこと》と天日槍命《あめのひぼこのみこと》と、黒土《くろつち》の志尓嵩《しにだけ》に到りまして、各《おのもおのも》、黒葛《つづら》三條《みかた》を以《も》ちて、足に着《つ》けて投げたまひき。尓《そ》の時、葦原志許乎命《あしはらのしこをのみこと》の黒葛《つづら》は、一條《ひとかた》は但馬《たぢま》の気多《けた》の郡《こほり》に落ち、一條《ひとかた》は夜夫《やぶ》の郡《こほり》に落ち、一條《ひとかた》は此の村に落ちき。故《かれ》、三條《みかた》と曰《い》ふ。天日槍命《あめのひぼこのみこと》の黒葛《つづら》は、皆、但馬《たぢま》の国に落ちき。故《かれ》、但馬《たぢま》の伊都志《いづし》の地《ところ》を占《し》めて在《いま》しき。一云《またい》はく、大神、形見《かたみ》と為《し》て、御杖《みつゑ》を此の村に植《た》てたまひき。故《かれ》、御形《みかた》と曰《い》ふ。

大内川《おほうちがは》・小内川《をうちがは》・金内川《かなうちがは》。大きなるは大内《おほうち》と称《い》ひ、小《ち》さきを小内《をうち》と称《い》ひ、鉄《まがね》を生《いだ》すを金内《かなうち》と称《い》ふ。其の山に、椼《ひのき》・枌《すぎ》・黒葛《つづら》等《ども》生《お》ふ。狼《おほかみ》・熊《くま》住めり。

伊和《いわ》の村《むら》。本《もと》の名は神酒《みわ》なり。大神、酒を此の村に醸《か》みたまひき。故《かれ》、神酒《みわ》の村と曰《い》ふ。又、於和《おわ》の村《むら》といふ。大神、国作り訖《を》へまして以後《のち》、云《の》りたまひしく、「於和《おわ》。我《あ》が美岐《みき》に等《まも》らむ」とのりたまひき。

〈現代語訳〉

安師《あなし》の里《さと》。（この里の）本《もと》（旧）の名は、酒加《すか》の里《さと》という。土地（の地味）は、中の上である。大神がこの地で御食事をお湌《すか》しになった。それで、須加《すか》といった。その後、山守《やまもり》の里《さと》と（名を改めたのだが、そう）名づけたわけは、山部三馬《やまべのみま》が任じられて里長《さとおさ》となった。それで（この人の名にちなんで）山守《やまもり》といったのである。現在（さらに）名を改めて安師《あなし》としているのは、（この地を流れる）安師川《あなしがわ》によって（里《さと》の）名としているのである。その川は、安師《あなし》比売《ひめの》神にちなんで（川の）名としている。伊和《いわ》の大神が（この神を妻としたいとお思いになり）求婚なさったことがあった。そのときこの神は、（この申し入れを）固辞して言うことをきかなかった。それで大神は、すっかりお怒りになり、石でこの川の源《みなもと》をふさぎ、（北方の）三形《みかた》（の里《さと》）の方に水を流し下しになられた。それでこの川は（いつでも）水が少ないのである。また、この村の山には、栂《ひのき》・枌《すぎ》・黒葛《つづら》などが生えており、狼《おおかみ》や熊《くま》が棲《す》んでいる。

石作《いしつくり》の里《さと》。（この里《さと》の）本《もと》（旧）の名は、伊和《いわ》という。土地（の地味）は、下の中である。（現在）石作《いしつくり》と名づけているわけは、石作首《いしつくりのおびと》たちが、この村に住んでいる。それで、庚午《かのえうま》の年に、（里《さと》の名を改めて）石作《いしつくり》の里《さと》としたのである。

阿和賀山《あわかやま》。伊和《いわ》の大神の妻である阿和加比売命《あわかひめのみこと》が、この山においでになる。それで、阿和《あわ》加山《かやま》という。

伊加麻川《いかまがわ》。大神が国占めをなさったとき、烏賊《いか》がこの川にいた。それで、烏賊間川《いかまがわ》という。

雲箇《うるか》の里《さと》。土地（の地味）は、下の下である。大神の妻である許乃波奈佐久夜比売命《このはなさくやひめのみこと》は、その姿かたちが（たいそう）美麗《うるわ》しかった。（その神がこの地においでになるので）よって、（里《さと》の名を）宇留加《うるか》という。

波加《はか》の村《むら》。（伊和《いわ》の大神と天日槍命《あめのひぼこのみこと》とが）国占め（の争い）をなさったとき、天日槍命《あめのひぼこのみこと》が先に（この地に）おいでになり、伊和《いわ》の大神が、あとからやって来られた。そこで大神は、ひどく不思議にお思いになって、「度《はか》ってもいないのに、よくも先に来られたものよ」と仰せになった。それで、波加《はか》の村《むら》というのである。この地に来た者で手足を洗わないものがあると、かならず雨が降る。（この地の）山に、柂《ひのき》・杉《すぎ》・檀《まゆみ》・黒葛《つづら》・山薑《わさび》などが生えており、また狼《おおかみ》や熊《くま》が棲《す》んでいる。

御方《みかた》の里《さと》。土地（の地味）は、下の上である。（この地を）御形《みかた》と名づけたわけは、葦原志許乎命《あしわらのしこおのみこと》と天日槍命《あめのひぼこのみこと》とが、（国占《し》めのため）黒土《くろつち》の志尓嵩《しにだけ》にやって来られ、それぞれ黒葛《つづら》三条《みかた》を足につけて、それを投げ合いになられた。そのとき、葦原志許乎命《あしわらのしこおのみこと》の黒葛《つづら》は、一条は但馬《たじま》の（国の）気多《けた》の郡《こおり》に落ち、一条は（但馬《たじま》の国の）夜夫《やぶ》の郡《こおり》に落ち、もう一条はこの地に落ちた。それで、三条《みかた》というのである。（いっぽう）天日槍命《あめのひぼこのみこと》の黒葛《つづら》は、みんな但馬《たじま》の国に落ちた。そこで、但馬《たじま》の伊都志《いずし》の地を占居されて、おいでになったのである。一説には次のようにも伝えている。大神が（この地を占居された）形見《かたみ》として、御杖《つえ》をこの村にお立てになられた。それで、御形《みかた》という――と。

大内川《おおうちがわ》・小内川《おうちがわ》・金内川《かなうちがわ》。大きい（方の川）を大内《おおうち》と称し、小さいのを小内《おうち》と称し、砂鉄を産出する（川）を金内《かなうち》と称する。その山には、檜《ひのき》・枌《すぎ》・黒葛《つづら》などが生えており、狼《おおかみ》・熊《くま》が棲《す》んでいる。

伊和《いわ》の村《むら》。（この村の）本《もと》（旧）の名は、神酒《みわ》である。大神が、酒をこの村で醸造になられた。それで、神酒《みわ》の村という。また、於和《おわ》の村《むら》ともいう。（そういうわけは）、大神が国作りを終えられた後に、「於和《おわ》。私は棺《みき》に入って（この地を）見守っていよう」と仰せられた。（それで、於和《おわ》というのである。）

〈補注〉

○**安師《あなし》の里《さと》**―姫路市安富《やすとみ》町安志《あんじ》を遺称地とする。安志川流域の、安志から宍粟《しそう》市山崎《やまさき》町須賀《すか》沢《ざわ》付近にわたる地域。『和名抄』の郷名に「安志」とある。○**飡《いひすか》し**―「飡」は「飧」と同じく夕食、またそれを食べる意。『皇極紀』四年六月条の「送飯」の古訓に「イヒスキ」とあり、食べ物を飲みこむ意のスクという動詞があったと見られる。○**山部三馬《やまべのみま》**―他に見えず。当郡(一)比治《ひぢ》の里の「山部比治《やまべのひぢ》」と同族であろう。『応神紀』五年八月条に「諸国に令して、海人《あま》と山守部《やまもりべ》とを定む」とある。また『顕宗紀』元年四月条に、「前播磨国司来目部《くめべのを》小楯《だて》」を山官《やまのつかさ》とし、姓《かばね》を山部連《やまべのむらじ》氏と賜う。吉備《きび》の臣を副として、山守部を民とするとある。播磨に潜伏していた袁祁命《をけのみこと》・意祁命《おけのみこと》（顕宗《けんぞう》・仁賢《にんけん》天皇）の兄弟を発見し、都に推挙したことへの論功行賞の記事である。美嚢《みなぎ》郡の章参照。○**安師比売《あなしひめ》**—他に見えない。伊和の大神の求婚を拒否するのは、下の託賀郡㈡都麻の里の都太岐《つたき》の条に、氷上刀売《ひかみとめ》が讃伎日子《さぬきひこ》の神の求婚を拒否し、争う話に似る（ただしこれは讃伎日子が敗れて逃げ帰る結果に終わる）。また神同士の争いの結果として、地形が説明される話の類型でもある。安師川は林田川の上流。○**三形《みかた》**—下に見える「御方の里」のこと。そちらの方に多く流れて、安師の方に流れる水が少ないというのである。○**石作《いしつくり》の里《さと》**—高山寺本『和名抄』の郷名として「石作　以《い》之《し》都《つ》久《く》利《り》」とある。宍粟市一宮《いちのみや》町伊和《いわ》を遺称地とし、同山崎町五十波《いかば》にわたる揖保川流域の地。旧名「伊和《いわ》」については言及が無いが、当郡の最後「伊和の村」に関わる記述がそれに当る。○**石作首《いしつくりのおびと》**—『姓氏録』に「火明命《ほあかりのみこと》六世の孫、建真利根命《たけまりねのみこと》の後なり」とある。印南郡大国の里伊保山の条に見える「石作連大来《いしつくりのむらじおほく》」、及び餝磨郡㈡安相《あさこ》の里長畝川の条の「石作連《いしつくりのむらじ》」と同族であろう。○**庚午《かのえうま》の年**—天智天皇九（六七〇）年。庚午年籍の作製など、地方支配の制度の整備された年。印南郡含芸《かむき》の里酒山《さかやま》の条にもこの年の記事がある。この年に「伊和の村」を分立して「石作の里」としたのである。○**阿和賀山《あわかやま》**—遺称地無く、所在地不明。○**阿和加比売《あわかひめ》**—宍禾郡の北に接する但馬《たぢまの》国朝来郡粟鹿《あさごのこほりあはか》（『和名抄』の郷名に「粟鹿　安波加《あはか》」）の神とする説（『大系』）もあるが、ワとハは別の音なので無理だとも言われる（『新編全集』)。○**伊加麻川**《いかまがは》―山崎町五十波で揖保川に合流する梯《かけはし》川に当る。海からは遠い谷川で、イカが住むことはありえない。○**雲箇**《うるか》**の里**《さと》―『和名抄』に郷名としては見えない。現在の宍粟市一宮町閏賀《うるか》が遺称地。揖保川西岸の地。○**許乃波奈佐久夜比売命**《このはなさくやひめのみこと》―『記』『紀』では、はオホヤマツミ神（山の神）の娘で、降臨した天孫ニニギと結婚して、ホヲリなど三人の子を産んだことになっている。伊和の大神の妻であるという記述は他に見えない。下の託賀郡(一)黒田の里袁布《をふ》山の条では、宗形《むなかた》の大神、奥津島比売命《おきつしまひめのみこと》が、伊和の大神の子を孕《はら》んだと記す。○**美麗**《うるは》**し**―ウルハシは容姿などが端正で、愛しく思われること。○**波加**《はか》**の村**《むら》―宍粟市波《は》賀《が》町有賀《ありが》・安賀《やすが》・上野《うえの》の辺り。○**天日槍　命**《あめのひぼこのみこと》―揖保郡(七)揖保の里粒《いひぼ》丘《をか》の条に始まり、たびたび見える外来神。葦原志許乎命《あしはらのしこをのみこと》とともに現れることが多く、本条のように、伊和大神と絡むことは珍しい。○**度**《はか》**らざるに先に到**《いた》**りしかも**―「度」はみつもる、考える、推し量るといった意味。天日槍命が韓国《からくに》から渡って来た神で、この土地の神でないのに、先に到達したことを怪しんで言ったものか。○**此処**《ここ》**に到る者、手足を洗はざれば、必ず雨ふる**―旅人が手足を清めないと神罰が当るのである。交通妨害の神話の一つ。○**檀**《まゆみ》―揖保郡(五)大田の里鼓山《つづみやま》の条にも、その谷に檀を生ずるという。また餝磨郡(三)少川《をがは》の里の条に檀坂《まゆみさか》・檀丘《まゆみをか》の名が見える。その名の通り、弓の材料。○**山薑**《わさび》―『本草綱目』に花茗荷、杜若《かきつばた》、『和漢三才図絵』に山葵《わさび》、『尓雅』に朮《おけら》の異名とするが、どれにあたるか不明。とりあえず山葵《わさび》とする説に従う(『新編全集』)。○**御方**《みかた》**の里**《さと》―『和名抄』の郷名に「三方」。宍粟市一宮町三方《みかた》町近辺、揖保川上流の三方川の流域。○**黒土《くろつち》の志尓嵩《しにだけ》**―山の名であろうが所在不明。『新考』は六条の黒葛《つづら》のうち、五条までが但馬国に落ちていることからして、播磨と但馬の境にある山脈の中に求められるとして、三方の北にあたる藤無山《ふじなしやま》をまず挙げている。また『大系』は、神前郡㈠聖岡《はにをか》の里の条に出て来る生野《いくの》（朝来《あさご》市生野町）の旧名死野《しにの》の山とする。鉱物によって土色が黒く、付近に黒川・黒原など黒を含んだ地名が散在するという。○**黒葛《つづら》三條《みかた》を以《も》ちて、足に着けて投げたまひき**―偶然に黒葛の落ちたところよって神意を占い、各々の領分を定めようとしたのである。○**但馬《たぢま》の気多《けた》の郡《こほり》**―兵庫県豊岡市を中心とする地域。『和名抄』の但馬国気多郡にも三方郷が記載されており、ミカタの地域が播但の二国にまたがっていたことが推測される。○**夜夫《やぶ》の郡《こほり》**―兵庫県養父《やぶ》市を中心とする地域。○**三條《みかた》**―細長く伸びたものをカタという。『万葉集』のクズハガタ（巻十四・三四一二）、ヘソカタ（巻一・一九）、サノカタ（巻十・一九二八など）がその例とされる（『時代別大辞典』）。○**伊都志《いづし》**―兵庫県豊岡市出石《いずし》町を中心とする地域。『古事記』中巻には、新羅の国王の子「天之日矛《あめのひほこ》」が妻を追って来た時、但馬国に止まって、その土地の女と結婚して残した子の子孫が垂仁天皇に仕えたタヂマモリであり、また新羅から持ち来たった八種類の宝が「伊豆志《いづし》の八前《やまへ》の大神」だという。○**形見《かたみ》**―伊和の大神が、自分が到来して占有したことを表したもの。先の葦原志許乎《あしはらしこを》・天日槍《あめのひぼこ》の話とは別の伝承。『出雲国風土記』意宇《おう》郡（総記）にも、八束水臣津野命《やつかみづおみづのみこと》が、国引きを終えて、「御杖《みつゑ》を衝《つ》き立て」たと記す。また揖保郡㈢林田の里に伊和の大神が突き立てた御志（標識）が楡《いはなし》の木になったと記す。ここも、おそらく神が突き立てた杖が根付いたとされる巨木があったのだろう。揖保郡㈢解説参照。○大内川《おほうちがは》・小内川《をうちがは》・金内川《かなうちがは》—三方《みかた》川の支流であろうが、遺称地無く不明。この付近で鉄を産することは、当郡㈠の柏野の里敷草の村の条にも見えた。○枌《すぎ》—底本「林」。他例によって「枌」に改める。○伊和《いわ》の村《むら》—上の石《いし》作《つくり》の里の旧名。更に、大神が酒を醸《かも》したので、もと「神酒《みわ》の村」と言ったという。神聖な酒をミワと言ったことは、『万葉集』の高市皇子挽歌（巻二・二〇二）に、「泣沢《なきさは》の杜《もり》に三輪《みわ》据《す》ゑ祈れども我が大君は高日《たかひ》知らしぬ」とある。また神が酒を醸すのは、『古事記』中巻の「酒楽《さかくら》の歌」に、「この御酒《みき》は我が御酒ならず。酒《くし》の司少御神《かみすくなみかみ》の　神寿《かむほ》き寿き狂し　豊寿き寿き廻《もとは》し　奉《まつ》り来《こ》し御酒ぞ」云々とあるのを連想させる。本来、石作の里のところにあるべき記述であるが、宍禾郡の最後に回されている。○於和《おわ》—仕事を終えた後の嘆声。『出雲国風土記』意宇《おう》郡国引き条でも、八束水臣津野命《やつかみづおみづののみこと》が国引きを終えて、「意恵《おゑ》」と詔《の》ったと伝える。○我《あ》が美岐《みき》に等《まも》らむ—諸説あるところ。原文「等於我美岐」を栗田『標注』は上の「於和」から連続して借音の万葉仮名と見て「おわと拝《をが》みき」と読む（ただし「於」はオの万葉仮名でヲではない）。『新考』は同じく万葉仮名とし、「於」は「加」の誤写で「おわと屈《かが》みき」であり、へたばった意とする。『大系』は、「美岐」を棺の意のキに敬称ミが付いたものとし、「等」を「候」と通用の、うかがい見守る意の動詞とする。『新編全集』は、「我が美《み》岐《き》と等《ひと》し」と訓み、上の大神による酒の醸造と結びつけて、国作りが自分の酒と同じくらいうまく出来たの意に解する。訳注者は『大系』と同説を採っている。

・比治里宇波良村…国占めをした時に、「此の地は狭小で、まるで室の戸のようである」と言った。

補説　葦原志許乎《あしはらしこを》神について

宍禾郡の記事には、「葦原志許乎命」がたびたび登場する。順に挙げれば、

・同里奪谷…天日槍《あめのひぼこ》命とこの谷を奪い合った。それでこの谷は曲がっている。

・柏野里伊奈加川…天日槍命と国占め争いをした時、嘶《いなな》く馬が神と出遇った。

・御方《みかた》里…黒土志尓嵩で天日槍命とそれぞれ黒葛三條を足に着けて投げ、天日槍のはすべて但馬に、葦原志許乎のは、二つが但馬に、一つがここに落ちた。

の四つである。いずれも「国占め」（土地の占有）と関わっており、そのうち三つが天日槍命との競争になっている。天日槍との争いは、宍禾郡以外の唯一の例、揖保郡㈦林田里粒丘《いひぼをか》条でも見られる。韓国《からくに》から渡って来た天日槍が、葦原志許乎に宿を求めたが、「志挙《しこ》」が上陸を許さなかったので、「客神」（天日槍）は海水をかき混ぜて宿った。その勢いを畏れた「主神」（葦原志許乎）は、先に国占めをしようとして巡行し、粒丘で食事をしたが、その時、飯粒を落とした。また杖を挿したところから泉が湧いて南北に通ったという。

そうした性格が、当郡㈠補説に述べた「大神」や「伊和大神」と重なることは明らかであ

ろう。「国占め」をすることは「大神」にも「伊和大神」にも見え、「伊和大神」は、天日槍と争う点で葦原志許乎と共通点を持つ。葦原志許乎は、当国風土記では「国作り」をしたという記述は見られないが、やはり国土創成の神と位置づけられていると見てよい。

『記』『紀』においても、アシハラシコヲは、やはり国土創成の神である。『紀』では、第八段第六の一書に「大国主《おほくにぬし》神」の別名として、「大物主《おほものぬし》神」「国作大己貴命《くにつくりのおほあなむち》」「八千戈《やちほこ》神」「大《おほ》国玉《くにたま》神」「顕国玉《うつしくにたま》神」と並んで「葦原醜男《あしはらのしこを》」が挙げられている。『紀』の第八段は、正文では、素戔嗚《すさのを》尊の子として「大己貴《おほあなむち》神」を挙げるのみで、具体的な「国作り」は述べず、異伝である第六の一書が詳しく語る。その中に「葦原醜男」の名も現れるのである。

『記』でも「葦原色許男《あしはらしこを》」は「大国主神」の別名である。須佐之男《すさのを》命の六世の孫で、「大国主神」「大穴牟遅《おほあなむぢ》神」「葦原色許男《あしはらしこを》神」「八千矛《やちほこ》神」「宇都志国玉《うつしくにたま》神」の五つの名があるという。最初、兄弟の中で、袋を担ぐ従者として扱われていた「大穴牟遅神」は、稲羽《いなば》の素菟《しろうさぎ》を助けたことから八上比売《やがみひめ》を得たために、憎んだ兄弟たちに殺され、高天原にいる神産巣日《かむむすひ》神の計らいで「麗《うるは》しき壮夫《をとこ》」に作り変えられる。その後再度殺され蘇生した「大穴牟遅」は、須佐之男のいる根堅州《ねのかたす》国に行くことになる。須佐之男の女、須勢理毘売《すせりびめ》と結婚し、その力を借りて須佐之男の課した試練を乗り越えた「大穴牟遅神」は、須勢理毘売と須佐之男の太刀や弓矢などを盗み出し、追って来た須佐之男に「お前は、それで兄弟たちを従わせ、大国主神また宇都志国玉神となって君臨せよ」と命じられ、「始めて国を作りき」と語られる。

「大穴牟遅」が、「大国主」や「宇都志国玉」となる。「八千矛神」は、その後、高志（越）の国の沼河比売や須勢理毘売と歌い交わす（『神語《かむがたり》』）時の名である。さて「葦原色許男」の名は、「大穴牟遅神」と出会って結婚した須勢理毘売が、父に「いと麗しき神来たり」と報告した時に、須佐之男がその神を見て「此《こ》は葦原色許男命と謂《い》ふぞ」と言った、というところに現れる。それは、「麗しき神」が作り変えられた後の姿で、もとは「醜男」なのだというのであろう。シコは、「黄泉醜女《よもつしこめ》」のように醜悪の意があり、「うれたきや志許《しこ》ほととぎす」（『万葉集』巻八・一五〇七。大伴家持）のように、せっかく咲いた橘を散らしてしまうホトトギスを罵るような場合にも用いる。醜い者が持つ特有の呪力が考えられていたにせよ、およそ誉め言葉ではない。アシハラシコヲの名を「醜」の字で表すのは『紀』の一書のみであるが、『記』も、そして当国風土記も、この神を醜い姿を持つ者と捉えているのであろう。

『記』では、もう一例、「大国主神」が国作りをしている際、現れた神（少名《すくな》毘《び》古《こ》那《な》神）のことを神産巣日神に尋ねると、それは自分の子であり、「汝《なむち》葦原色許男命と兄弟《はらから》と為《な》りて」ともに国作りをするだろう、と神産巣日が答える箇所に現れる。そして「大穴牟遅」と「少名毘古那」の二柱の神が並んでこの国を作り堅めた、と『記』は述べる。「大国主」の名を得ても、もと持っていた名が呼ばれなくなるのではない。

次節の「補説」に述べるように、当国風土記には「大汝《おほなむち》神」も現れる。やはり国土創成の神であって、「大神」「伊和大神」「葦原志許乎命」と性格が重なる。そこで『記』『紀』のように、これらをみな同じ神格と捉える立場もある。しかし前節の「補説」に述べたように、訳注者は、名前の違う神は異なる神であるという立場に立つ。論文「アシハラシコヲについての一考察　播磨国風土記を手がかりとして」『古事記年報』二〇）で、訳注者は、当国風土記の葦原志許乎が特に天日槍と関わって現れること、また但馬に隣接する宍禾に集中的に現われることに着目して、アシハラシコヲは、もともとアメノヒボコ伝承を伝えた帰化系氏族出石君の側にあったのではないかと論じている。つまりアシハラシコヲとは、在地の首長を「葦原中国」（ヤマトの国の神話的な名称）の強い男と呼んだものであり、アメノヒボコを祀り、相手をアシハラシコヲと呼ぶ氏族の勢力が、播磨にも及んでいたことを示すというのである。

『記』『紀』の「葦原中国」は、「高天原」「天」に対する地上世界である。「天」を冠する外来神アメノヒボコと、アシハラシコヲとは、確かに名称の上で対応する。これらの話が、かつてあった、但馬と播磨の境界をめぐる両国の勢力同士の争いを反映していることは想定しやすい。ただし訳注者が、本節の雲箇《うるか》里波加《はか》村条や、この先の神前郡(二)多駝《ただ》里糠岡《ぬかをか》・八千軍《やちぐさ》野《の》条で、アメノヒボコの相手が伊和大神になっていることを、アシハラシコヲが伊和大神に置き換えられた結果と捉えているのは、別の考え方もできよう。そもそもは出石君の伝承だという訳注者の仮説に拠れば、そうなるはずである。しかし少なくとも当国風土記の述べ方は、アシハラシコヲが「国の主」「主神」であり、アメノヒボコは「客神」である。「葦原中国」が、『記』『紀』にも現れる、ヤマトの国の名称だとすれば、アメノヒボコに対抗するに相応しい神として、中央からアシハラシコヲの神の名が持ち込まれたとする道筋も見えるように思うのである。

十九　神前郡㈠

神前《かむざき》の郡《こほり》。

右《みぎ》、神前《かむざき》と号《なづ》くる所以《ゆゑ》は、伊和《いわ》の大神の子《みこ》、建石敷命《たけいはしきのみこと》、山使《やまづかひ》の村《むら》の神前山《かむざきやま》に在《いま》す。乃《すなは》ち、神の在《いま》すに因《よ》りて名と為《な》す。故《かれ》、神前《かむざき》の郡《こほり》と曰《い》ふ。

堲岡《はにをか》の里《さと》。生野《いくの》・大川内《おほかふち》・湯川《ゆかは》・粟鹿《あはか》・波自加《はじか》の村《むら》。土《つち》は下の下なり。堲岡《はにをか》と号《なづ》くる所以《ゆゑ》は、昔、大汝命《おほなむちのみこと》と小比古尼命《すくなひこねのみこと》と、相争《あらそ》ひて云《の》りたまひしく、「堲《はに》の荷《に》を担《にな》ひて遠く行くと、屎下《くそま》らずして遠く行くと、此の二つの事、何《いづ》れか能《よ》く為《せ》む」とのりたまひき。大《おほ》汝命《なむちのみこと》曰りたまひしく、「我《あ》は屎下《くそま》らずして行かむと欲《おも》ふ」とのりたまひき。小比古《すくなひこ》尼命《ねのみこと》曰りたまひしく、「我《あ》は堲《はに》の荷《に》を持ちて行かむと欲《おも》ふ」とのりたまひき。如是《かく》相争《あらそ》ひて行《いでま》したまひき。

数日《ひかずへ》逕て、大汝命《おほなむちのみこと》云りたまひしく、「我《あ》は忍《しの》び行くこと能《あた》はず」とのりたまひて、即《やが》て坐《ゐ》て、屎下《くそま》りたまひき。尓《そ》の時、小比古尼命《すくなひこねのみこと》、咲《わら》ひて曰《の》りたまひしく、「然《しか》苦し」とのりたまひて、亦《また》、其の堲《はに》を此の岡に擲《なげう》ちたまひき。故《かれ》、堲岡《はにをか》と号《なづ》く。又、屎下《くそま》りし時、小竹《ささ》、其の屎《くそ》を弾《はじ》き上げて、衣《みぞ》に行《つ》きき。故《かれ》、波自加《はじか》の村《むら》と号《なづ》く。其の聖《はに》と屎《くそ》と、石と成《な》りて、今に亡《う》せず。

一家云《あるひとい》へらく、品太《ほむだ》の天皇《すめらみこと》、巡《めぐ》り行《いでま》しし時、此の岡に造宮《みやづく》りしたまひて、勅《の》りたまひしく、「此の土《つち》は聖《はに》たるのみ」とのりたまひき。故《かれ》、聖岡《はにをか》と曰《い》ふ。

生野《いくの》と号《なづ》くる所以《ゆゑ》は、昔、此処《ここ》に荒《あら》ぶる神在りて、往来《ゆきき》の人を半《なか》ば殺しき。此《これ》に由《よ》りて、死野《しにの》と号《なづ》けき。以後《そののち》、品太《ほむだ》の天皇《すめらみこと》、勅《の》りたまひしく、「此《こ》は悪《あ》しき名為《な》り。改めて生野《いくの》と為《な》せ」とのりたまひき。

粟鹿川内《あはかかふち》と号《なづ》くる所以《ゆゑ》は、彼《そ》の川、但馬《たぢま》の阿相《あさこ》の郡《こほり》の粟鹿山《あはかやま》より流れ来《く》。故《かれ》、粟鹿《あはか》川内《かふち》と曰《い》ふ。楡生《にれお》ふ。

大川内《おほかふち》。大川《おほかは》に因《よ》りて名と為《な》す。檜《ひのき》・枌生《すぎお》ふ。又、異俗人《あだしくにひと》、卅許口《みそたりばかり》有り。

湯川《ゆかは》。昔、湯、此の川に出でき。故《かれ》、湯川《ゆかは》と曰《い》ふ。檜《ひのき》・枌《すぎ》・黒葛生《つづらお》ふ。又、異俗人《あだしくにひと》、卅許口在《みそたりばかりあ》り。

川辺《かはのへ》の里《さと》。勢賀川《せかがは》・砠川山《とがはやま》。土《つち》は中の下なり。此の村、川の辺《へ》に居《を》り。故《かれ》、川辺《かはのへ》の里《さと》と号《なづ》く。

勢賀《せか》と号《なづ》くる所以《ゆゑ》は、品太《ほむだ》の天皇《すめらみこと》、此の川内《かふち》に狩《みかり》したまひしに、猪《ゐ》・鹿を多く此《こ》処《こ》に約《せ》き出して殺しき。故《かれ》、勢賀《せか》と曰《い》ふ。星の出づるに至るまで狩り殺しき。故《かれ》、山を星肆《ほしくら》と名づく。

砠川山《とがはやま》と云ふ所以《ゆゑ》は、彼《そ》の山に砠《と》あり。故《かれ》、砠川山《とがはやま》と曰《い》ふ。

〈現代語訳〉

神前《かんざき》の郡《こおり》。

右、神前《かんざき》と名づけたわけは、伊和《いわ》の大神の子神《みこがみ》である建石敷命《たけいわしきのみこと》が、山使《やまづかい》の村《むら》の神前山《かんざきやま》においでになる。そこで、神が（この山に）おいでになることにちなんで名とし、それで神前《かんざき》の郡《こおり》という。

堲岡《はにおか》の里《さと》。生野《いくの》・大河内《おおこうち》・湯川《ゆかわ》・粟鹿《あわか》・波自加《はじか》の村《むら》。土地（の地味）は、下の下である。堲岡《はにおか》と名づけたわけは、昔、大汝命《おおなむちのみこと》と小比古尼命《すくなひこねのみこと》とがおたがいに争われておっしゃったことには、「堲《はに》（粘土）の荷をかついで遠くまで歩いて行くのと、大便をがまんして遠くまで行くのと、この二つのうち、どちらがよりやり抜くことができるか」と仰せられた。そのとき大汝命《おおなむちのみこと》は、「私は大便をしないで（がまんして）行こうと思う」とおっしゃった。小比古尼命《すくなひこねのみこと》は、「私は粘土の荷を持って行こうと思う」とおっしゃった。このように争いながら（二はしらの神は）行かれた。

それから数日たってから、大汝命《おおなむちのみこと》が「私は（大便を）がまんして行くことはもうできない」とおっしゃって、そのまま（その場に）すわって大便をなさった。そのとき小比古尼命《すくなひこねのみこと》が笑って、「私も（あなたと）同じように苦しい」とおっしゃって、この神もまたその荷の粘土をこの岡に投げ出してしまわれた。それで、堲岡《はにおか》と名づけている。また、大便をなさったとき、小竹《ささ》がその屎《くそ》を弾《はじ》きあげて、その衣服についてしまった。それで、波自加《はじか》の村《むら》と名づける。そのときの粘土と屎《くそ》とは石となって、現在もなくなることなく残っている。

ある人の語り伝えて言うには、品太《ほむだ》の天皇（応神天皇）が（この地を）御巡幸なさったとき、この岡に仮宮をお造りになって、勅《みことのり》して、「ここの土は聖《はに》ばかりである」と仰せられた。それで、聖岡《はにおか》という、と言っている。

生野《いくの》と名づけたわけは、昔、この地に荒《あら》ぶる神があって、道行く人の半分は殺していた。これによって、死野《しにの》と名づけていた。（その後）品太《ほむだ》の天皇（応神天皇）が、「これはよくない名前である。（名を）改めて生野《いくの》としなさい」と仰せられた。

粟鹿川内《あわかこうち》と名づけたわけは、その川が、但馬《たじま》（の国）の阿相《あさこ》の郡《こおり》の粟鹿山《あわかやま》から流れて来る。それで、粟鹿川内《あわかこうち》という。（この地に）楡《にれ》が生えている。

大川内《おおこうち》。大川《おおかわ》（がこの地を流れていること）によって名としている。檜《ひのき》・枌《すぎ》が生えている。また、異俗の人たちが三十人ばかり住んでいる。

湯川《ゆかわ》。昔、湯がこの川から出た。それで、湯川《ゆかわ》という。檜《ひのき》・枌《すぎ》・黒葛《つづら》が生えている。また、異俗の人たちが三十人ばかり住んでいる。

川辺《かわのへ》の里《さと》。勢賀川《せかがわ》・砥川山《とがわやま》。土地（の地味）は、中の下である。この村は、川の辺《へ》（ほとり）にある。それで、川辺《かわのへ》の里《さと》と名づける。

勢賀《せか》と名づけたわけは、品太《ほむだ》の天皇（応神天皇）がこの川内《こうち》で狩をなさったとき、猪や鹿をたくさんこの地に約《せ》き出し（追い出し）て殺した。それで、勢賀《せか》という。（このとき）星が出るまで狩をしては殺した。それで、山を星肆《ほしくら》と名づける。砥《と》川山《がわやま》というわけは、その山から砥《と》（石）がとれる。それで、砥《と》川山《がわやま》という。

〈補注〉

○**神前《かむざき》の郡《こほり》**―『和名抄』に「神埼郡　加無佐岐《かむさき》」とあり、五郷の名を記している。兵庫県神崎郡（市川町・福崎《ふくさき》町・神河《かみかわ》町）と、姫路市・朝来《あさご》市の一部に当る。市川の上流域。○**建石《たけいは》敷命《しきのみこと》**―下の託賀郡㈡都麻《つま》の里都太岐《つたき》の条で、氷上刀売《ひかみとめ》が讃伎日子《さぬきひこ》の神と争った時に雇った「建石命《たけいはのみこと》」と同一神か。○**山使《やまづかひ》の村の神前山《かむざきやま》**―「山使」を「山崎」とする説（『新考』『大系』など）もあるが、底本に従う。ここに村名を出すのは異例なので、もと傍書だったとする説もある。○**聖岡《はにをか》の里《さと》**―高山寺本『和名抄』の郷名に「埴岡　波爾乎賀《はにをか》」とある。郡の中央部、市川町の周辺。○**大汝命《おほなむちのみこと》・小比古尼命《すくなひこねのみこと》**―国土創成の二神。本節補説参照。○**屎下《くそま》らず**―排泄することをマルということ、『万葉集』（巻十六・三八三二）に「屎遠麻《くそとほくま》礼《れ》、櫛《くし》造る刀自《とじ》」などとある。○**衣《みぞ》に行《つ》きき**―「行」字は、「汙」字の誤りでケガスと訓む説（『新考』）、また「行」のままでハヌ（撥）（『大系』）、ウツ（打）とする説（『新編全集』）などがあるが、「行」のままでツク（着）とする説（『全書』など）に従っている。○**波自加《はじか》の村《むら》**―市川町尾形の初鹿野《はじかの》を遺称地とする。○**品太《ほむだ》の天皇《すめらみこと》**―応神天皇。餝磨郡・揖保郡の記事に頻出し、餝磨郡と神前郡の境となる大川の道を作ったのも、その御代と記す。「聖《はに》」は粘土で農耕に向かない。墾岡の土質が下の下とされる所以である。○**生野**《いくの》—朝来市生野町。但馬国に属していた時代が長いが、風土記編纂当時は播磨国神前郡に属していたと考えられる。土地の荒ぶる神が、通行人の半ばを殺すことについては、賀古郡㈡鴨波《あはは》の里舟引原《ふなひきはら》の条、揖保郡㈣広山の里意此川《おしかは》の条・同枚方《ひらかた》里の佐比岡《さひをか》の条など。揖保郡㈣解説参照。○**粟鹿川内**《あはかかふち》—市川支流越知川《おちがわ》流域の神河《かみかわ》町粟賀《あわが》町が遺称地。○**彼**《そ》**の川**—「川」字、底本に無いが、文意により補う（『新考』『大系』）。○**但馬**《たぢま》**の阿相**《あさこ》**の郡**《こほり》**の粟鹿山**《あはかやま》—朝来市山東《さんとう》町粟鹿《あわが》の山。ただし実際には粟鹿川（越知川）の水源はそこではなく、遥か南方であり、地名が同じための誤解であろう。○**楡**《にれ》—先の揖保郡㈢林田の里では「楡」をイハナシの訓字に当てている。イハナシもニレの一種。ニレは皮を剝ぎ、臼で舂いて粉にし、調味料として用いる（『万葉集』巻十六・三八八六）。○**大川内**《おほかふち》—神河町寺前《てらまえ》付近。市川本流の流域地。○**異俗人**《あだしくにひと》—生活習俗の異なる人。蝦夷《えみし》を言う。『景行紀』五十一年に、日本武尊《やまとたけるのみこと》の東征によって連れて来られた蝦夷たちを、畿外の播磨・讃岐・伊勢・安芸・阿波に置くことになり、その土地の佐伯部《さへきべ》の祖となったと伝える。また『姓氏録』佐伯直《さへきのあたひ》の項には、応神《おうじん》天皇が播磨国神崎郡瓦村《かはらむら》の岡の上から流れ下る青葉を見て、川上を訪ねさせたところ、日本武尊によって連れて来られた蝦夷の子孫と答えたので、佐伯直の姓を与えたと記す。○**湯川**《ゆかは》—神河町寺前付近で市川にそそぐ支流。流域を近世以前「湯川村」と称した。○**川辺**《かはのへ》**の里**《さと》—高山寺本『和名抄』の郷名に「川辺　加波乃倍《かはのへ》」とある。市川町東川辺《ひがしかわなべ》・西川辺《にしかわなべ》付近。○**勢賀川**《せかがは》—市川から東に分かれる支流、岡部川《おかべ》のこと。上流に上瀬加《かみせか》・下瀬加《しもせか》の地名が残る。応神天皇が勢子《せこ》によって獣を追い立てて狩をしたことに由来するという。セクは通路を塞ぐことを表す動詞（『新考』『大系』）。ただし上代に「約」字をセクにあてた例が他に見えないので、「約」字をセムと訓ずる説（『新編全集』）もある。○**星肆**《ほしくら》―遺称地無く、所在地未詳。「肆」によってクラを表す例は、讃容郡㈠讃容の里の「金肆《かなくら》」があった。なお「星の出づるに至るまで…故、山を星肆と名づく」の原文十一字は、原本では、次の条の後に置かれている。諸注に従って現在の位置に改める。○**砥川山**《とがはやま》―遺称地無く、所在地未詳。前条の「星肆《ほしくら》」山の元の名が砥川山だというのであろう。餝磨郡㈢大野の里砥堀《とほり》の条では、餝磨郡と神前郡の境、大川の岸の道を作った際、砥石を掘り出したので砥堀と名づけたとされている。

補説　大汝神・小比古尼神

当国風土記で、伊和大神と並んで登場回数の多い神は、大汝神《おほなむち》である。ここの神前郡堲岡《はにをか》里では、小比古尼《すくなひこね》神と我慢比べをして、大便を我慢できずに負けたという、極めて滑稽な話を伝える。それ以外では、次のような話がある。

・餝磨郡㈠伊和里十四丘条…子神である火明《ほあかり》命が乱暴なので、捨てて船で逃げようとしたところ、怒った火明に船を打ち破られた。
・揖保郡㈡越部里御橋山条…俵を積んで階段を作った。

・同㈢林田里稲種山条…少日子根《すくなひこね》命と神前郡から望見して、この山に稲種を積んだ。
・賀毛郡㈠下鴨里碓居《うすゐ》谷・箕《み》谷・酒屋谷条…碓で稲を舂き、箕を置き、酒屋を造った。
・同㈡楢原里飯盛嵩《いひもりたけ》条…大汝命の御飯を盛った。
・同里糠岡《ぬかをか》条…稲を下鴨の村で舂かせたところ、糠がここまで飛び散ってきた。
揖保郡でも少日子根神とともに行動しているが、餝磨郡㈢枚野《ひらの》里筥丘《はこをか》条で日女道丘《ひめぢをか》神と約束して逢ったという「大汝《おほなむち》 少日子根《すくなひこね》命」は、二神が合体して一神と観念されたものらしい。

この二神は、名に微妙な揺れをはらみながら、上代の多くの文献に現れる。先の宍禾郡㈡補説に触れたように、『記』では「大穴牟遅神《おほあなむぢ》」が、「大国主神」の別名、あるいは最初の名として現れる。そして、国作りの間に、神産巣日《かむむすひ》神の子、「少名毘古那《すくなびこな》神」が海の彼方からやってきて、「大穴牟遅神」と兄弟となり、国作りをし、途中で常世の国に帰ってゆく。その後で、また海の彼方から来て国作りに協力したのが、御諸山（三輪山）に祀られる神（大物主神）である。

『神代紀』上では、第八段第六の一書に、『記』に類似の伝承が語られる。そこでは「大己《おほあな》貴命《むち》」が、「少彦名命《すくなひこな》」とともに「天下を経営」し、少彦名が常世国に渡ってからは、やはり三輪山の神が現われて国の平定を助ける。ただしその神は、大己貴に対して自分は「汝が幸魂《さきみたま》・奇魂《くしみたま》なり」と名乗るので、大己貴神と同一神中の別神格とされているらしい（一書の冒頭に、「大国主神」の別名として、「大物主神」も「国作大己貴命《くにつくりのおほあなむち》」も見える）。

少名毘古那（彦名）は、『記』『紀』ともに、非常に小さい神と表象される。『記』では、「羅摩《かがみ》の船」（ガガイモの実を半分に割ったのを船に見立てたもの）に乗って現れたという。『紀』でも同様にガガイモの船で現われ、粟の茎に昇り、弾かれて常世に去ったとある。国作りに際しては、おおよその形は大穴牟遅（大己貴）が造り、細部は少名毘古那（彦名）が整えるという分担を想像したのであろう。なお、『記』『紀』ともに、神功皇后が太子（後の応神天皇）を迎えるために酒を醸した時の歌に、「この酒は、自分の酒ではない。常世《とこよ》に坐《いま》す少御神《すくなみかみ》が作り奉って来た酒だ」という意味の歌詞があり、これも常世の国に渡った少名毘古那（彦名）のことであろう。

『万葉集』には、二神を対にした表現ばかりが見える。

大汝《おほなむち》　小彦名《すくなひこな》の　いましけむ　志都《しつ》の岩屋は　幾代経《いくよへ》ぬらむ

（巻三・三五五、生石村主《おふしのすぐり》）

（大汝と少彦名がいらっしゃったというこの志都の岩屋は、どれだけの世を経てきたのだろう）

大穴道《おほあなみち》　少御神《すくなみかみ》の　作らしし　妹背《いもせ》の山を　見らくし良しも

（巻七・一二四七、柿本人麻呂《かきのもとのひとまろ》歌集）

（大穴道と少御神がお作りになった（妹と背という名の）背の山を見るのは気持ちいいなあ）

大汝《おほなむち》　小彦名《すくなびこな》の　神こそば　名付けそめけめ　名のみを　名児《なご》山と負ひて　我が恋の千重の一重も　慰《なぐさ》めなくに　（巻六・九六三、大伴坂上郎女《おほとものさかのうへのいらつめ》）

（大汝と小彦名の神が名付けたのだろうが、名ばかり「名児《なご》山」とあって、我が恋の千分の一もなぐさめてくれないのに）

於保奈牟知《おほなむち》　須久奈比古奈《すくなひこな》の　神代より　言ひ継ぎけらく　父母《ちちはは》を　見れば尊《たふと》く　妻子《めこ》見れば　愛《かな》しくめぐし…　（巻十八・四一〇六、大伴家持）

（大汝・少彦名の神代から言い継いで来たことには、父母を見れば尊いと思い、妻や子を見れば、いとしく可愛い…）

また『出雲国風土記』には、「天《あめ》の下《した》所造《つく》らしし大神、大穴持命《おほあなもち》」（意宇《おう》郡母理《もり》郷条）など、国土創成の神として現われ、単に「天の下所造らしし大神」とある多数の例も、すべてこの神を指していると見られる。『記』『紀』の大穴牟遅（大己貴）が、大国主神となって国作りをした末に、降臨した天孫に国を譲り、自らは出雲に隠れ住むというのに対して、『出雲国風土記』では、国は皇御孫《すめみま》に奉っても、この出雲は自分の静まり坐す国として守りたいと述べ、出雲の領有権を主張する（同）。また『記』『紀』には見えない、「越《こし》の八口《やくち》」への外征記事（意宇郡拝志《はやし》郷条）などもあって、「国作り」の具体的な活動が語られている。ただし二神での行動は、「天の下所造らしし大神、大穴持命と須久奈比古《すくなひこ》命と、天の下を巡行る時に、稲種《いなだね》此処《ここ》に堕《を》つ。故《かれ》、種《たね》と云ふ」という、飯石《いひし》郡多祢《たね》郷条の一例のみである。

さて、訳注者は、当国風土記の大汝神は、農耕神的性格が強いとしている。そして先の『出雲国風土記』の大穴持と須久奈比古の伝承もまた、農耕神的性格を持つことから、この神を祀る出雲地方の勢力が播磨に進出し、相似た性格を持つ伊和大神の信仰圏を圧迫したのではないかと推測する（「風土記神話試論㈡」『古事記年報』一九）。確かに当国風土記の大汝神は、「国作り」や、争いを伴う「国占め」を行わない。ここに語られる小比古尼神との競争は、まことに微笑ましいものである。同じく国土創成神的な性格を持っていても、先に見た伊和大神や葦原志許乎《あしはらしこを》神とは大きく異なるのである。

それが播磨国外から持ち込まれたということも蓋然性が高いように思われる。ここで小比古尼神の方は、荷を担ぐのを我慢しているわけだが、小さい方の神が埿（粘土）の荷という極めて重いものを持つという点に滑稽味があるのだとすれば、もともとこの二神に即して考え出されたバリエーションと考えてよい。それが、訳注者の推測のように、出雲の勢力の伸長に因るのか、それとも二神の活動を『記』『紀』『万葉集』に述べるような中央の側からの影響なのかは、判断の別れるところであろう。

二十　神前郡(二)

高岡《たかをか》の里《さと》。神前山《かむざきやま》・奈具佐山《なぐさやま》。土《つち》は中の中なり。右《みぎ》、高岡《たかをか》と云ふは、此の里《さと》に高き岡有り。故《かれ》、高岡《たかをか》と号《なづ》く。

神前山《かむざきやま》。上《かみ》と同じ。

奈具佐山《なぐさやま》。檜《ひのき》生《お》ふ。其の由《よし》を知らず。

多駝《ただ》の里《さと》。邑曰野《おほわちの》・八千軍野《やちぐさの》・糠岡《ぬかをか》。土《つち》は中の下なり。多駝《ただ》と号《なづ》くる所以《ゆゑ》は、品太《ほむだ》の天《すめら》皇《みこと》、巡《めぐ》り行《いでま》しし時、大御伴人《おほみともびと》、佐伯部《さへきべ》等が始祖《とほつおや》、阿我乃古《あがのこ》、此の土《ところ》を請《こ》はまく欲《ほ》しと申《まを》しき。尓《そ》の時、天皇《すめらみこと》、勅《の》りたまひしく、「直《ただ》に請《こ》へるかも」とのりたまひき。故《かれ》、多駝《ただ》と曰《い》ふ。

邑曰野《おほわちの》と云ふ所以《ゆゑ》は、阿遅須伎《あぢすき》高日古《たかひこ》尼命《ねのみこと》の神、新次《にひすき》の社《もり》に在《いま》して、神宮《かむみや》を此の野に造りたまひし時、意保和知《おほわち》を苅り廻《もとほ》して、院《かき》と為《な》したまひき。故《かれ》、邑曰野《おほわちの》と名づく。

糠岡《ぬかをか》は、伊和《いわ》の大神と天日桙命《あめのひぼこのみこと》と二はしらの神、各《おのもおのも》、軍《いくさ》を発《おこ》して相戦《たたか》ひましき。尓《そ》の時、大神の軍《いくさ》、集《つど》ひて稲を舂《つ》きき。其の粳《ぬか》、聚《あつま》りて丘と為《な》る。又、其の簸《ひ》置ける粳《ぬか》を墓《つか》と云ひ、又、城牟礼山《きむれやま》と云ふ。一《また》云《い》はく、城《き》を掘りし処《ところ》は、品太《ほむだ》の天皇《すめらみこと》の御俗《みよ》、参《ま》ゐ度《わた》り来《こ》し百済人《くだらひと》等、有俗《ならひ》の随《まにま》に、城《き》を造りて居《を》りき。其の孫《すゑ》等は、川辺《かはのへ》の里《さと》の三家《みやけ》の人、夜代《やしろ》等なり。

八千軍《やちぐさ》と云ふ所以《ゆゑ》は、天日桙命《あめのひぼこのみこと》の軍《いくさ》、八千《やちひと》在《あ》りき。故《かれ》、八千軍野《やちぐさの》と曰《い》ふ。

蔭山《かげやま》の里《さと》。蔭岡《かげをか》・冑岡《かぶとをか》。土《つち》は中の下なり。蔭山《かげやま》と云ふは、品太《ほむだ》の天皇《すめらみこと》の御蔭《みかげ》、此の山に堕《お》ちき。故《かれ》、蔭山《かげやま》と曰《い》ひ、又、蔭岡《かげをか》と号《なづ》く。尓《ここ》に、道を除《はら》ふ刃《やいば》鈍《にぶ》かりき。仍《よ》りて云《の》りたまひしく、「磨《と》、布理許《ほりこ》」とのりたまひき。故《かれ》、磨布理《とほり》の村《むら》と云ふ。

冑岡《かぶとをか》と云ふは、伊与都比古《いよつひこ》の神と宇智賀久牟豊富命《うちかくむとよほのみこと》と、相闘《たたか》ひし時、冑《かぶと》、此の岡に堕《お》ちき。故《かれ》、冑岡《かぶとをか》と曰《い》ふ。

的部《いくはべ》の里《さと》。石坐《いはくら》の神山《かみやま》・高野《たかの》の社《もり》。土《つち》は中の中なり。右《みぎ》は、的部《いくはべら》等、此の村に居《を》りき。故《かれ》、的部《いくはべ》の里《さと》と曰《い》ふ。

石坐《いはくら》の神山《かみやま》と云ふは、此の山、石を戴《いただ》く。又、豊穂命《とよほのみこと》の神在《いま》す。故《かれ》、石坐《いはくら》の神山《かみやま》と曰《い》ふ。

高野《たかの》の社《もり》と云ふは、此の野、他野《あだしの》より高し。又、玉依比売命《たまよりひめのみこと》在《いま》す。故《かれ》、高野《たかの》の社《もり》と曰《い》ふ。槐《ゑにす》・杜《かつらお》生ふ。

〈現代語訳〉

高岡《たかおか》の里《さと》。神前山《かんざきやま》・奈具佐山《なぐさやま》。土地（の地味）は、中の中である。右、高岡というのは、この里《さと》（の内）に高い岡がある。それで、高岡《たかおか》と名づけている。

神前山《かんざきやま》。（この山の名の由来については）上（の郡名の由来の条）と同じである。

奈具佐山《なぐさやま》。（この山には）檜《ひのき》が生えている。その（地名の）由来については不明である。

多駝《ただ》の里《さと》。邑曰野《おおわちの》・八千軍野《やちぐさの》・糠岡《ぬかおか》。土地（の地味）は、中の下である。多駝《ただ》と名づけたわけは、品太《ほむだ》の天皇（応神天皇）が御巡幸になられたとき、天皇のおつきをつとめていた佐伯部《さえきべ》たちの始祖である阿我乃古《あがのこ》が、この地を請い受けたいと（天皇に）申し上げた。そのとき天皇は、勅《みことのり》して「（おまえは）直《ただ》に請い願うことよ」と仰せられた。それで（この地を）多駝《ただ》というのである。

邑曰野《おおわちの》というわけは、阿遅須伎高日古尼命《あじすきたかひこねのみこと》の神が、新次《にいすき》の社《もり》においでになって、神の宮をこの野にお造りになったとき、意保和知《おおわち》を苅りとり、これを（宮の周囲に）めぐらして、垣となさった。それで、邑曰野《おおわちの》と名づける。

糠岡《ぬかおか》（というわけ）は、伊和《いわ》の大神と天日桙命《あめのひぼこのみこと》の二はしらの神が、それぞれ軍兵を繰り出して、戦われた。そのとき大神の軍兵が、（この地に）集まって稲を舂《つ》いたところ、その糠《ぬか》があつまり積もって丘となった。また、その（糠《ぬか》を除くため）箕《み》でふるったその糠《ぬか》を墓《つか》といい、あるいは城牟礼山《きむれやま》ともいう。一説によると、城《き》を掘ったところは、品太《ほむだ》の天皇（応神天皇）の御代に、わが国に渡来してきた百済《くだら》の人たちが、（自分たちの）習俗のままに、城《き》を造って（そこに）住みついた（ところである。）その子孫たちは、川辺《かわのへ》の里《さと》の三家《みやけ》の人、夜代《やしろ》たちである。

八千《やち》軍《ぐさ》というわけは、天日槍命《あめのひぼこのみこと》の軍兵が、（この野に）八千人集まった。それで、八千《やち》軍《ぐさ》野《の》という。

蔭山《かげやま》の里《さと》。蔭岡《かげおか》・冑岡《かぶとおか》。土地（の地味）は、中の下である。（この地を）蔭山《かげやま》という（わけ）は、品太《ほむだ》の天皇（応神天皇）の御蔭《みかげ》が、この山に落ちた。それで、蔭山《かげやま》といい、また蔭岡《かげおか》と名づける。この（天皇の御巡幸の）とき、道（の雑草など）を切りはらう（刀の）刃が鈍《にぶ》くなってしまった。そこで天皇は勅《みことのり》して、「磨《と》、布理許《ほりこ》」と仰せられた。それで、磨布理《とほり》の村《むら》という。

冑岡《かぶとおか》という（わけ）は、伊与都比古《いよつひこ》の神と宇智賀久牟豊富命《うちかくむとよほのみこと》とがおたがいに闘ったとき、冑《かぶと》がこの岡に落ちた。それで、冑岡《かぶとおか》という。

的部《いくはべ》の里《さと》。石坐の神山《いわくらのかみやま》・高野の社《たかののもり》。土地（の地味）は、中の中である。右は、的部《いくはべ》たちがこの村に住んでいた。それで、的部《いくはべ》の里《さと》という。

石坐《いわくら》の神山《かみやま》という（わけ）は、この山（の頂上に）、石をのせている。また（そこに）、豊《とよ》穂命《ほのみこと》の神が鎮座しておられる。それで、石坐《くら》の神山《かみやま》という。

高野《たかの》の社《もり》という（わけ）は、この野が（まわりの）野よりも（土地が）高い。また（この社《もり》に）玉依比売命《たまよりひめのみこと》が鎮座しておられる。それで、高野《たかの》の社《もり》という。槐《えにす》・杜《かつら》が生えている。

〈補注〉

○**高岡の里**《たかをかのさと》—神崎郡《かんざき》福崎町《ふくさき》高岡《たかおか》を遺称地とする。市川の西岸。『和名抄』の郷名に見えない。○**神前山**《かむざきやま》—名の由来は当郡㈠冒頭の記述に見える。福崎町山崎の山崎山。○**奈具佐山**《なぐさやま》—その名の由来が判明しなかったという。宍禾郡《しさは》㈡高家《たかや》の里都太川《つたがは》条と同じ。市川町・福崎町・姫路市夢前町の境をなす七種山《ななくさ》。○**多駝の里**《ただのさと》—姫路市山田町《やまだ》多田《ただ》を遺称地とする。市川東岸。『和名抄』の郷名に見えない。○**品太の天皇**《ほむだのすめらみこと》—応神天皇。○**大御伴人**《おほみともびと》—天皇に付き従う者。○**佐伯部等が始祖、阿我乃古**《さへきべら　とほつおや　あがのこ》—『仁徳紀』四十年二月、隼別皇子《はやぶさわけ》と雌鳥皇女《めとり》とが背いた時、追討を命じられた者の一人が播磨佐伯直《はりまのさへきのあたひ》阿俄能胡《あがのこ》である。また同年是歳条には、佐伯直阿俄能胡が、殺害した雌鳥皇女の帯びていた珠を妻に与えていたことが判明し、死刑に処せられるところ、私地を献上して免れたと伝える。したがって、ここは「佐伯直等が始祖」とあるべきところであるが、底本に従う。佐伯直が佐伯部を管掌していた経緯については、当郡㈠聖岡《はにをか》の里大河内《おほかふち》の条参照のこと。○**邑日野**《おほわちの》—加西市《かさい》に両月町《わち》があるが、神崎郡の範囲を外れている。あるいは、この地名が郡境を超えて西の市川東岸地域まで拡がっていたものか。○**阿遅須伎高日古尼命の神**《あぢすきたかひこねのみことのかみ》—阿遅志貴高日子根神《あぢしきたかひこね》（『記』）、阿遅須枳高日子命《あぢすきたかひこ》（『出雲国風土記』）などともある。『記』『紀』では、天罰を受けた天若日子《あめわかひこ》の葬儀に参列したところ、天若日子に容貌が似ていたために遺族に死者が生き返ったと間違えられ、怒って喪屋《もや》を切り倒して飛び去ったと伝える。また『出雲国風土記』では葛城《かつらぎ》の賀茂社《かものやしろ》に祀られているとされ、髭が八束に伸びた大人になるまで、昼夜泣き続けたともいう。『記』では、大国主命と、宗像《むなかた》の多紀理毘売《たきりびめ》との間の子と位置づけられる。下の託賀郡㈠黒田の里袁布山《をふやま》の条に、宗形《むなかた》の大神奥津島比売《おきつしまひめ》命が、伊和《いわ》の大神の子を身ごもったと記すのと関係するか（『大系』）。○**新次《にひすき》の社《もり》**―現在は、姫路市豊富《とよとみ》町御蔭《みかげ》に鎮座するが、多田からは離れており、旧社地がどこかは不明。式内社。○**意保和知《おほわち》**―茅《ち》を束ねて立てたものか（『新編全集』）。○**院《かき》**―垣根のこと。『名義抄』に「院　カキ」とある。○**糠岡《ぬかをか》**―姫路市船津《ふなつ》町の糠岡を遺称地とする。舂いた糠の跡とするのは、宍禾《しさは》郡㈠比治《ひぢ》の里の稲舂岑《いなつきみね》・糠前《ぬかさき》に同じ。また下の賀毛郡㈡楢原《ならはら》の里にも同じ地名がある。○**天日桙　命《あめのひぼこのみこと》**―新羅《しらぎ》から来て、但馬《たぢま》に止まったとされる神。他郡では「天日槍」と表記されることが多い。葦原志許乎命《あしはらしこをのみこと》や伊和《いわ》の大神とは、国占めで競合することが多い。揖保郡㈦補説参照。○**簸《ひ》**―穀物の糠《ぬか》や塵《ちり》を煽《あお》って取り去ること、またその道具。出雲の斐伊川《ひいがわ》を『古事記』に「肥之河《ひのかは》」、『日本書紀』に「簸之川《ひのかは》」と書いていることから、「簸」をヒと訓むことが知られる。○**墓《つか》**―ここでは人を葬った場所ではなく、ツカと訓み、高くなったところを表す。○**城牟礼山《きむれやま》**―城《き》は砦《とりで》。牟礼《むれ》は山の意で、朝鮮語に由来するという。『斉明紀』歌謡に「今城《いまき》なる乎武例《をむれ》が上に雲だにも著《しる》くし立たば何か嘆かむ」とある。ここでは糠岡に城《き》が築かれて、キムレと呼ばれたことを言う。○**御俗《みよ》**―「俗」を

「世」の意に用いること、『万葉集』巻十九・四一六〇に、ヨノナカを「俗中」と書いた例がある。○**一云《またい》はく、城《き》を掘りし処《ところ》は〜城《き》を造りて居《を》りき**—この部分、底本では、「又、其の簸《ひ》置ける糠《ぬか》を墓《つか》と云ひ、又、城《き》牟《む》礼《れ》山《やま》と云ふ」の前にある。「一云」以下が割注だったために後に写し誤ったと推測し、前後入れ替えて読む（『大系』）。○**百済人《くだらひと》**—『応神紀』七年・八年条に、百済人が来朝したことが記され、十六年にも百済の人夫たちが来朝したとされている。本節補説参照。○**有俗《ならひ》の随《まにま》に、城《き》を造《つく》りて居《を》りき**—百済の流儀で城を築いたことをいう。「有俗」は他に例が見えないので、本文を「其俗」に改め、ソノテブリ（『新考』）・ソノシワザ（『新編全集』）と訓む説もある。○**川辺《かわのへ》の里の三《み》家《やけ》**—当郡の川辺の里にあったミヤケ、すなわち朝廷の直轄地及びその施設。ミヤケを「三家」と記すこと、群馬県高崎市に残る「山上碑《やまのうえ》」の碑文（天武十〈六八一〉年）に「佐《さ》野三《ののみ》家《やけ》」と書いた例が残る。○**夜代等《やしろら》**—「夜代」は人名。他に見えず。○**八《や》千《ち》軍野《ぐさの》**—福崎町八《や》千《ち》種《くさ》を遺称地とする。「軍」は兵士のことで、イクサと訓む。『万葉集』巻六・九七二に「千万《ちよろづ》の軍《いくさ》なりとも言挙《ことあ》げせず取りて来《き》ぬべき男《をのこ》とぞ思ふ」。○**蔭山《かげやま》の里《さと》・蔭岡《かげをか》**—姫路市豊富《とよとみ》町御《み》蔭《かげ》を遺称地とする。市川東岸の地。『和名抄』の郷名に「蔭山」とある。カゲは冠のこと。餝磨郡(二)安相《あさこ》の里の条に、「品太《ほむだ》の天《すめら》皇《みこと》（応神）、但馬《たぢま》より巡《めぐ》り行《いでま》しし時、縁道《みちすがら》、御剮《かげ》を撒《め》したまはざりき。故《かれ》、陰山《かげやま》の前《さき》と号《なづ》く」とあるのは、当該条と対応する。○**磨《と》布《ほ》理《り》の村《むら》**—品太の天皇（応神）の「砥石を掘って来い」という言葉による命名。餝磨郡(三)大野の里砥《と》堀《ほり》の条に、品太の天皇の時に、餝磨郡と神前郡との境の大川の岸に道を作った際「砥《と》」を掘ったので「砥堀」というとあるのは、本条と同じく、姫路市砥堀《とほり》のことを指すのであろう。「磨《と》、布理許《ほりこ》」と、会話文が万葉仮名で記されているのは当国風土記では珍しい。○**冑岡**《かぶとをか》—姫路市豊富《とよとみ》町豊富にある甲山《かぶとやま》を遺称地とする。市川東岸にある小丘。○**伊与都比古**《いよつひこ》**の神**—伊予（愛媛県）の神。『延喜式』伊予国伊予郡に「伊予豆比古命《いよつひこのみこと》神社」とある。外来の神と地元の神との争いは、天日槍命《あめのひぼこのみこと》の神話などと同趣。○**宇智賀久牟豊富命**《うちかくむとよほのみこと》—他に見えないが、次の的部《いくはべ》の里石坐《いはくら》の神山《かみやま》の条に出る豊穂《とよほ》命《みこと》と同神か。ウチカクム（内囲む）は神名豊富命に冠する枕詞的称辞。○**的部**《いくはべ》**の里**《さと》—高山寺本『和名抄』の郷名に「的部　以久波《いくは》」とある。姫路市香寺《こうでら》町岩部《いわべ》を遺称地とする。○**的部**《いくはべ》—イクハは矢の的《まと》のことで、『新撰字鏡』の「的」に「由久波《ゆくは》」の訓が載せられている。的《いくは》氏は、『孝元記』に葛城長江曽都毘古《かつらきのながえのそつびこ》の子孫、『姓氏録』に山城皇別で葛城襲津彦《かづらぎのそつひこ》の子孫とされる。的部は的氏が管掌する部民。○**石坐**《いはくら》**の神山**《かみやま》—香寺町須加院《すかいん》の山。かつて石蔵山万福寺があった。山上の巨石が信仰の対象となったと思われる。○**高野**《たかの》**の社**《もり》—須加院と、南の砥堀との間の山か。○**玉依比売命**《たまよりひめのみこと》—『記』では、海神の女《むすめ》で、鸕葺草葺不合《うがやふきあへず》尊と婚姻して神武天皇らを生んだとされるが、その神と同一視してよいかは不明。○**槐**《ゑにす》—えんじゅ。落葉高木。花を乾燥させた槐花《かいか》は煎じて止血薬にし、材は建築や器具製作に利用する。○**杜**《かつら》—『神代紀』下に、「杜木、此には可豆邏《かつら》と云ふ」とあるのに従って、カツラと訓む。カツラは木材として用いる。

補説　百済人

多駝里糠岡《ぬかおか》は、伊和大神と天日桙命《あめのひぼこ》とが戦った時、大神の軍の舂いた稲の糠が積もったのが地名の由来であるが、その中でも一段高くなった糠墓《ぬかつか》という場所の別名として、城牟礼山《きむれ》ともいうとある。それは、品太天皇《ほむだ》（応神）の御代に渡来した百済人が、この地に、百済の習俗のままに城《き》（砦《とりで》）を築いたからであり、その子孫は川辺里の三家《みやけ》にいる夜代《やしろ》たちであるという。

朝鮮半島には、砦を築く独特の技術があったらしい。天智二（六六三）年の白村江《はくすきのえ》の敗戦後、亡命してきた百済人の指導のもと、九州から中国・四国にかけて、いわゆる「朝鮮式山城」が築かれた。「牟礼」という地名は、九州から関東地方にまで分布しているが、特に九州では山についてムレということが多い。『神功紀』には、百済の地名に「辟支山《へきのむれ》」「古沙山《こさのむれ》」という古訓が残っており、かなり古く日本語に受容された古代朝鮮語であったと言われている（『時代別大辞典』）。餝磨郡㈠の伊和里の十四丘の中に、標目には「稲丘《いなをか》」とありながら、説明には「稲《いね》落ちし処《ところ》は、即ち稲牟礼丘《いなむれをか》と号《なづ》け」とあるのは、本来「牟礼」が丘を表していたのだと推測されよう。ここも「城牟礼」で「城の山」を表していたのに、日本語の「山」を付して「城牟礼山」としたと考えられる。

播磨は、比較的中央に近く、また古代の大動脈である山陽道・瀬戸内海航路があり、温暖な気候でもあったから、海外から渡って来た民が移住するのに好適な土地であったと思われる。当国風土記には、本条以外にも数多くの伝承が残る。餝磨郡㈡韓室《からむろ》里・巨智《こち》里に居た「韓人《からひと》」は、始祖柞巨智賀那《ならのこちのかな》が『欽明紀』によれば百済からの渡来人とされるので、本条同様、百済系の民であろう。また揖保郡㈢林田里伊勢野条に見える「衣縫猪手《きぬぬひのゐて》」「漢人刀良《あやひととら》」も、『姓氏録』によれば、いずれも百済からの渡来人と見られる。一方、新羅人に因むのは、餝磨郡㈢枚野里新良訓《しらく》村や、揖保郡㈥浦上里神島《かみしま》・韓浜《からはま》・韓荷島《からにしま》などである。また新羅の神で但馬《たぢま》国出石《いづし》に鎮座したという天日槍（揖保郡㈦補説参照）を祭祀する民が、播磨にも勢力を伸ばしていたことは明らかで、揖保郡㈣広山《ひろやま》里麻打《あさうち》山条に見える「伊頭志君麻良比《いづしのきみまらひ》」は新羅系の渡来人と見られよう。また賀古郡㈡鴨波《あはは》里の「大部造《おほとものみやつこ》等が始祖《とほつおや》、古理売《こりめ》」、餝磨郡㈢少川《をかは》里の「私部弓束《きさきべのゆみつか》等が祖《おや》、田又利君鼻留《たたりのきみひる》」などは、『姓氏録』によれば、任那《みまな》からの渡来人である。この他にも、「漢《あや》」「韓《から》」などを冠した、海外に由来する人・物に関する名称は数多い。

渡来してきた民は、城の築造だけではなく、「韓室」の建築や「衣縫」といった技術を持っていた。それは、この城牟礼山条にいう「有俗《ならひ》」の中心を為し、定住後も永く子孫に伝えられたと考えられる。岸本一宏「『播磨国風土記』と渡来文化」（『風土記の考古学二　播磨国風土記の巻』）によれば、播磨地域の五～六世紀の遺跡で、「韓式系土器」と呼ばれる形式の土器が出土しており、そのうち輸入品ではない「軟式土器」が出土する遺跡は、そこに渡来人一世の移住を考えてよいという。また集落跡や古墳から出土する初期須恵器《すえき》は、渡来人の技術に依ると考えられる。姫路市四郷町《しごうちょう》坂元にある宮山古墳（五世紀後半、直径三〇メートル程度の円墳。竪穴《たてあな》式石室）からは、初期須恵器とともに、垂飾《すいしょく》付耳飾・鏡・玉類・鉄剣・甲冑《かっちゅう》などの副葬品が出土し、石室の形態などを含めて、朝鮮半島南部の伽耶《かや》地域の古墳に酷似しているため、被葬者はその地域からの渡来人一世あるいは二世ではないかと推測される。そして、横穴式石室は、朝鮮半島からもたらされ、四世紀末〜五世紀初頭に九州で造られ始め、五世紀後半には畿内にも広がるが、播磨での出現は六世紀前半であり、その中に、玄室の形が百済の古墳によく似たものがあるという。

ただし岸本氏によれば、現在までのところ、渡来系遺跡は、瀬戸内海周辺の特定の地域に集中して発見されており、当国風土記で渡来人伝承のある地域とは必ずしも大きく重ならない。城牟礼山に比定される姫路市船津町の糠岡からも、城の跡は検出されていないようである。しかしそれを築いた百済人たちの子孫夜代らが住んだという川辺里三家——彼らはおそらく保持した技術をもって、公的施設である御宅《みやけ》で働いたのだろう——とどもも、今後、渡来人たちの生活の跡が見つかる可能性もあろう。

二十一　託賀郡(一)

託賀《たか》の郡《こほり》。

右《みぎ》、託加《たか》と名づくる所以《ゆゑ》は、昔、大人在《おほひとあ》りて、常に勾《かがま》り行《あり》きき。南の海より北の海に到り、東より巡《めぐ》り行《ゆ》きし時、此の土《くに》に到来《きた》りて云ひしく、「他土《あだしくに》は卑《ひく》ければ、常に勾《かがま》り伏して行きき。此の土《くに》は高ければ、申《の》びて行く。高きかも」といひき。故《かれ》、託賀《たか》の郡《こほり》と曰《い》ふ。其の踰《ふ》みし迹処《あと》、数々《よりより》沼と成れり。

賀眉《かみ》の里《さと》。大海山《おほみやま》・荒田《あらた》の村《むら》。土《つち》は下の上なり。右《みぎ》は、川上《かはかみ》に居《を》るに因《よ》りて、名《な》と為す。

大海《おほみ》と号《なづ》くる所以《ゆゑ》は、昔、明石《あかし》の郡大海《こほりおほみ》の里人《さとびと》、到来《きた》りて此の山底《やまもと》に居《を》りき。故《かれ》、大海山《おほみやま》と曰《い》ふ。松生《お》ふ。

荒田《あらた》と号《なづ》くる所以《ゆゑ》は、此処《ここ》に在《いま》す神、名は道主日女命《みちぬしひめのみこと》、父無《な》くして児《みこ》を生みたまひき。盟酒《うけひざけ》を醸《か》まむと為《し》て、田七町《たななところ》を作るに、七日七夜《なぬかななよ》の間《ほど》に、稲成熟《みの》り竟《を》へき。乃《すなは》ち、酒を醸《か》みて、諸《もろもろ》の神を集《つど》へ、其の子《みこ》を遣《し》て酒を捧《ささ》げて、養《まつ》らしめき。是に其の子《みこ》、天目一命《あめのまひとつのみこと》に向きて、奉《たてまつ》りき。乃《すなは》ち、其の父を知りき。後《のち》に、其の田荒れき。

故《かれ》、荒田《あらた》の村《むら》と号《なづ》く。
黒田《くろだ》の里《さと》。袁布山《をふやま》・支閇岡《きへをか》・大羅野《おほあみの》。土《つち》は下の上なり。右《みぎ》は、土《つち》の黒きを以《も》ちて名と為《な》す。袁布山《をふやま》と云ふは、昔、宗形《むなかた》の大神、奥津島比売命《おきつしまひめのみこと》、伊和《いわ》の大神の子を任《はら》みまして、此の山に到来《きた》りて云《の》りたまひしく、「我《あ》が産《こう》むべき時は訖《を》ふ」とのりたまひき。故《かれ》、袁布山《をふやま》と曰《い》ふ。
支閇丘《きへをか》と云ふは、宗形《むなかた》の大神云《の》りたまひしく、「我《あ》が産《こう》むべき月は尽《きへ》ぬ」とのりたまひき。故《かれ》、支閇丘《きへをか》と曰《い》ふ。
大羅野《おほあみの》と云ふは、昔、老夫《おきな》と老女《おみな》と、羅《あみ》を袁布《をふ》の中山に張りて、禽鳥《とり》を捕《と》るに、衆《もろもろ》の鳥多《さは》に来て、羅《あみ》を負ひて飛び去り、件《くだり》の野に落としき。故《かれ》、大羅野《おほあみの》と曰《い》ふ。

〈現代語訳〉

託賀《たか》の郡《こおり》。

右、託加《たか》と名づけたわけは、昔、一人の巨人がいて、いつも身をかがめて歩いていた。(あるとき)南の海の方から北の海まで行き、(そこから)東に向かって巡り歩いたとき、この地にやってきて、「他のところは(天が)低いので、いつも身をかがめ背を低くして歩いていた。けれどもこの地は(天が)高いから、からだをのばして歩ける。ほんとに高いことだ」といった。それで(この地を)託賀《たか》の郡《こおり》という。その(巨人の)踏《ふ》み歩いた跡《あと》は、あちこちの沼となって（今に残っている。）

賀眉《かみ》の里《さと》。大海山《おおみやま》・荒田《あらた》の村《むら》。土地（の地味）は、下の上である。右（の地名）は、（この地が）川上《かわかみ》にあることによって、（里《さと》の）名としている。

大海《おおみ》と名づけたわけは、昔、明石《あかし》の郡《こおり》の大海《おおみ》の里《さと》に（住んでいた）人たちがやって来て、この山の麓《ふもと》に住みついた。それで、大海山《おおみやま》という。（この山には）松が生えている。

荒田《あらた》と名づけたわけは、この地には一はしらの神がおいでになり、その名を道主日女命《みちぬしひめのみこと》と申しあげたが、この神が父親のないまま一人の御子をお生みになった。（そこでその父が誰であるかを知るため）盟酒《うけいざけ》を醸造しようとして、（この地に）田を七町作り（稲をうえたところ）、七日七夜のあいだに、稲はすっかり熟した。そこで、（この稲で）酒をこしらえ、たくさんの神々を集めたうえ、その御子にこの酒を捧《ささ》げ持たせ、（神々に）奉仕させた。するとこの御子は、天目一命《あめのまひとつのみこと》に向かって（この酒を）奉《たてまつ》った。そこで、その（御子の）父がわかったのである。その後、その（稲を作った）田は荒れてしまった。それで、荒田《あらた》の村《むら》と名づけている。

黒田《くろだ》の里《さと》。袁布山《おうやま》・支閇岡《きへおか》・大羅野《おおあみの》。土地（の地味）は、下の上である。右（の里《さと》の名）は、その土が黒いのにちなんで（里《さと》の）名としている。

袁布山《おうやま》という（わけ）は、昔、宗形《むなかた》の大神・奥津島比売命《おきつしまひめのみこと》が、伊和《いわ》の大神の御子を身ごもって、この山までやって来られて、「私の子を出産するときは訖《お》う（きてしまった）」と仰せられた。それで、袁布《おう》山《やま》という。

支閇《きへ》丘《おか》という（わけ）は、宗形《むなかた》の大神が仰せられて、「私の子を出産するはずの月が尽《きへ》ぬ（やってきた）」とおっしゃった。それで（この丘を）支閇《きへ》丘《おか》という。

大羅野《おおあみの》という（わけ）は、昔、老夫と老女とが、袁布《おう》山の山中に羅《あみ》を張って鳥を捕っていたところ、いろんな鳥がたくさんやってきて、その羅《あみ》を背負った（ような形で）飛び去って、この野に（その羅《あみ》を）落とした。それで、大羅野《おおあみの》という。

〈補注〉

○**託賀《たか》の郡《こほり》**—『和名抄』に「多可郡」とあり、六郷を記している。兵庫県西脇《にしわき》市と多可《たか》郡多《た》可町、及びその周辺。加古川《かこがわ》上流域。○**大人《おほひと》**—巨人。国土創成に関わる神は、スクナヒコナ神を除けば、いずれも巨大であることが窺われるが、ここはその巨大さを表立てた珍しい例。○**勾《かがま》り行《あり》き**—屈んで歩いて行った。『日本霊異記』下九縁の訓注に、「曲屈　可々末《かがま》リ那《な》可《が》良《ら》」とある。当地は標高が高く、それだけ天が近くて逆に窮屈になるはずであるが、神話はそうした理屈には基づかないのであろう。○**南の海より北の海に到り、東より巡《めぐ》り行《ゆ》きし時**—当郡は丹波国の西にあり、「大人」が大阪湾側から日本海側に抜け、丹波から当郡に入って来たことを言うか。『垂仁紀』三年三月条、新羅《しらぎ》の王子天日槍《あめのひほこ》が来朝した時、住む所を求めて山背《やましろ》・近江《あふみ》・若狭《わかさ》などを経て但馬《たぢま》に納まったのに似るという（『新考』など）。揖保郡㈦補説参照。○**賀眉《かみ》の里《さと》**—『和名抄』の郷名に「賀美《かみ》」とある。多可郡多可町の加美《かみ》区・中《なか》区周辺。○**川上《かはかみ》に居《を》るに因《よ》りて**—加古川支流杉原川の上流にあるための命名。「因」字は底本「田」。「由」に改めることが多い（『新考』『大系』）が、当郡㈡の都麻《つま》の里高瀬《たかせ》の村条に「川の瀬高きに因《よ》りて名と為す」とあるので、「因」に改める（『新編全集』同説）。○**大《おほ》海《み》山《やま》**—加美区観音寺《かんのんじ》東方の山。○**明石《あかし》の郡大海《こほりおほみ》の里《さと》**—高山寺本『和名抄』明石郡の郷名に「邑美　於保見《おほみ》」とある。明石市の西部、魚住《うおずみ》町付近。○**荒田《あらた》の村《むら》**—『和名抄』の郷名に「荒田」とある。中区安楽田《あらた》から加美区奥荒田《おくあらた》にわたる地域。○**道主日《みちぬしひ》女命《めのみこと》**—系統不明。当地の女神であろう。加美区的場《まとば》に式内社荒田《あらた》神社《じんじゃ》があり、中区安楽田にも荒田神社がある。○**盟酒《うけひざけ》**—ウケヒは何らかの行為の成否・結果によって神意を伺い、また何かの実現を祈ることをいう。今は、子供の父を占うために神意を問うているのである（本節補説参照）。『山城国風土記』逸文（『釈日本紀』巻九所引）に、玉依日売《たまよりひめ》が、丹塗りの矢が川に流れてきたのを拾ったところ妊娠・出産し、玉依日売の父、賀茂《かも》建角身命《たけつのみのみこと》が「八腹《やはら》の酒」を醸し、神々を集めて宴をして、生まれた子に「父と思う人にこの酒を飲ませよ」と命じたところ、天井を突き破って昇天したという。父は天つ神だったのである。その子神を外祖父の名によって可《か》茂《も》別雷命《わけいかつちのみこと》と名付け、その父である丹塗り矢は、乙訓《おとくに》の郡《こほり》の社に鎮座する火雷命《ほのいかつちのみこと》であるという。○**七日《なぬか》七夜《ななよ》の間《ほど》に、稲成熟《みの》り竟《を》へき**—異常な速さの成長は神意が応えたことの証。○**天目一命《あめのまひとつのみこと》**—『神代紀』下、第九段一書第二に「天目一箇《あめのまひとつの》神を作金者とす」とあり、鍛冶に携わった者の奉ずる神と見られる。『古語拾遺』では、斎部《いむべ》氏の祖、天太玉命《あめのふとだまのみこと》の率いた神として「天目一箇神《あめのまひとつのかみ》」を挙げ、筑紫・伊勢両国の忌部《いむべ》の祖であるとする。西脇市大木《おおぎ》町に式内社天目一《あめのまひとつ》神社がある。○**黒田《くろだ》の里《さと》**—西脇市黒田庄《くろだしょう》町周辺。高山寺本『和名抄』の郷名に「黒田　久呂太《くろだ》」とある。土が黒いことによる命名。『出雲国風土記』意宇《おう》郡黒田駅《くろだのうまや》条にも「土の体色《さま》黒し。故《かれ》、黒田と云ふ」とある。○**袁布山《をふやま》**—遺称地無く所在地不明。ヲフは終わる、終えるの意。女神が妊娠が終わると言ったのが地名の由来。○**宗形《むなかた》の大神**、**奥津島比売命《おきつしまひめのみこと》**—『記』では、天照大御神と須佐之男《すさのを》が宇気比《うけひ》をした時、須佐之男の剣から生まれた三はしらの女神の内、多紀理毘売《たきりびめ》命の「亦の名」として「奥津島比売《おきつしまひめ》命」が挙げられ、「胸形《むなかた》の奥津宮《おきつみや》」、玄界灘に浮かぶ沖ノ島にある宗像大社沖津宮に鎮座するという。また大国主命の系譜に、「胸形《むなかた》の奥津宮《おきつみや》に坐《いま》す神多紀理毘売命《たきりびめのみこと》」を娶って、阿遅鉏高日子根神《あぢすきたかひこねのかみ》を生んだと述べる。神前郡㈡多駝《ただ》の里邑曰野《おほわちの》の条参照。○**支閇丘《きへをか》**—遺称地無く所在地不明。出産の時が「来経《きへ》」(到来)したという名。○**大羅野《おほあみの》**—遺称地無く所在地不明。話からすれば袁布山《をふやま》の付近であろう。羅は網のこと。『摂津国風土記』の逸文(顕昭「古今集註」所引)に、網で鳥を取っていた女が、鳥が網に入り過ぎて引っ張られ、川に落ちて死んだ話がある。

補説　盟酒

賀眉里荒田村条には、この土地の神、道主日女命《みちぬしひめ》が、父の分からない子供を産んだので、その父を知るために「盟酒《うけひざけ》」を醸造しようとする話が伝えられている。酒のための稲を耕作すると、七日七夜の間に実った。諸々の神を集めて宴を開き、それで醸した酒を子神に持たせたところ、天目一命《あめのまひとつ》に向かって酒を捧げたので、その神が父と判明したという。

この「盟」はウケヒと読むのであろう。『神代紀』上に、「誓約」をウケヒと読ませる訓注がある（第六段正文）。これは、素戔嗚尊《すさのを》が天照大神に対する逆心が無いことを証明するために行われたウケヒである。「逆心があれば女神が、無ければ男神が生まれるであろう」と予言して、天照の付けていた珠を素戔嗚が受け取り、嚙み砕いて吹き棄てた息の中から、天《あめの》忍穂耳《おしほみみ》尊など男神が生まれたことで証明が果たされる（ただしその後素戔嗚は、暴行を働く）。

また『神功紀《じんぐう》』では、新羅征討を前に、神功皇后は肥前国松浦県《まつらのあがた》（今の長崎県松浦市）で、針を曲げた釣針に飯粒を付けて、「征討が成功するならば、川の魚よ、この釣針を飲め」と「祈ひ《うけ》」て言い、糸を垂らしたところ、鮎が釣れたので、海を渡って新羅を服属させたという。『神功紀』のその後の部分では、麛坂《かごさか》王・忍熊《おしくま》王の二人が、神功皇后に対する謀反を企て、「祈狩」（ウケヒガリの訓注あり）を催し、「謀反が成功するならば、良い獲物を得るだろう」と言って狩を行なったところ、大猪に麛坂王が食い殺されるという結果に終わり、忍熊王単独での謀反も失敗に終わる。これらは、予言が実現するかどうかで神意を占うものと言えよう。また『垂仁記』では、本牟智和気《ほむちわけ》の御子《みこ》が言葉を発せないのは、出雲大神

（大国主命）の祟りだと、天皇が夢に見て、御子に出雲大神を拝ませることになるが、その際、曙立王《あけたつ》に「宇気比《うけひ》」をさせ、「この大神を拝んで験があるならば、池の鷺はうけひ落ちよ」と曙立王が言うと鷺は落ちて死に、また「うけひ活《い》け」と言うと鷺は生き返った。更に甘樫丘の熊樫を「うけひ枯れ」させ、「うけひ生かし」たという。その後、出雲大神を拝礼して、御子は話をするようになる。これも経緯はやや違うが、予言の実現で神意を占っている点では同じである。

上代の文献には、ウケヒの記事はなお多く、また様々である。占うというよりは、祈願する意に近い場合もある。特に『万葉集』に詠われるウケヒ、例えば、

都路《みやこぢ》を　遠みか妹が　このころは　得飼飯《うけひ》て寝《ぬ》れど　夢《いめ》に見え来《こ》ぬ
（巻四・七六七、大伴家持）

（都までの道が遠いせいか、貴女はこの頃、うけひをして寝ても夢に出て来ない）

などは、どのような条件を設定して「うけひ」をしたのかがたどりにくく、願望（妹が夢に見えること）の方が表面に出ている。また『記』では、天照と須佐之男の「宇気比」は、先に予言が行われず、須佐之男の息吹に成ったのは女神で、後から須佐之男が「我が心が清明であるから、自分の産んだ子は手弱女になった。自分の勝ちだ」と述べて、勝に乗じて暴行

する。

さて、これらと見合わせて、荒田村の伝承を考えると、この「盟酒」はやはり神意を伺うためのものであろう。予言は記されていないけれども、稲が七日七夜の間に熟したことは、「盟」が成功して神意に適《かな》っていることを保証する。それによって造られた酒を子神に持たせると、おのずから天目一神に献上することになり、父神が判明するという結果を得たのである。これらは道主日女という神による「盟」であるが、占われているのは、道主日女や天目一神といった人格化された神とはレベルを異にする、この世の定めを司る抽象化された神の意思なのであろう。その点では、先に述べた「言挙げ」のあり方に近いところがある（揖保郡㈤補説参照）。

不思議なのは、「盟酒」が成功して、父神が判明したという話の後に、「後《のち》に、其の田荒れき」とある点である。「此処《ここ》に在《いま》す神」とあるので、道主日女命が居なくなって荒れたのではない。奇瑞を表した田が荒れたのは、それで田の地霊の力を使い果たしたということであろうか。

二十二　託賀郡㈡

都麻《つま》の里《さと》。都多支《つたき》・比也山《ひややま》・比也野《ひやの》・鈴堀山《すずほりやま》・伊夜丘《いやをか》・阿富山《あふやま》・高瀬《たかせ》・目前《まさき》・和尓布多岐《わにふたき》・阿多加野《あたかの》。土《つち》は下の上なり。都麻《つま》と号《なづ》くる所以《ゆゑ》は、播磨刀売《はりまとめ》と丹波刀売《たにはとめ》と、国を堺《さか》ひし時、播磨刀売《はりまとめ》、此の村に到りて、井の水を汲《く》みて、飡《を》して、「此の水有味《うま》し」といひき。故《かれ》、都麻《つま》と曰《い》ふ。

都太岐《つたき》と云ふは、昔、讃伎日子《さぬきひこ》の神、氷上刀売《ひかみとめ》を誂《つまど》ひき。尓《そ》の時、氷上刀売《ひかみとめ》、答へて「否《いな》」と曰《い》ひしに、日子《ひこ》神、猶強《なほし》ひて誂《つまど》ひき。是に、氷上刀売《ひかみとめ》、怒《いか》りて云ひしく、「何の故《ゆゑ》に吾《あ》を」といひき。即ち、建石命《たけいはのみこと》を雇《やと》ひて、兵《つはもの》を以《も》ちて相闘《たたか》ひき。是に、讃《さぬ》伎日子《きひこ》、負けて還《かへ》り去《い》にて云ひしく、「我《あ》は甚《いた》く怯《つたな》きかも」といひき。故《かれ》、都太岐《つたき》と曰《い》ふ。

比也山《ひややま》と云ふは、品太《ほむだ》の天皇《すめらみこと》、此の山に狩《みかり》したまひしに、一つの鹿、前《みまへ》に立ちて、鳴く声は比々《ひひ》といひき。天皇《すめらみこと》、之《これ》を聞かして、即ち翼人《いめひと》を止《とど》めたまひき。故《かれ》、山は比也山《ひややま》と号《なづ》け、野は比也野《ひやの》と号《なづ》く。

鈴堀山《すずほりやま》は、品太《ほむだ》の天皇《すめらみこと》、巡《めぐ》り行《いでま》しし時、鈴、此の山に落ちて、求むれども得ざりき。乃《すなは》ち、土《つち》を掘りて求めき。故《かれ》、鈴堀山《すずほりやま》と曰《い》ふ。

伊夜丘《いやをか》は、品太《ほむだ》の天皇《すめらみこと》の獦犬《かりいぬ》名は麻奈志漏《まなしろ》、猪《ゐ》と此の岡に走り上《のぼ》りき。天皇《すめらみこと》見そなはして、「射《い》よ」と云《の》りたまひき。故《かれ》、伊夜岡《いやをか》と曰《い》ふ。此の犬、猪《ゐ》と相闘《たたか》ひて死にき。即ち、墓を作りて葬《はふ》りき。故《かれ》、此の岡の西に、犬墓《いぬはか》有り。

阿富山《あふやま》は、朸《あふこ》を以《も》ちて宍《しし》を荷《にな》ひき。故《かれ》、阿富《あふ》と号《なづ》く。

高瀬《たかせ》の村《むら》と云ふは、川の瀬高きに因《よ》りて、名と為《な》す。

目前田《まさきだ》は、天皇《すめらみこと》の獦犬《かりいぬ》、猪《ゐ》のために目を打ち害《さ》かれき。故《かれ》、目割《まさき》と曰《い》ふ。

阿多加野《あたかの》は、品太《ほむだ》の天皇《すめらみこと》、此の野に狩《みかり》したまひしに、一つの猪《ゐ》、矢を負《お》ひて、阿《あ》多《た》岐《き》しき。故《かれ》、阿多賀野《あたかの》と曰《い》ふ。

法太《はふだ》の里《さと》。甕坂《みかさか》・花波山《はななみやま》。土《つち》は下の上なり。法太《はふだ》と号《なづ》くる所以《ゆゑ》は、讃伎日子《さぬきひこ》と建石命《たけいはのみこと》と相闘《たたか》ひし時、讃伎日子《さぬきひこ》、負けて逃げ去《ゆ》くに、手以《も》て匐《は》ひ去《ゆ》きき。故《かれ》、匐田《はふだ》と曰《い》ふ。

甕坂《みかさか》は、讃伎日子《さぬきひこ》、逃げ行く時、建石命《たけいはのみこと》、此の坂に逐《やら》ひて、云ひしく、「今より以《の》後《ち》、更《また》、此の界《さかひ》に入ることを得じ」といひて、即ち、御冠《みかげ》を此の坂に置きき。一家《あるひと》云へらく、昔、丹波《たには》と播磨《はりま》と、国を堺《さか》ひし時、大甕《おほみか》を此の上に掘り埋《うづ》みて、国の境《さかひ》と為《な》しき。故《かれ》、甕坂《みかさか》と曰《い》ふ。

花波山《はななみやま》は、近江《あふみ》の国の花波《はななみ》の神、此の山に在《いま》す。故《かれ》、因《よ》りて名と為《な》す。

〈現代語訳〉

都麻《つま》の里《さと》。都多支《つたき》・比也山《ひややま》・比也野《ひやの》・鈴堀山《すずほりやま》・伊夜丘《いやおか》・阿富山《おうやま》・高瀬《たかせ》・目前《まさき》・和尓布多岐《わにふたき》・阿多加野《あたかの》。土地（の地味）は、下の上である。（この地を）都麻《つま》と名づけたわけは、播磨刀売《はりまとめ》と丹波刀売《たにはとめ》とが国の境界を定めたとき、播磨刀売《はりまとめ》がこの村にやってきて、井戸の水を汲んでこれを飲み、「この水は有味《うま》い」と言った。それで、都麻《つま》という。

都太岐《つたき》という（わけ）は、昔、讃伎日子《さぬきひこ》の神が氷上刀売《ひかみとめ》に結婚を申し込まれたことがあった。そのとき氷上刀売《ひかみとめ》は答えて、「いやです」と言ったところが、日子神《ひこがみ》は、それでもなお強引に求婚した。そこで氷上刀売《ひかみとめ》は、すっかり怒って、「いったいどんな理由があって、私に対して無理に求婚するのか」と言って、ただちに建石命《たけいわのみこと》を雇って、武力をもって（日子《ひこ》神《がみ》と）争い闘った。ここに讃伎日子《さぬきひこ》は、この闘いに敗れて逃げ帰り、「私はひどく怯《つたな》いなあ」と言った。それで（この闘いのあった地を）都太岐《つたき》という。

比也山《ひややま》という（わけ）は、品太《ほむだ》の天皇（応神天皇）がこの山で狩をなさったとき、一頭の鹿が（天皇の）前に立って（鳴いたが）、その鳴き声は比々《ひひ》といった。天皇はこれをお聞きになって、ただちに弓の射手（が射るの）をおとどめになった。それで、山を比也山《ひややま》と名づけ、野を比也野《ひやの》と名づける。

鈴堀山《すずほりやま》（というわけ）は、品太《ほむだ》の天皇（応神天皇）が（この地を）御巡幸になられたとき、鈴がこの山に落ち、探し求めたけれどもみつからなかった。そこで（この山の）土を掘って（鈴を）探し求めた。それで、鈴堀山《すずほりやま》という。

伊夜丘《いやおか》（というわけ）は、品太《ほむだ》の天皇（応神天皇）の猟犬名を麻奈志漏《まなしろ》という。が、猪を追いかけてこの岡に走り登った。天皇はこれをごらんになって、「（あの猪を）射よ」と仰せられた。それで、伊夜岡《いやおか》という。この犬は、猪と闘ったすえに死んでしまった。そこで墓を作って（この犬を）葬った。それで、この岡の西に、犬墓《いぬはか》がある。

阿富山《おうやま》（というわけ）は、朸《おうこ》で（猪や鹿の）肉をかついだ。それで（この山を）阿富《おう》と名づける。

高瀬《たかせ》の村《むら》という（わけ）は、この川の瀬が高いことにちなんで、（村の）名としている。

目前田《まさきだ》（というわけ）は、天皇の猟犬が、猪のために、その目を打ち割《さ》かれてしまった。それで（この地を）目割《まさき》という。

阿多加野《あたかの》（というわけ）は、品太《ほむだ》の天皇（応神天皇）がこの野で狩をなさったところ、一頭の猪が、矢に射あてられて、阿多岐《あたき》（怒りうなり）をした。それで、阿多賀野《あたかの》という。

法太《ほうだ》の里《さと》。甕坂《みかさか》・花波山《はなみやま》。土地（の地味）は、下の上である。（この地を）法太《ほうだ》と名づけたわけは、讃伎日子《さぬきひこ》と建石命《たけいわのみこと》とが闘ったとき、讃伎日子《さぬきひこ》が（闘いに）負けて逃げ去るときに、手で匐《は》いながら逃げて行った。それで（この地を）匐田《ほうだ》という。

甕坂《みかさか》（というわけ）は、讃伎日子《さぬきひこ》が（闘いに敗れて）逃げ去るとき、建石命《たけいわのみこと》が（讃伎日《さぬきひ》子《こ》を）この坂（の地）まで追い払って、「今から以後は、二度とこの境の内に入ることは許さないぞ」と言って、ただちに御冠《みかげ》をこの坂に置いた。また一説には、次のようにも言っている。昔、丹波《たには》（の国）と播磨（の国）との国の境界を決めたとき、大きな甕《みか》をこの（坂の）上に掘り埋ずめて、国の境界とした。それで、甕坂《みかさか》という——と。

花波山《はななみやま》（というわけ）は、近江《おうみ》の国の花波《はななみ》の神が、この山においでになる。それで（この神の名に）ちなんで、山の名としている。

〈補注〉

○**都麻《つま》の里《さと》**—西脇《にしわき》市津万《つま》を遺称地とする。加古川《かこがわ》西岸の地。下文によれば、「水有味《みづうま》し」という言葉に由来するという。○**播磨刀売《はりまとめ》・丹波刀売《たにはとめ》**—刀売は女性に対する敬称。『記』天の岩屋戸の段に伊斯許理度売《いしこりどめ》命の神名、『開化記』に「春日建国勝戸売《かすがのたけくにかつとめ》」の人名が見える。播磨・丹波の土地の代表を女性神とする珍しい例。本節補説参照。○**都太岐《つたき》**—遺称地無く所在地不明。何の名かも不明。下文によれば「怯《つたな》き」を語源とする。○**讃伎日子《さぬきひこ》の神**—讃岐《さぬき》国（香川県）の神であろうが、他に見えない。○**氷上刀売《ひかみとめ》**—当郡の北にある丹波《たには》国氷上郡《ひかみのこほり》（現在の丹波市域）の名を持つ女性。「刀売」は「播磨刀売」「丹波刀売」と同じ。○**建石命《たけいはのみこと》**—神前郡㈠総記の条に出る伊和の大神の子「建石敷命《たけいはしきのみこと》」と同神か。讃岐と丹波の神が当地で争ったために、地元の神である建石命が雇われて戦ったのであろう。○**我《あ》は甚《いた》く怯《つたな》きかも**—

「自分はひどく弱いなあ」の意。「甚」字は底本「其」。『大系』などによって改めているが、そのまま「我は其《そ》れ怯きかも」と読むこともできる（『全書』『新編全集』）。○**比也山**《ひややま》―西脇市比延《ひえ》町の東の山か。下文によれば鹿のヒヒという鳴き声による命名。○**翼人**《いめひと》―揖保郡㈠伊刀島の条に既出。「射目人《いめひと》」と同じで、待ち伏せして矢を射る者の意。天皇のお供の者と見て、オモトビトと訓む説（『新編全集』）もある。○**鈴堀山**《すずほりやま》―西脇市《にしわきし》堀町《ほりちょう》のスソージ山を遺称地とする。鈴は鷹狩の鷹に付けたもの。揖保郡㈥鈴喫岡《すずくひをか》の条では、鷹の鈴が落ちたと明記する。ただし鈴喫岡も鈴堀山も品太《ほむだ》の天皇《すめらみこと》（応神）の事績としているが、『仁徳紀』によれば、鷹狩は応神の子、仁徳天皇によって初めて行われたことになっている。○**伊夜丘**《いやをか》―天皇の「射よ」という言葉による命名。遺称地は無いが、西脇市堀町に犬次神社《いぬつぐじんじゃ》があり、下文に出る猟犬麻奈志漏《まなしろ》を祀る社とし、その東方の山を伊夜丘とする。マナシロは「真白」の意で、白犬だったのであろう。○**阿富山**《あふやま》―西脇市和布《わぶ》町が遺称地か。「朸《あふこ》」で宍（狩の獲物）を運んだからだという。「朸」は揖保郡㈤朸田の条に既出。天秤棒のこと。○**高瀬**《たかせ》**の村**《むら》―加古川沿いのどこかであろうがはっきりしない。餝磨郡㈢少川《をがは》の里にも高瀬の村があり、「高き処《ところ》より流れ落つる水」があることが名の元になっている。○**目前田**《まさきだ》―遺称地無く所在地不明。猟犬が追っていた猪に目を割《さ》かれて死んだことによる。餝磨郡㈠に「麻跡《まさき》の里《さと》」があり、二つの山が、人の目を割き下げたようだ、というのが地名の由来となっている。ただしこの「目を割く」は目に入れ墨を入れること。○**阿多加野**《あたかの》―遺称地無く所在地不明。なお都麻の里のところに列挙された地名の内、「和尓布多岐《わにふたき》」については説明が無い。〇**阿多岐**《あたき》—獣の唸り声のこと。『雄略記』に、雄略天皇が射た矢を受けた猪が「怒りて宇多岐《うたき》依り来つ」とある、ウタキに同じ。〇**法太**《はふだ》**の里**《さと》—高山寺本『和名抄』の郷名に「蔓田　波布太《はふだ》」とある。西脇市西南部から多可町《たか》八千代区《やちよ》にかけての地域で、かつて芳田村《ほうだ》が遺称地としてあった。当郡都麻《つま》の里都太岐《つたき》と同話で、讃伎日子《さぬきひこ》が建石命《たけいはのみこと》に負け、手をついて這って逃げたので匐田《はふだ》というとする。〇**甕坂**《みかさか》—西脇市明楽寺町《みょうらくじ》から南西の加西市《かさい》河内町《こうち》へと越える二ケ坂《にかさか》を遺称地とする。託賀郡と賀毛郡の郡境。建石命《たけいはのみこと》がそこから讃伎日子《さぬきひこ》を追い払い、再び当地に入らないようにしたという。「一家《あるひと》」の言うところでは、丹波国と播磨国の国境を定めた時に、大きな甕《みか》を埋めたのに由来するという。これによれば、託賀郡は丹波国内だったことになるが、国郡制施行以前にあった在地豪族の領域の境界をいうか（『大系』）。〇**御冠**《みかげ》—冠をカゲということ、神前郡㈡蔭山《かげやま》の里の条を参照のこと。ミカゲのミカが坂の名となったという。〇**花波山**《はななみやま》—多可町八千代区中野間《なかのま》の花《はな》の宮《みや》を遺称地とする。花の宮に貴船神社があり、元は花波の神が祀られていたのであろう。〇**近江**《あふみ》**の国の花波**《はななみ》**の神**—系統不詳。次の賀毛郡㈢河内《かふち》の里腹辟沼《はらさきぬま》の条にも出る。そこに妻が近江から追って来たというのによれば、花波の神は男神。

補説　女性神

都麻《つま》里都太岐《つたき》は、氷上刀売《ひかみとめ》という女性神に、讃伎日子《さぬきひこ》という男性神がしつこく求婚したために、怒った氷上刀売が建石命《たけいは》という神を用心棒に雇って、讃伎日子を打ち負かしたという話が地名起源になっている。讃伎日子は明らかに讃岐からの外来神であるから、氷上刀売がこの土地の神なのであろう。したがってこれは、外来勢力と播磨の勢力との争いの話という側面も持っている。

土地の神が女性であるというケースは、当国風土記にしばしば見える。先の当郡㈠賀眉《かみ》里荒田村条の道主日女《みちぬしひめ》もそうであるし、揖保郡㈠香山《かぐやま》里飯盛《いひもり》山の飯盛大刀自《おほとじ》・讃容郡㈠の賛用《さよ》都比売《つひめ》（玉津日女《たまつひめ》）・同速湍《はやせ》里速湍社の広比売命《ひろひめ》・宍禾郡㈡安師《あなし》里の安師比売神・同石作里阿和賀《あわか》山の阿和加比売命《あわかひめ》・同雲箇《うるか》里の許乃波奈佐久夜比売命《このはなさくやひめ》・神前郡㈡的部《いくはべ》里高野社の玉依《たまより》比売《ひめ》・美嚢郡吉川《えがは》里の吉川大刀自神など、いずれもその土地の神として、単独で女神が挙げられている例である。ここの都麻里条で、播磨刀売《はりまとめ》と丹波刀売《たにはとめ》とが国を堺したというのも、播磨・丹波両国の国の神を女性とした伝承である。

これらの女性神は、男性神と結婚していることが多い。道主日女の生んだ子の父は天目一《あめのまひとつ》命、飯盛大刀自は讃伎国宇達《うたり》郡の飯《いひ》神の妾、賛用都比売は「大神妹妋《いもせ》」の片割れ、安師比売は伊和大神の求婚を受けたという。阿和加比売が伊和大神の妹だというのも、夫婦関係を表しているのかもしれない。讃容郡㈡雲濃《うの》里の玉足日子《たまたらしひこ》・玉足比売《たまたらしひめ》は、「大神の子《みこ》」とあるが、両者で大石命《おほいし》という子を生んだとある。人間が兄妹で結婚すれば禁忌に触れるが、神は結婚することは、『記』『紀』のイザナキ・イザナミが兄妹で国生みをすることからも理解されよう。

しかし当国風土記に見える男女の神は、だいたい仲が悪い。冰上刀売と讃伎日子の話はその典型である。安師比売は伊和大神の求婚を拒んで、怒った伊和大神は、安師に水を少ししか流さないようにした。賛用都比売は「妹」の大神と国占めを争って勝利し、「妹」はそこを立ち去ってしまった。揖保郡(四)枚方《ひらかた》里佐比《さひ》岡条は、「交通妨害神」の伝承であるが（揖保郡(四)解説参照）、それは出雲の比古《ひこ》神が先に佐比岡に来て、比売《ひめ》神が後から来るとそこから去ったので、怒った比売神が出雲の人を通らせなかったのである。本節の法太《はふだ》里花波《はななみ》山条は、近江の花波の神が居ると述べるが、その神は妻から逃げて来たらしく、賀毛郡(三)川合《かはひ》里腹辟《はらさき》沼条は、花波神に追いつけなかった妻の神が恨み怒って割腹して沼に沈んだという。讃伎国の飯神の妾である飯盛大刀自が播磨に鎮座しているのも、あるいは逃げてきたのかもしれない。つまり土地の神が女性神であるということは、男性神から独立しているということなのである。

これは、『記』『紀』の神話とは大きく異なる。『記』『紀』では、天照大神が女性神であることを除けば、女性神が主たる位置を占めることは少ない。イザナミは死んで黄泉国に行って大神となるが、その前の国生みの際には、イザナキよりも先に言葉を唱えて失敗したとされるのであった。『記』『紀』の神話は、概ね男性優位と言ってよいだろう。

その相違は、中央と地方の空間的な違い、あるいは社会の時期的な相違に基づくのかもしれない。『記』『紀』や風土記編纂の頃、奈良時代初頭の中央政界では、官僚の地位は男性に占められていて、女性の宮廷での働き場所は後宮に限られていた。しかし古墳時代前期までは女性が首長になる場合も珍しくなかったことは、考古学的に明らかにされている（清家章『卑弥呼と女性首長』など）。例えば賀古郡(二)鴨波里《あはは》が、昔大部造《おほとものみやつこ》らの始祖古理売《こりめ》が耕して多く粟を蒔いた土地だと伝えるのが、古墳時代の女性首長の姿を留めるものだとすれば、地域の神が女性とされることも、そうした地方の社会の古い記憶に基づくとすることも可能ではあろう。

しかし、神話を社会の実態の直截な反映と見るべきではないとする立場もある。地域は、一つのまとまりを持ちながら、より大きな地域に包摂されようともする。そこに働く力関係が、男女の神の諍《いさか》いとして表現されている、といった理解もできると考える。

二十三 賀毛郡㈠

賀毛《かも》の郡《こほり》。

賀毛《かも》と号《なづ》くる所以《ゆゑ》は、品太《ほむだ》の天皇《すめらみこと》の世《みよ》、鴨《かも》の村《むら》に、双《つがひ》の鴨《かも》、栖《す》を作りて卵《かひこ》を生めり。故《かれ》、賀毛《かも》の郡《こほり》と曰《い》ふ。

上鴨《かみかも》の里《さと》。土《つち》は中の上なり。下鴨《しもかも》の里《さと》。土《つち》は中の中なり。右《みぎ》の二つの里《さと》を、鴨《かも》の里《さと》と号《なづ》くる所以《ゆゑ》は、已《すで》に上《かみ》に詳《つまびら》かなり。但《ただ》、後《のち》に分《わか》ちて、二つの里《さと》と為《な》す。故《かれ》、上鴨《かみかも》・下鴨《しもかも》と曰《い》ふ。

品太《ほむだ》の天皇《すめらみこと》、巡《めぐ》り行《いでま》しし時、此の鴨《かも》、飛び発《た》ちて、條布《すふ》の井の樹に居《を》りき。此の時、天皇《すめらみこと》、問ひたまひしく、「何の鳥ぞも」とのりたまひき。阿従《おもとひと》、当麻品遅部君前《たぎまのほむぢべのきみさき》玉《たま》、答へて曰《まを》ししく、「川に住む鴨《かも》なり」とまをしき。勅《みことのり》して射《い》しめたまふ時、一矢《ひとや》を発《はな》ちて、二つの鳥に中《あ》てき。即ち、矢を負ひて、山の岑《みね》より飛び越えし処《ところ》は、鴨坂《かもさか》と号《なづ》け、落ち斃《たふ》れし処《ところ》は、仍《すなは》ち鴨谷《かもたに》と号《なづ》け、羹《あつもの》を煮《に》し処《ところ》は、煮坂《にさか》と号《なづ》く。

下鴨《しもかも》の里《さと》に、碓居谷《うすゐたに》・箕谷《みたに》・酒屋谷《さかやたに》有り。此《こ》は、大汝命《おほなむちのみこと》、碓《うす》を造り、稲舂《つ》きし処《ところ》は、碓居谷《うすゐたに》と号《なづ》け、箕《み》を置きし処《ところ》は、箕谷《みたに》と号《なづ》け、酒屋《さかや》を造りし処《ところ》は、酒屋谷《さかやたに》と号《なづ》く。

條布《すふ》の里《さと》。土《つち》は中の中なり。條布《すふ》と号《なづ》くる所以《ゆゑ》は、此の村に井《ゐ》在《あ》り。一《ひとり》の女《をみな》、水を汲《く》み、即《やが》て吸ひ没《い》れられき。故《かれ》、曰《い》ひて條布《すふ》と号《なづ》く。

鹿咋山《かくひやま》。右《みぎ》、鹿咋《かくひ》と号《なづ》くる所以《ゆゑ》は、品太《ほむだ》の天皇《すめらみこと》、狩《みかり》に行《いでま》し時、白き鹿、己《おの》が舌を咋《く》ひて、此の山に遇《あ》ひき。故《かれ》、鹿咋山《かくひやま》と曰《い》ふ。

品遅部《ほむぢべ》の村《むら》。右《みぎ》、然号《しかなづ》くるは、品太《ほむだ》の天皇《すめらみこと》の世《みよ》、品遅部《ほむぢべ》等が遠祖《とほつおや》、前玉《さきたま》、此の地《ところ》を賜《たま》はりき。故《かれ》、品遅部《ほむぢべ》の村《むら》と号《なづ》く。

三重《みへ》の里《さと》。土《つち》は中の中なり。三重《みへ》と云ふ所以《ゆゑ》は、昔、一《ひとり》の女《をみな》在《あ》りき。鈎《たかむな》を抜きて、布以《も》て裹《つつ》み食《くら》ふに、三重《みへ》に居《を》りて、起立《た》つこと能《あた》はざりき。故《かれ》、三重《みへ》と曰《い》ふ。

〈現代語訳〉

賀毛《かも》の郡《こおり》。

（この地を）賀毛《かも》と名づけたわけは、品太《ほむだ》の天皇（応神天皇）の御代に、鴨《かも》の村《むら》に、一つがいの鴨《かも》が栖《す》を作って卵を生んだ。それで、賀毛《かも》の郡《こおり》という。

上鴨《かみかも》の里《さと》。土地（の地味）は、中の上である。下鴨《しもかも》の里《さと》。土地（の地味）は、中の中である。右に挙げた二つの里《さと》を、鴨《かも》の里《さと》と名づけたわけは、すでに上記の（郡名由来の条に）明らかである。ただ（本来一つの里《さと》であったものを）後の時代になって、分けて二つの里《さと》としたのである。それで、（今は）上鴨《かみかも》・下鴨《しもかも》という。

品太《ほむだ》の天皇（応神天皇）が（この地を）御巡幸になられたとき、この鴨《かも》が飛び立って、条《す》布《ふ》（の里《さと》）の井戸（の傍）の樹にとまっていた。このとき天皇がおたずねになり、「これは何という鳥か」と仰せになった。そのとき、天皇のおそばに仕えていた当麻品遅部君前玉《たぎまのほむじべのきみさきたま》が答えて、「これは川に棲んでいる鴨《かも》です」と申し上げた。そこで天皇が、勅《みことのり》を発して（この鳥を）射させられたところ、一本の矢を放って二羽の鳥に的中された。すなわち、（その鳥が）矢を射立てられたまま山の峰から飛び越えたところは鴨坂《かもさか》と名づけ、（その鳥が力尽きて）落ちて死んだところは鴨谷《かもたに》と名づけ、羹《あつもの》を煮たところは煮坂《にさか》と名づける。

下鴨《しもかも》の里《さと》には、碓居谷《うすいたに》・箕谷《みたに》・酒屋谷《さかやたに》というところがある。これら（の地名の由来について）は、大汝命《おおなむちのみこと》が碓《うす》を造って稲を舂《つ》いたところは碓居谷《うすいたに》と名づけ、箕《み》を置いたところは箕《み》谷《たに》と名づけ、酒屋《さかや》を造ったところは酒屋谷《さかやたに》と名づけている。

条布《すふ》の里《さと》。土地（の地味）は、中の中である。（この地を）条布《すふ》と名づけたわけは、この村に一つの井戸がある。（あるとき）一人の女が（この井戸にやってきて）水を汲んだが、そのまま（この井戸に）吸いこまれて沈んでしまった。それで（この地を）人呼んで条布《すふ》と名づけたのである。

鹿咋山《かくいやま》。右、鹿咋《かくい》と名づけたわけは、品太《ほむだ》の天皇（応神天皇）が（この地に）狩においでになられたとき、一頭の白い鹿が、自分の舌を咋《く》いながらやってきて、この山で（天皇に）出遇った。それで、鹿咋山《かくいやま》という。

品遅部《ほむじべ》の村《むら》。右のように名づけたわけは、品太《ほむだ》の天皇（応神天皇）の御代に、品遅部《ほむじべ》たちの始祖である前玉《さきたま》が、この地を賜わった。それで、品遅部《ほむじべ》の村《むら》と名づけている。

三重《みえ》の里《さと》。土地（の地味）は、中の中である。三重《みえ》というわけは、昔、（この地に）一人の女が住んでいた。（あるとき）竹の子を抜き取って、布で包んでこれを食べたところ、足を三重《みえ》に折り曲げてすわりこんでしまい、立ち上がることができなかった。それで、三重《みえ》というのである。

〈補注〉

○**賀毛《かも》の郡《こほり》**―『和名抄』に「賀茂郡」とある。加古川《かこがわ》中流域の加東《かとう》市・加西《かさい》市・小野《おの》市・西《にし》脇《わき》市南西部、多可《たか》町八千代《やちよ》区南西部。つがいの鳥の鴨が住んで産卵したことによる地名。『旧事紀』「国造本紀」に、志賀高穴穂《しがのたかあなほ》朝（成務天皇）に上毛野《かみつけの》と同じ祖、御穂別命《みほのわけのみこと》の児、市入別命《いちいりわけのみこと》を針間鴨国造《はりまのかものくにのみやつこ》に定め賜うたと伝える。○**上鴨《かみかも》の里《さと》**―『和名抄』の郷名に「上鴨」。加西市北部の和泉《いずみ》町周辺。普光寺《ふこうじ》川上流地域。○**下鴨《しもかも》の里《さと》**―『和名抄』の郷名に見えない。加西市西部の北条《ほうじょう》町周辺。下里《しもさと》川流域地。○**品太《ほむだ》の天皇《すめらみこと》**―応神天皇。当国風土記には頻出。○**條布《すふ》の井の樹**―下の條布《すふ》の里の条参照のこと。「條」字は「修」に改める説もあるが、すべて「條」字なのでそのままにスと訓む。天皇は、水鳥である鴨が樹上にとまるのを不審として尋ねたのである。下の答もそれに応じたもの（『新編全集』）。○**阿従**《おもとひと》―侍従。供奉者。「阿」は人を親しみ呼ぶ際に冠する語。○**当麻品遅部君前玉**《たぎまのほむちべのきみさきたま》―『垂仁記』に、垂仁天皇の皇子、品牟都和気《ほむつわけ》は大人になるまで言葉を話さず、それが出雲大神（大国主）の祟りと分かったので、紀伊から皇子を送り出し、到達した土地ごとに名代《なしろ》として品遅部《ほむちべ》を定めた。また出雲で大神を拝し、言葉を話すようになったので、天皇は鳥取部《ととりべ》などとともに品遅部を定めたという。品遅部君はその管掌者の氏族。前玉は不詳。○**鴨坂**《かもさか》**・鴨谷**《かもたに》**・煮坂**《にさか》―加西市鴨谷《かもだに》町が鴨谷の遺称地で、そこから北条町横尾《よこお》に越える古坂《ふるさか》峠が鴨坂ではないかという。煮坂は所在地不明。射られたつがいの鴨が、逃げ、やがて力尽き、羹《あつもの》にされるまでを地名でたどっている。○**碓居谷**《うすゐたに》**・箕谷**《みたに》**・酒屋谷**《さかやたに》―碓居谷は加西市牛居《うしい》町を遺称地とする。箕谷・酒屋谷は同じく下里川の谷であろうが所在地不詳。こちらは、大汝命《おほなむちのみこと》が、農事や造酒をした跡と伝えている。○**條布の里**《すふのさと》―『和名抄』の郷名には見えない。加西市吸谷《すいだに》町を遺称地とする。女が水辺で死ぬ説話は古代に多い。当郡㈡補説参照。○**鹿咋山**《かくひやま》―下文の「白鹿」は底本「白横」とあるが、「白鹿」に改める。宍禾郡㈠総記の条に、伊和《いわ》の大神《おほかみ》が巡行した時に「大きなる鹿、己《おの》が舌を出《いだ》して、矢田《やた》の村《むら》に遇ひき」とある。また『景行記』では、倭建《やまとたけるの》命《みこと》が、足柄《あしがら》坂の神の化身である白い鹿を、食べ残しの蒜《ひる》の片端をその目に撃ち当てて殺したという。讃容郡㈠補説参照。○**品遅部の村**《ほむちべのむら》―上の上鴨・下鴨の里の条参照。遺称地無く、所在地不詳。○三重《みへ》の里《さと》―高山寺本『和名抄』の郷名に「三重　美倍《みへ》」とある。北条町周辺の下里川流域。○三重《みへ》に居《を》りて―『景行記』で、倭建命が伊吹山《いぶきやま》の神に打ち負かされて倭《やまと》へ向かう際、三重の村に至って「吾が足は三重に勾《まが》れるが如くして、甚《はなは》だ疲れたり」と言ったので、そこを三重と名付けたという。ここも足が折れ曲がって、座ったまま立てなくなったことを言うのであろう。○筍《たかむな》―タケノコ。『日本霊異記』下二十七縁訓注に「笋　タカムナ」とある。

補説　地名起源記事の種類と性格

当国風土記は、「風土記撰進の詔」（和銅官命）が要求する記述のうち、時に「山川原野の名号の所由」「古老相伝ふる旧聞異事」に重点が置かれているように見える。訳注者は、論文「地名起源説話の特質　播磨国風土記を中心として」（『国語と国文学』一九七六年四月号）で、当国風土記には、ざっと二四〇ばかりの地名が挙げられ、そのほとんど全てに地名起源が付されていると述べ、当国風土記を「播磨国地名及地名起源集成」と評している。

この論文で、訳注者は、「地名起源記事」の分類を試みている。例えば、揖保郡(二)上岡里菅生《すがふ》山には、まず「菅《すが》、山の辺《へ》に生《お》へり。故《かれ》、菅生《すがふ》と曰《い》ふ」と記されている。これは、単に植物の存在によって名付けただけで、「説話」を形成しない地名起源記事である。しかし、菅が敷物や笠を作るのに必須だったように、地名起源となる物は現実生活に有用であり、その地名に込められた人間の生活感情は無視できない、と訳注者はいう。また山陽道の賀古駅《かこのうま》家《や》が置かれた賀古郡㈡駅家《うまや》里や、もと勾宮《まがりのみや》天皇（安閑）の御代に皇子代《みこしろ》（皇子の代わりに置かれる屯倉《みやけ》）が置かれたので皇子代里と言ったが、後に上野大夫が三十戸で里を作った時（持統四〈六九〇〉年）に改称した越部《こしべ》里（揖保郡㈡）のような例がある。これらは公の記録に拠ったもので、伝承的背景を持つ「説話」とは言えないが、地方行政制度に関わる地名起源として、官僚である風土記筆録者が書きとめなければならなかった事柄であるという。こうした「説話」を形成しない地名起源記事は、訳注者の分類によれば五八例で、全体の四分の一弱に当る。

一方、上岡里の菅生山条には、品太《ほむだ》天皇（応神）が巡行した時、ここに井戸を開き、その水が清く冷たかったために「吾《あ》が意《こころ》、宗々我々志《すがすがし》」と仰せられたので、宗我富《すがふ》というのだという、もう一つの地名起源が記されている。これはまさに「古老相伝ふる旧聞異事」、伝承された「説話」と呼びうるものであり、その伝承の存在を示すものが地名及びその土地である。そのあり方は、中古以降の「説話」とも根本的に異なる、「古代的発想」に基づいている。菅が生えているから菅生という地名起源の自然さに比べ、天皇の「すがすがし」という言葉からスガフという地名が出来たというのは、いわば出来事と地名との間にズレがある。しかし、むしろそうしたズレこそが、「地名起源説話」を成り立たせるのではないか、と訳注者は説く。特別な存在による当たり前でない出来事だからこそ、地名として記憶される、ということなのであろう。

訳注者は、「地名起源説話」を更に、主体を神とするか、天皇とするか、人とするかに三分類する。神を主体とする「説話」記事は、当国風土記に七〇例見え、地名起源記事の二九%、「説話」記事の三八%を占める。しかしその分布には顕著な偏りがあって、賀古・印南郡には見えず、餝磨・揖保・賀毛・美嚢郡では一〇—二〇%台の低率である。ところが託賀郡では四七%、神前郡では六二%、讃容郡では八三%、宍禾郡では実に九五%が、神を主体とする「説話」で占められるのである。その対照は、中央政府の直接的支配の影響をより強く蒙《こうむ》った、沿岸部や摂津国に隣接する諸郡と、山陽道をはずれ、なお古代的神話世界の伝承を保ち得た、山間部諸郡との間の差異に因ると、訳注者は考えている。神話の超時間性と、時代を超える地名の生命力とは相応ずるのであり、神を主体とする「地名起源説話」は、人々が地名の不変性の拠り所を、神による命名という神話的真実に求めたところに発する。そして神を主体とする「地名起源説話」には、神の言葉よりも、所作や所持品の残存が語られることが多く、物の存在事実が、祀られた神がなおこの地にあることを証す。神を主体とする「説話」は、そうした古い地縁共同体の信仰がそこに生きていたことを示すと訳注者は見る。

次に、天皇を主体とする「地名起源説話」は五七例、地名起源記事の二三%、「説話」の三一%に当る。これも当然、分布に偏りがあって、神を主体とする「説話」の多い讃容・宍禾郡では、両方併せて僅か一例しか天皇を主体とする説話が存しない。それはやはり中央集権化の影響の有無に因るのであり、『出雲国風土記』に天皇巡行説話が一例も見えないことからして、この二郡は出雲神話的世界に覆われていたのだろうと訳注者は推測する。天皇を主体とする「説話」の場合、官人である筆録者には、その土地が天皇によって権威付けられたと意識されるだろうし、在地の人々にとっては、巡行する天皇が、巡行する神と重ねてイメージされたのだろうという。ただしその天皇が品太（応神）に偏る――当賀毛郡(一)に登場する天皇はすべて応神である――のは、風土記撰進当時の氏族たちが、その出自を語る際、神代を別にすれば、景行・応神朝に起源があると主張することが多いのと共通性を持つのではないかとする。

最後の、人を主体とする「地名起源説話」は五四例ほどになるが、その「人」は、名の有無も、土着の豪族や渡来人などの出自も実に多様で、一概には捉え難い。しかし人ならば、神や天皇のような権威性を持たない分、一種の親しみが感じられただろう。またどの時代かを明記することも多く、現実性・具体性が、天皇の場合よりもなお強い。地方中小豪族に与えられた「君」姓の氏族名を持つ者が多いのは、これらが部民《べみん》制社会への移行後に生まれた伝承であることを示すだろう。そうした伝承は、それが生まれた時期や場所では、神話的発想に支えられた地名起源伝承が既に遺物になり始めていたことを示すのではないかと訳注者はいう。

総じて、神↓天皇↓人の順で、神話から伝説・説話へと歴史的事実性を増し、その背景に、神話を支える地縁共同体社会が解体され、中央に隷属する部民制社会へと移行する過程が窺われる、と訳注者はまとめている。その更に先に成立した律令制社会に生きる官人によって書きとめられている以上、当国風土記の内容が、地方社会の生きた姿そのままを伝えているとはいえない。しかし中央政府の風土記編纂の意図から外れるような、かつての古代人民の「郷土」的な生活は把握しうるし、そこにこそ風土記の価値があるという。個別の「説話」それぞれが、右のような歴史段階に位置づけられうるかどうかは別にして、指摘されているような「説話」内容の偏在からして、全体に訳注者の描く図式は現在もなお有効と考えられよう。

二十四　賀毛郡(二)

楢原《ならはら》の里《さと》。土《つち》は中の中なり。楢原《ならはら》と号《なづ》くる所以《ゆゑ》は、柞《なら》、此の村に生《お》へり。故《かれ》、柞原《ならはら》と曰《い》ふ。

伎須美野《きすみの》。右《みぎ》、伎須美野《きすみの》と号《なづ》くるは、品太《ほむだ》の天皇《すめらみこと》の世《みよ》、大伴連《おほとものむらじ》等、此の処《ところ》を請《こ》ひし時、国造《くにのみやつこ》黒田別《くろだのわけ》を喚《め》して、地状《くにがた》を問ひたまひき。尓《そ》の時、対《こた》へて曰《まを》ししく、「縫《ぬ》へる衣《きぬ》を櫃《ひつ》の底に蔵《きす》めるが如《ごと》し」とまをしき。故《かれ》、伎須美野《きすみの》と曰《い》ふ。

飯盛嵩《いひもりだけ》。右《みぎ》、然号《しかなづ》くるは、大汝命《おほなむちのみこと》の御飯《みいひ》を、此の嵩《たけ》に盛りき。故《かれ》、飯盛嵩《いひもりだけ》と曰《い》ふ。

粳岡《ぬかをか》。右《みぎ》、粳岡《ぬかをか》と号《なづ》くる所以《ゆゑ》は、大汝命《おほなむちのみこと》、稲を下鴨《しもかも》の村に舂《つ》かしめたまひしに、粳《ぬか》散りて、此の岡に飛び到りき。故《かれ》、粳岡《ぬかをか》と曰《い》ふ。

玉野《たまの》の村《むら》有り。所以《そのゆゑ》は、意奚《おけ》・袁奚《をけ》二はしらの皇子《みこ》等《たち》、美嚢《みなぎ》の郡《こほり》の志深《しじみ》の里《さと》の高野《たかの》の宮に坐《いま》して、山部小楯《やまべのをだて》を遣《つか》はして、国造《くにのみやつこ》許麻《こま》の女《むすめ》、根日女命《ねひめのみこと》を誂《つまど》ひたまひき。是に、根日女《ねひめ》、已《すで》に命《みこと》に依《よ》り訖《を》へき。尓《そ》の時、二はしらの皇子《みこ》、相辞《あひいな》びて娶《あ》ひたまはざりき。日の間《ほど》に、根日女《ねひめ》老長《としお》いて逝《みまか》りき。時に、皇子等《みこたち》、大《いた》く哀《かな》しみて、即《やが》て小立《をだて》を遣《つかは》して、勅《の》りたまひしく、「朝夕《あしたゆふべ》に、日の隠《かくろ》はぬ処《ところ》に、墓を造りて、其の骨《かばね》を蔵《をさ》め、玉を以《も》ちて墓を餝《かざ》れ」とのりたまひき。故《かれ》、此の墓に縁《よ》りて、玉丘《たまをか》と号《なづ》け、其の村を玉野《たまの》と号《なづ》く。

起勢《こせ》の里《さと》。土《つち》は下の中なり。臭江《くさえ》・黒川《くろかは》。右《みぎ》、起勢《こせ》と号《なづ》くるは、巨勢部《こせべ》等、此の村に居《を》りき。仍《よ》りて里の名と為《な》す。

臭江《くさえ》。右《みぎ》、臭江《くさえ》と号《なづ》くるは、品太《ほむだ》の天皇《すめらみこと》の世《みよ》、播磨《はりま》の国の田《た》の村君《むらぎみ》、百八十《ももやそ》の村《むら》君在《ぎみあ》りて、己《おの》が村別《むらごと》に相闘《たたか》ひし時、天皇《すめらみこと》、勅《みことのり》して、此の村に追ひ聚《あつ》めて、悉皆《ことごと》に斬《き》り死《ころ》したまひき。故《かれ》、臭江《くさえ》と曰《い》ふ。其の血、黒く流れき。故《かれ》、黒川《くろかは》と号《なづ》く。

山田《やまだ》の里《さと》。土《つち》は中の下なり。猪飼野《ゐかひの》。右《みぎ》、山田《やまだ》と号《なづ》くるは、人、山の際《きは》に居《を》り。遂《つひ》に由《よ》りて里《さと》の名と為《な》す。

猪養野《ゐかひの》。右《みぎ》、猪飼《ゐかひ》と号《なづ》くるは、難波《なには》の高津《たかつ》の宮に御宇《あめのしたしら》しめしし天皇《すめらみこと》の世《みよ》、日向《ひむか》の肥人《くまひと》、朝戸君《あさべのきみ》、天照大神《あまてらすおほみかみ》の坐《いま》せる舟《ふね》に、猪《ゐ》を持ち参《ま》ゐ来て、進《たてまつ》りて、飼《か》ふべき所を、求《ま》ぎ申《まを》し仰《あふ》ぎき。仍《よ》りて、此処《ここ》を賜《たま》はりて、猪《ゐ》を放《はな》ち飼《か》ひき。故《かれ》、猪飼野《ゐかひの》と曰《い》ふ。

端鹿《はしか》の里《さと》。土《つち》は下の上なり。右《みぎ》、端鹿《はしか》と号《なづ》くるは、昔、神、諸村《むらむら》に菓子《このみ》を班《わか》ちたまひしに、此の村に至りて足らざりき。故《かれ》、仍《よ》りて、「間《はした》なるかも」とのりたまひき。故《かれ》、端鹿《はしか》と号《なづ》く。今も其の神在《いま》す。此の村、有今《いま》に至るまで、山の木に菓子《このみ》無し。真木《まき》・梔《ひのき》・枌生《すぎお》ふ。

〈現代語訳〉

楢原《ならはら》の里《さと》。土地（の地味）は、中の中である。楢原《ならはら》と名づけたわけは、柞《なら》（の木）がこの村に生えている。それで、柞原《ならはら》という。

伎須美野《きすみの》。右（の地を）伎須美野《きすみの》と名づけた（わけ）は、品太《ほむだ》の天皇（応神天皇）の御代に、大伴連《おおとものむらじ》たちがこの地を請い受けようとしたとき、国造《くにのみやつこ》であった黒田別《くろだのわけ》を召し出して、（この地の）地勢などをおたずねになった。そのとき、（黒田別《くろだのわけ》は）答えて、「（この地は）縫《ぬ》った衣服を櫃《ひつ》の底に蔵《きす》めたようなところです」と申し上げた。それで、伎須美野《きすみの》という。

飯盛嵩《いいもりだけ》。右のように名づけた（わけ）は、大汝命《おおなむちのみこと》の御飯《みいい》を、この山に盛った。それで、飯盛嵩《いいもりだけ》という。

糠岡《ぬかおか》。右を糠岡《ぬかおか》と名づけたわけは、大汝命《おおなむちのみこと》が、稲を下鴨《しもかも》の村でお舂《つ》かせになったところ、その糠《ぬか》が飛び散って、この岡にまで飛んできた。それで、糠岡《ぬかおか》という。

（この里内に）玉野《たまの》の村がある。（そのように名づけた）わけは、意奚《おけ》・袁奚《をけ》の二人の皇子が、美嚢《みなぎ》の郡《こおり》の志深《しじみ》の里《さと》の高野《たかの》の宮においでになられたが、（そのとき）山部小楯《やまべのおだて》を派遣して、国造《くにのみやつこ》であった許麻《こま》の娘・根日女命《ねひめのみこと》に結婚を申し込まれた。ここに根日女《ねひめ》は、すっかりその仰せにしたがい、求婚に応じられた。ところが二人の皇子たちは、おたがいに譲り合って、どちらも結婚することなく、（いたずらに）月日がたってしまい、とうとう根日女《ねひめ》は年老いて、亡くなってしまった。そのとき（二人の）皇子は、（この女の死を）たいそう悲しんで、すぐさま小立《おだて》を派遣して、勅《みことのり》して、「朝から夕方まで（一日中）日かげにならないところに墓を造り、（その女の）遺骸を納め、玉でその墓を飾れ」とお命じになった。それで（この女の）墓があるのにちなんで、（墓を）玉丘《たまおか》と名づけ、その村を玉野《たまの》と名づけているのである。

起勢《こせ》の里《さと》。土地（の地味）は、下の中である。臭江《くさえ》・黒川《くろかわ》。右、起勢《こせ》と名づけた（わけ）は、巨勢部《こせべ》たちがこの村に住みついていた。それによって里《さと》の名としているのである。

臭江《くさえ》。右、臭江《くさえ》と名づけた（わけ）は、品太《ほむだ》の天皇（応神天皇）の御代に、播磨の国の田の村君《むらぎみ》は、百八十《ももやそ》の村君《むらぎみ》があって、それぞれの村ごとに闘いあっていた。そのとき天皇が勅《みことのり》を発して、村君《むらぎみ》・村人たちを追い出してこの村に集め、一人残らず切り殺しておしまいになった。それで（その死骸の臭《くさ》いのによって）、臭江《くさえ》という。また（その死骸から）血が黒く流れ出た。それで、黒川《くろかわ》と名づけた。

山田《やまだ》の里《さと》。土地（の地味）は、中の下である。猪飼野《いかいの》。右、山田《やまだ》と名づけた（わけ）は、村人たちが山ぎわに住みついている。それでついに、そのことによって里《さと》の名としたのである。

猪養野《いかいの》。右（の地を）猪飼《いかい》と名づけた（わけ）は、難波《なにわ》の高津《たかつ》の宮に天下をお治めになられた天皇（仁徳天皇）の御代に、日向《ひむか》の肥人《くまひと》・朝戸君《あさべのきみ》が、天照大神《あまてらすおおみかみ》がお乗りになっている船に猪を持参してやってきて、これを献上して、（今後猪を）飼うのによいところを探し出し、その地を賜わるよう求め申し、勅命を仰いだ。そこでこの地を賜わり、猪を放し飼いにした。それで、猪飼野《いかいの》という。

端鹿《はしか》の里《さと》。土地（の地味）は、下の上である。右、端鹿《はしか》と名づけた（わけ）は、昔、ある神が、あちこちの村々に木の実を分け与えて巡行されていたが、この村までやって来られたとき、（木の実が）足りなくなってしまった。そこですなわち「間《はした》なことよ」と仰せになった。それで、端鹿《はしか》と名づけた。その神は、今も（この地に）鎮座されている。またこの村は、今になってもなお、山の木々には実がならない。真木《まき》・柂《ひのき》・枌《すぎ》が生えている。

〈補注〉

○楢原《ならはら》の里《さと》―『和名抄』の郷名に見えない。加西《かさい》市南東部から小野市内に至る万願寺《まんがんじ》川の流域地。○柞《なら》―「柞」字はハハソと訓むことが多く、狭義ではイスノキを表すが、広くナラ・クヌギの類をも表す。ここではナラに宛てたと見る。○大伴　連《おほとものむらじ》―『姓氏録』に「道臣《みちのおみのみこと》命十世の孫、佐弖彦《さでひこ》の後也」という。○伎須美野《きすみの》―小野市来住《きし》町・下来住《しもきし》町を遺称地とする。

来住町・下来住町付近は、東大寺旧領の大部《おほとも》庄の跡で、現在も付近に大部の地名が散在する。賀古郡㈡鴨波《あはは》の里の条に、大部　造《おほとものみやつこ》らの始祖古理売《こりめ》がそこを耕作して粟を蒔いたという記事がある。○**国　造《くにのみやつこ》　黒田別《くろだのわけ》**―『旧事紀』「国造本紀」には、「針間鴨　国　造《はりまのかものくにのみやつこ》」として「志賀高穴穂御世《しがのたかあなほのみよ》（成務）、上毛野《かみつけの》同祖御穂別　命《みほのわけのみこと》の児、市入別　命《いちいりわけのみこと》を国造に定め賜ふ」とある。○**縫《ぬ》へる衣《きぬ》を櫃《ひつ》の底に蔵《きす》めるが如《ごと》し**―「蔵」は隠匿する意で、動詞キスムを表す。『万葉集』巻三・四一二に「頭頂《いなだき》に伎須売流《きすめる》玉は二つ無し」云々とある。○**飯盛嵩《いひもりだけ》**―加西《かさい》市豊倉《とよくら》町にある飯盛山《いいもりやま》を遺称地とする。当郡は大　汝　命《おほなむちのみこと》を主体とする神話が多い。本条並びに次条は、当郡㈠下鴨の里の碓居《うすゐ》谷《たに》・箕《み》谷《たに》・酒屋《さかや》谷《たに》と同じく、大汝命の農作業の跡とする。神前郡㈠補説参照。○**糠岡《ぬかをか》**―加西市網引《あびき》町の糠塚山《ぬかつかやま》を遺称地とする。万願寺川の下流に臨む。神前郡㈡多駝《ただ》の里の条にも同じ地名があった。○**玉野《たまの》の村《むら》**―加西市玉野《たまの》町を遺称地とする。下文に名の由来が示される。○**意奚《おけ》・袁奚《をけ》**―仁賢天皇・顕宗天皇の兄弟。『記』『紀』によれば、父の市辺押磐皇子《いちのへのおしはのみこ》を雄略天皇に殺されて逃亡し、播磨の国人（『記』では志自牟《しじむ》『紀』では縮見屯倉首《しじみのみやけのおびと》、忍海部　造　細目《おしぬみべのみやつこほそめ》）に仕えて暮らしていたという。美嚢郡補説参照。○**志深《しじみ》の里《さと》の高野《たかの》の宮**―下の美嚢《みなぎ》郡志深《しじみ》の里の条に高野の宮の記述がある。○**山部小楯《やまべのをだて》**―美嚢郡志深の里の条には、針間《はりま》の国の山門《やまと》の領に遣わされた山部連小楯《やまべのむらじをだて》とあり、意奚《おけ》・袁奚《をけ》の二皇子が居たことを大和に報告したとされている。下には「小立」とも見える。○**国　造《くにのみやつこ》　許《こ》麻《ま》の女《むすめ》**、**根日女命《ねひめのみこと》**―国造は、上の伎須美野《きすみの》条に出た黒田別《くろだのわけ》と同じ播磨鴨　国　造《はりまのかものくにのみやつこ》。許麻、根日女は他に見えない。本節補説参照。○**玉丘《たまをか》**―加西市玉丘《たまおか》町の玉丘古墳。全長約一〇九メートルの前方後円墳で、五世紀前半の築造とされる。○**起勢《こせ》の里《さと》**—『和名抄』の郷名に見えない。加東《かとう》市東古瀬《ひがしごせ》・中古瀬《なかごせ》・西古瀬《にしこせ》付近。○**巨勢部《こせべ》**—巨勢《こせ》氏の部民。巨勢氏は大和盆地南西部、現在の御所《ごせ》市を根拠地にした豪族。○**臭江《くさえ》**—小野市黒川《くろかわ》町付近と考えられるが不詳。血の匂いが臭いというのは、『仲哀記』に、角鹿《つぬが》（敦賀）の伊奢沙和気大神《いざさわけのおほかみ》と太子（後の応神天皇）とが名を換えた時、浦一面の鼻を傷つけたイルカが御食《みけ》として太子に奉られ、そのイルカの血が臭かったので血浦《ちぬら》と言った、その訛ったのが角鹿であるという話がある。○**田《た》の村君《むらぎみ》**—村の長。○**黒川《くろかは》**—小野市黒川町を遺称地とする。東の浄土寺山《じょうどじやま》の南から西流して加古川に注ぐ黒川という川が近世まであったという（『大系』）。○**山田《やまだ》の里《さと》**—『和名抄』の郷名に見えない。小野市山田町を遺称地とする。○**猪養野《ゐかひの》**—小野市大開《だいかい》町の草加野かという（『大系』）。○**難波《なには》の高津《たかつ》の宮に　御　宇《あめのしたしら》しめしし天　皇《すめらみこと》**—仁徳天皇。○**日向《ひむか》の肥人《くまひと》**—クマヒトは九州南部の土着民で、コマヒトとも。『万葉集』巻十一・二四九六「肥人《こまひと》の額髪結《ぬかがみゆ》へる染木綿《しめゆふ》の」云々とあり、風俗が他と違っていたらしい。肥《ひ》（火）の国（熊本県）の球磨《くま》地方が本拠だったために、ここでは「日向《ひむか》（宮崎県）の肥人」と述べている。○**朝戸君《あさべのきみ》**—肥後《ひご》国益城《ましき》郡麻部《あさべ》郷（『和名抄』）の豪族か。『姓氏録』未定雑姓に「朝戸《あさべ》は百済《くだら》国人胸広使主《むなひろのおみ》朝戸《あさべ》の後《すゑ》」とあり、これによれば百済からの帰化人の子孫である。○**天照大神《あまてらすおほみかみ》の坐《いま》せる舟《ふね》**—天照大神を祀った船か（『大系』）。日向は、天孫の降臨した土地。○**端鹿《はしか》の里《さと》**—加東市掎鹿谷《はしかだに》を遺称地とする。○**菓子《このみ》**—くだもののこと。真木・柂《ひのき》・杉《すぎ》など材木の産地で、果実の生る木が乏しかったのを地名に結び付けている。○間《はした》なるかも―ハシタは中途半端の意で、足りないことをも表す。『名義抄』に「乏　ハシタナリ」。○今《いま》も其の神在す―底本、この部分四字が本条冒頭の「端鹿の里　土は下の上なり」に続けて記されているが、不自然なので、現在の位置に改める。

補説　根日女の話

楢原里玉野条では、国造の女《むすめ》、根日女をめぐる説話が、地名起源譚として伝えられている。意《お》奚《け》命・袁《を》奚《け》命の皇子兄弟（仁賢・顕宗天皇。この兄弟についての詳細は、美嚢《みなぎ》郡補説参照）が、美嚢郡の高野宮に居た時、山部小楯《やまべのをだて》（兄弟の発見に功績のあったとされる者）を遣わして、根日女を妃に迎えることを伝え、根日女もそれに従うと返答した。ところが、この兄弟の皇子は、互いに譲り合って、どちらも根日女と結婚しようとしない。そのうちに年月が経ち、根日女は年老いて死んでしまった。兄弟は大いに悲しんで、また小楯を遣わして、根日女の骨を集めて墓を作り、そこを玉で飾るように命じた。その墓を玉丘といい、その村を玉野村という。

これが史実ではありえないのは勿論である。皇子たちも山部小楯すらも年老いた気配が無いのに、根日女だけが老衰している。これには『雄略記』に類話がある。雄略天皇が、美和《みわ》河のほとりで洗濯する美しい少女、赤猪《あかゐ》子《こ》を見初め、間もなく宮に召すので結婚しないで待っていよと命ずる。そのまま八十年が経ち、年老いた赤猪子は、「今はもうお召にあずかる美しさも無いが、待っていたこの気持を表さないでは耐えられない」と思い、宮中に赴いて、嫁入りの際の贈り物を献上した。すっかり忘れていた雄略は、「お前はどこの婆さんだ」などと尋ねる。赤猪子がわけを話すと、雄略は驚いて、「あなたが志を守り、人生の盛りを無駄に過ごしたのは、まことにいとしく不憫である」と述べ、結婚できないことを惜しんで、歌を二首賜った。赤猪子は、涙で晴れ着の袖を濡らしながら、天皇に答えて二首の歌を詠い、多くの禄をもらって帰ったという。この話でも天皇の側は、年を取っていない。そして、赤猪子の詠う歌の第二首、

日下《くさか》江《え》の　入り江の蓮《はちす》　花蓮《はなばちす》　身の盛り人《びと》　羨《とも》しきろかも
（日下江の入り江に咲く蓮、花の蓮。そのように身の盛りである人が羨ましい）

の「花蓮」は、雄略の皇后、若日下《わかくさか》部《べ》王を譬喩《ひゆ》したものであり、皇后もまたその名の通り若々しいままなのである。神に身を捧げる女性「神の嫁」を語る話型があり、それが多く水と関係することも知られている（折口信夫「水の女」『古代研究』一　民俗学篇）。当郡㈠條《す》布《ふ》里で、井に吸《す》い入れられたと伝えられる女も、そうした「神の嫁」の一人であろう。根日女や赤猪子の話は、その話型のバリエーションの一つと見ることができる。

そして根日女の話には、もう一つの話型が絡んでいる。意奚・袁奚の兄弟が、根日女との結婚を譲り合うというのは、明らかに、『記』『紀』に伝えられる、天皇即位の譲り合いをここに持ち込んだものである。身分を隠して播磨に潜伏していた兄弟が、名乗りを挙げる時に譲り合いがあり、それが皇位の譲り合いに繋がって、弟の袁奚が先に即位することになったのである。

これの類話は、『記』『紀』の、オホサザキ（仁徳天皇）とウヂノワキイラツコの皇位の譲り合いに見える。『応神記』によれば、父応神天皇は、末子の宇遅能和紀郎子《うぢのわきいらつこ》に皇位を継がせることを望み、大雀《おほさざき》命はそれに従ったが、長兄大山守《おほやまもり》命は、応神の崩御後、自分が即位しようと反逆した。計略で大山守を水死させ、身を守った宇遅能和紀郎子だったが、自らの即位をよしとせず、大雀との間で譲り合いになった。海人《あま》が大贄《おほにへ》（天皇への献上物）を奉ろうとして、二人の間を往復するうちに疲れ果てて泣いたという（「海人なれや、己《おの》が物から泣く」（海人でもないのに、自分の物のために泣く）という諺の元となったとある）。『記』では郎子が早世（『紀』では郎子が自殺）して、大雀が即位することで、ようやく空位は解消する。

皇位をめぐる争いは、『記』『紀』の大きな主題であり、律令制下でもずっと潜在し続ける。その中で、皇位の譲り合いという稀有な事柄が物語化されたのであろう。根日女の譲り合いにも、その話型が投影しているのである。

このような話が、どのように形成されたかは明らかでない。玉野村に伝わる地名起源譚とされる以上、述作者の創作とも思われないが、無論、玉野村内部でのみ作られた話でもない。中央と地方とが関わり合う中で生まれたとしておく以外にないだろう。

二十五　賀毛郡㈢

穂積《ほづみ》の里《さと》。本《もと》の名は塩野《しほの》なり。小目野《をめの》。土《つち》は下の上なり。塩野《しほの》と号《なづ》くる所以《ゆゑ》は、鹹水《しほみづ》、此の村に出づ。故《かれ》、塩野《しほの》と曰《い》ふ。今、穂積《ほづみ》と号《なづ》くるは、穂積臣等《ほづみのおみら》の族《やから》、此の村に居《を》り。故《かれ》、穂積《ほづみ》と号《なづ》く。

小目野《をめの》。右《みぎ》、小目野《をめの》と号《なづ》くるは、品太《ほむだ》の天皇《すめらみこと》、巡《めぐ》り行《いでま》しし時、此の野に宿りたまひき。仍《すなは》ち、四方《よも》を望《のぞ》み覧《み》て、勅《の》りたまひしく、「彼《そ》の観《み》ゆるは、海か、河か」とのりたまひき。従臣《おもとびと》、対《こた》へて曰《まを》ししく、「此《こ》は霧なり」とまをしき。尓《そ》の時、宣《の》りたまひしく、「大き体《かたち》は見ゆれども、小目無《をめな》きかも」とのりたまひき。故《かれ》、曰《い》ひて小目野《をめの》と号《なづ》く。又、此の野に因《よ》りて、詠《よ》める歌、

愛《うつく》しき　小目《をめ》の小竹葉《ささは》に　霰《あられ》ふり　霜《しも》ふるとも　な枯れそね　小目《をめ》の小竹葉《ささは》

是に、従臣《おもとびと》、井を開《ひら》きき。故《かれ》、佐々《ささ》の御井《みゐ》と云ふ。

雲潤《うるみ》の里《さと》。土《つち》は中の中なり。右《みぎ》、雲潤《うるみ》と号《なづ》くるは、丹津日古《につひこ》の神、「法太《はふだ》の川底《かはじり》を、雲潤《うるみ》の方《かた》に越さむと欲《おも》ふ」と尓《しか》云ひし時、彼《そ》の村に在《いま》せる太水《おほみづ》の神、辞《いな》びて云《の》りたま

ひしく、「吾《あ》は宍《しし》の血を以《も》ちて佃《たつく》る。故《かれ》、河の水を欲《ほ》りせず」とのりたまひき。尓《そ》の時、丹津日子《につひこ》、云ひしく、「此の神は、河を掘る事を倦《う》みて、尓《しか》云へるのみ」といひき。故《かれ》、雲弥《うみ》と号《なづ》く。今の人、雲潤《うるみ》と号《なづ》く。

河内《かふち》の里《さと》。土《つち》は中の中なり。右《みぎ》は、川に由《よ》りて名と為《な》す。此の里《さと》の田は、草を敷《し》かずして苗子《なへ》を下《おろ》す。然《しか》る所以《ゆゑ》は、住吉《すみのえ》の大神、上《のぼ》り坐《ま》しし時、此の村に食《を》したまひき。尓《ここ》に、従神等《みとものかみたち》、人の苅《か》り置ける草を解《と》き散《あら》けて、坐《みまし》と為《な》しき。尓《そ》の時、草の主《ぬし》、大《いた》く患《うれ》へて、大神に訴《うた》へければ、判《ことわ》りて云《の》りたまひしく、「汝《いまし》が田の苗《なへ》は、必ず、草を敷《し》かずとも、草を敷《し》けるが如《ごと》く生《お》ひなむ」とのりたまひき。故《かれ》、其の村の田は、今に草を敷《し》かずして、苗代《なはしろ》を作る。

川合《かはひ》の里《さと》。土《つち》は中の上なり。腹辟沼《はらさきぬま》。右《みぎ》、川合《かはひ》と号《なづ》くるは、端鹿《はしか》の川底《かはじり》と、鴨川《かもがは》と、此の村に会《あ》へり。故《かれ》、川合《かはひ》の里《さと》と号《なづ》く。

腹辟沼《はらさきぬま》。右《みぎ》、腹辟《はらさき》と号《なづ》くるは、花浪《はななみ》の神の妻《め》、淡海《あふみ》の神、己《おの》が夫《せ》を追はむと為《し》て、此処《ここ》に到り、遂《つひ》に怨《うら》み瞋《いか》りて、妾《みづから》、刀を以《も》ちて腹を辟《さ》き、此の沼に没《い》りき。故《かれ》、腹辟《はらさき》沼《ぬま》と号《なづ》く。其の沼の鮒等《ふなども》、今に五蔵《はらわた》无し。

〈現代語訳〉

穂積《ほづみ》の里《さと》。（この里《さと》の）本《もと》（旧）の名は、塩野《しおの》という。小目野《おめの》。土地（の地味）は、下の上である。（この地を）塩野《しおの》と名づけたわけは、塩水がこの村に湧き出る。それで、塩野《しおの》という。今穂積《ほづみ》と名づけた（わけ）は、穂積臣《ほづみのおみ》たちの一族がこの村に住みついている。それで、穂積《ほづみ》と名づける。

小目野《おめの》。右、小目野《おめの》と名づけた（わけは）、品太《ほむだ》の天皇（応神天皇）が（この地を）御巡幸になられたとき、この野にお宿りになられたことがあった。そのとき四方をはるかに眺めやって、勅《みことのり》して「あそこに見えるのは海か、河か」とおたずねになった。そのとき（天皇の）おそばに仕えている者が答えて、「これは霧です」と申し上げた。そこでまた勅《みことのり》して、「大きな地形は見えるけれども、小目《おめ》はきかないことよ」と仰せられた。それで（この地を）いって、小目野《おめの》と名づけている。また、この野にちなんで歌をお詠みになった。

愛《うつく》しき　小目《おめ》の小竹葉《ささは》に　霰《あられ》ふり　霜《しも》ふるとも　な枯れそね　小目の小竹葉《ささは》

（かわいらしい小目野《おめの》の笹葉《ささは》に霰《あられ》や霜《しも》が降っても枯れるなよ、小目《おめ》の笹葉《ささは》よ）

ここに天皇のおそばに仕えていた人たちが、（この野に）井戸を掘り開いた。それで、佐々《ささ》の御井《みい》という。

雲潤《うるみ》の里《さと》。土地（の地味）は、中の中である。右、雲潤《うるみ》と名づけた（わけ）は、丹津日子《につひこ》の神が、「法太《ほうだ》（の里《さと》を流れる川）の下流を、雲潤《うるみ》（の里《さと》）の方に（山越しに）越えさせたいと思う」とそう言ったとき、その（雲潤《うるみ》の）村に鎮座しておられた太水《おおみず》の神が、この申し入れを辞退して仰せられるには、「私は獣の血をもって田を耕作している。だから、河の水は欲しくありません」とおっしゃった。そのとき丹津日子《につひこ》は、「この神は、（山越しに）河を掘ることに倦《う》んでそんなことを言っているだけだ」と言った。それで、雲弥《うみ》と名づけた。今の人たちは、雲潤《うるみ》と名づけている。

河内《こうち》の里《さと》。土地（の地味）は、中の中である。右（の地）は、川（のあること）にちなんで（里《さと》の）名としている。

この里《さと》にある田は、草を敷くことなしに、稲の種を蒔《ま》く。そうするわけは、（昔）住吉《すみのえ》の大神が（西方から）上って来られたとき、この村でお食事をなさった。そのときお供をされていた神々が、（この村の）人が苅って置いておいた草を解き散らかして、おすわりになる敷物となさった。そこで（その）草の持ち主は、たいそう心配して、大神に訴えたところ、（大神が）道理をもって裁決して「おまえの田の苗は、（今後は）草を敷かなくとも、草を敷いたのと同じように、（稲は）必ず生え育つであろう」と仰せられた。それで、その村の田は、今なお草を敷くことなく苗代を作っているのである。

川合《かわい》の里《さと》。土地（の地味）は、中の上である。腹辟沼《はらさきぬま》。右、川合《かわい》と名づけた（わけ）は、端鹿《はしか》（の里《さと》を流れる川の）下流と鴨《かも》川とが、この村において合流している。それで、川合《かわい》の里《さと》と名づけている。

腹辟沼《はらさきぬま》。右、腹辟《はらさき》と名づけた（わけ）は、花浪《はななみ》の神の妻であった淡海《おうみ》の神が、その夫（の神）のあとを追ってここまで来たが、（追いつくことができず）、ついに夫のことを怨《うら》み怒って、みずから刀をとってその腹を辟《さ》き、この沼に身を投げて沈んでしまった。それで、腹辟《はらさき》沼《ぬま》と名づけている。その沼の鮒《ふな》は、（それ以来）今になっても五臓《はらわた》がない。

〈補注〉

○**穂積《ほづみ》の里《さと》**―『和名抄』の郷名に「穂積」。加東《かとう》市穂積《ほづみ》が遺称地。○**塩野《しほの》**―塩水が出たことによる旧名。揖保郡㈢林田《はやしだ》の里塩阜《しほをか》の条、讃容郡㈡塩沼《しほぬま》の村の条などと同様。付近の加古川《かこがわ》東岸には塩分を含む鉱泉が随所に湧く（『大系』）。「塩野《しほの》と号《なづ》くる所以《ゆゑ》は」の部分、底本は「号」字を欠くが、諸注に従って補う。○**穂積臣《ほづみのおみ》**―『姓氏録』に「伊香賀色雄《いかがしこを》の男、大水口《おほみなくち》の宿祢《すくね》の後《すゑ》なり」とある。物部氏の同族で、大和を本拠とする。○**小目野《をめの》**―加東市野村《のむら》の小《お》部野《べの》が遺称地。○**品太《ほむだ》の天皇《すめらみこと》**―応神天皇。天皇による国見儀礼は、賀古郡㈠冒頭部にも見える。○**小目《をめ》**―細かいところが見えること（『新考』）。○**愛《うつ》くしき小目《をめ》の小竹葉《ささは》に霰《あられ》ふり霜《しも》ふるともな枯れそね小目《をめ》の小竹葉《ささは》**―ウツクシは小さくて可愛いということ。ここの「小目」は当地の地名。ナ…ソ（ネ）は、丁寧な禁止の語法。譬喩歌的な発想を含んでいて、「小竹葉」に可愛い女性、「枯れ」に「離《か》れ」を連想させているものと思われる。誰の歌かは明記されていないが、応神天皇による「歌詠」と見るのが自然。○**佐々《ささ》の御井《みゐ》**―遺称地無く所在地不明。歌の「小竹葉《ささは》」に因んでつけられた名。なお「是に、従臣《おもとびと》…御井《みゐ》と云ふ」に当る十二字は、底本では「又、此の野に因《よ》りて、詠《よ》める歌」の前にあるが、諸注に従って歌の後に移す。○**雲潤《うるみ》の里《さと》**―『和名抄』の郷名に見えない。加西《かさい》市和泉《いずみ》町から加東市上滝野《たきの》・下滝野北部にかけての地域か。「雲潤」をウズニと訓む説もある（敷田『標注』・『新考』）。○**丹津《につ》日子《ひこ》の神**―系統不明。「丹《に》」すなわち鉱物性塗料の原料に関わる神か。○**法太《はふだ》の川底《かはじり》**―託賀郡(二)の法太の里を流れる野間川の下流のこと。○**太水《おほみづ》の神**―雲潤《うるみ》の里に鎮座する水神。系統不明。○**吾《あ》は宍《しし》の血《ち》を以《も》ちて佃《たつく》る**―讃容郡(一)総記の条に、玉津日女命《たまつひめのみこと》が鹿の血に稲種を蒔いて一夜にして苗を生長させた神話が載る。讃容郡(一)補説参照。○**河を堀る事に倦《う》みて**―ウムはうんざりする、厭になる意。『万葉集』巻十二・二九九〇に「績《うむ》時無しに恋ひ渡るかも」。太水の神が山を切り開いて水を流すことを面倒がっているだけだと、丹津日子の神は非難しているのである。○**河内《かふち》の里《さと》**―『和名抄』の郷名に「川内」とある。加西市河内《こうち》町が遺称地。普光寺川《ふこうじがわ》上流域。○**草を敷かずして苗子《なへ》を下《おろ》す**―苗代《なわしろ》に稲種を蒔《ま》く時、草を敷いて肥料とすることをしない意。神が草を座としたことは、宍禾郡(一)柏野の里敷草の村の条にも見える。「苗子」はイナダネと訓む説もある（『大系』『新編全集』など）。○**住吉《すみのえ》の大神、上《のぼ》り坐《ま》しし時**―『記』は、黄泉国《よみのくに》から戻った伊耶那岐大神《いざなきのおほかみ》が日向《ひむか》の阿波岐原《あはきはら》で禊《みそぎ》をした時に生まれた底箇之男《そこつつのを》・中箇之男《なかつつのを》・上箇之男《うはつつのを》が、墨江《すみのえ》の三前《みまへ》の大神《おほかみ》だという。ここでも西方から上って摂津の住吉に鎮座する途中の出来事とするのであろう。『住吉大社神代記』には、賀茂《かも》郡椅《はし》鹿《か》山に住吉大社の神領地田畠のあることが見える。○**川合《かはひ》の里《さと》**―『和名抄』の郷名に「川合」とある。小野市河合中町《かわいなか》を遺称地とする。「端鹿《はしか》の川底《かはじり》」すなわち端鹿の里を流れる東《とう》条《じょう》川と、「鴨川《かもがは》」すなわち鴨の里を流れる万願寺《まんがんじ》川（七郷川）とが、加古川《かこがわ》に合流する場所。○**腹辟沼《はらさきぬま》**―遺称地無く、所在地不明。下文によれば、淡海《あふみ》の神が腹を割いて自殺したことによる命名。○**花浪《はななみ》の神の妻《め》、淡海《あふみ》の神**―「花浪の神」は、託賀郡㈡花波山《はななみやま》の条に既出で、近江の神とされている。ここの「淡海の神」は花浪の神の妻で、近江から追いかけて来て、ここで憤激のあまり、割腹して沼に沈んだと述べる。花浪の神は託賀郡に去って追いつけなかったのであろう。類話が揖保郡㈣枚方《ひらかた》の里佐比《さひ》岡の条に見える。○**其の沼の鮒等《ふなども》、今に五蔵《はらわた》无し**―神の宿る沼を神秘化するための叙述で、揖保郡㈠栗栖の里の条の、そこの栗には渋皮が無いというのと同趣であろう（『大系』）。

補説　『延喜式』と『風土記』

当国風土記の内容は、「『風土記』撰進の詔」（和銅官命）が要求する記述のうち、「山川原野の名号の所由」「古老相伝ふる旧聞異事」に傾いているのは確かであるが（当郡㈠補説参照）、「其《そ》の郡内に生ずるところの銀銅彩色、草木禽獣、魚虫等の物、具《つぶ》さに色目を録《しる》」せという命令についても、おろそかにしているわけではない。賀毛郡で言えば、㈡の端鹿《はしか》の里の記述の最後に、小字割注で「真木《まき》・桧《ひのき》・枌生《すぎお》ふ」とあるのがそれに当る。そうした記述の中には、「狼《おほかみ》・羆《くま》住めり」（宍禾郡㈠柏野里敷草村・同㈡安師里）など、その動物そのものが有用とは言えない事項も含まれているが、それは「此の沢に菅生ふ。笠に作るに最も好し。椢・枌・栗・黄連《かくまぐさ》・黒葛《つづらども》等生ひ、鉄《まがね》を生《いだ》す」（敷草村）「椢・枌・黒葛等生ふ」（安師里）といった記述の後に記されているのであって、そうした有用な植物や金属を採取する際に危険となる動物を併せて記したものと考えられる。したがって当国風土記には、建材や生活用具の材料、薬の原料、金属など、生活にとって有用な事物が選ばれて登録されていると見てよい。そして中央政府がその報告を求めたのは、地方からそうした事物を貢納させることが目的だったに相違ない。

さて、中央政府にとって、何が必要であったかを知るための基本史料が、『延喜式《えんぎしき》』である。『延喜式』は、律令の施行細則を集成したもので、延喜五（九〇五）年に編纂が命じられ、延長五（九二七）年に完成した。五十巻から成り、神祇官関係の式十巻、太政官八省関係の式三十巻、それ以外の諸司の式九巻、雑式一巻という、律令官制に従って配列されており、八省関係では、中務省《なかつかさ》・民部省・宮内《くない》省関係の式が目立つ。その中で、官の運営に必要な物品、あるいは諸国から貢納すべき物品の種類や量が細かく記されているのである。

古市晃「播磨の物産と税制」『風土記からみる古代の播磨』に従って、『延喜式』で播磨国が貢納するとされる物品（一般的な穀類・布帛類を除く）を概観すると、以下の通りである。「年料別貢雑物」としては、筆・墨・紙麻・掃墨・馬革・柏、また蘇（チーズ）。「交易雑物」（交易して入手する物品）としては、白絹・絹・大豆・胡麻子・油・鹿革・樽・小豆・種々の海藻（以上「民部式下」）。調としては陶器類・赤土、庸としては韓櫃《からひつ》、中男作物（十七〜二十歳の男子の負担する税）としては、紙・薄紙・簀《す》・黒葛・胡麻油・雑腊《きたひ》（干肉）・煮塩年魚《あゆ》・鮨年魚《すしあゆ》（以上「主計式上」）。また内裏に進納される諸国例貢御贄として椎子《しひのみ》・搗栗子《つきぐり》が見え（「宮内式」）、侍従に支給される干槲《ひかしは》（干した柏の葉。食事を盛り付ける）も播磨国が収めた（「大膳式下」）。また「典薬式」には、動植物あるいは鉱物由来の五二種の薬が播磨から貢納されるとある。

以上の中に、当国風土記に記されるものが多いのは、むしろ当然といえよう。柏（槲。揖保郡㈡上岡里殿岡など）・黒葛（宍禾郡㈠柏野里敷草村・同㈡安師《あなし》里など）・年魚（餝磨郡㈣漢部《あやべ》里手沼《てぬ》川）・椎（揖保郡㈦揖保里神山）・栗（揖保郡㈠栗栖里など）が見える。そして、例えば讃容郡㈠邑宝《おほ》里室原山《むろふやま》条に人参《かのにけくさ》・独活《つちたら》・監漆《やまあさ》・升麻《とりのあしぐさ》・白朮《をけら》・石灰《いしはひ》などと列記される薬の原料のうち、人参と石灰以外は「典薬式」に見え（先の敷草村の黄連も同様）、揖保郡㈦桑原里琴坂条に「此処《ここ》に銅牙石《どうげじゃく》有り」と特記されるのも、「典薬式」の指定する薬の一つである。

訳注者は、諸国の『風土記』が、『延喜式』編纂の参考にされたのではないかと考えている（「風土記と延喜式」『古事記年報』一六）。『風土記』は、実は延長三（九二五）年の太政官符で再提出が求められている。中央では失われてしまったらしい諸国の『風土記』が、地方官衙に残存していれば提出し、無ければ部内を探求し、古老に問い尋ね、早速に言上せよという命令である。そのように急がせたのは、『延喜式』が、編纂を始めて二十年が経過して、なお完成していないのを加速させるためではなかったか、というのが、訳注者の推測である。『延喜式』は、「『風土記』撰進の詔」(和銅官命)が出されてから二百年近く後の事業で、『風土記』のような古い情報が役に立つかという疑問も出されるであろうが、『延喜式』は、現行法の整備というより、古くからのしきたりを網羅する「律令社会の文化遺産」的性格のものであって、古い情報もまた求められていたとするのである。傾聴されてよい意見であろう。

二十六　美嚢郡

美嚢《みなぎ》の郡《こほり》。

美嚢《みなぎ》と号《なづ》くる所以《ゆゑ》は、昔、大兄《おほえ》の伊射報和気命《いざほわけのみこと》、国を堺《さか》ひたまひし時、志深《しじみ》の里《さと》の許曽《こそ》の社《もり》に到りて、勅《の》りたまひしく、「此の土《くに》は、水流《みなが》れ甚美《いとうるは》しきかも」とのりたまひき。故《かれ》、美嚢《みなぎ》の郡《こほり》と号《なづ》く。

志深《しじみ》の里《さと》。土《つち》は中の中なり。志深《しじみ》と号《なづ》くる所以《ゆゑ》は、伊射報和気命《いざほわけのみこと》、此の井に御食《みをし》したまひし時、信深《しじみ》の貝《かひ》、御飯《みいひ》の筥《はこ》の縁《へ》に遊《あそ》び上りき。尓《そ》の時、勅《の》りたまひしく、「此の貝は、阿波《あは》の国の和那散《わなさ》に、我《あ》が食《を》せる貝なる哉《かも》」とのりたまひき。故《かれ》、志深《しじみ》の里《さと》と号《なづ》く。

於奚《おけ》・袁奚《をけ》の天皇等《すめらみことたち》、此の土《くに》に坐《いま》しし所以《ゆゑ》は、汝《そ》が父、市辺《いちべ》の天皇命《すめらみこと》、近江《あふみ》の国の摧綿野《くだわたの》に殺さえたまひし時、日下部連意美《くさかべのむらじおみ》を率《ゐ》て、逃《のが》れ来て、惟《こ》の村の石室《いはむろ》に隠《かく》りたまひき。然《しか》る後《のち》、意美《おみ》、自《みづか》ら重き罪なるを知りて、乗れる馬《うま》等は、其の筋《すぢ》を切り断《た》ちて逐《お》ひ放《はな》ち、亦《また》、持てる物、桉等《くらども》は、尽《ことごと》に焼き廃《す》てて、即《やが》て経《わな》き死にき。尓《ここ》に、二人の子等《みこたち》、彼此《ここかしこ》に隠《かく》り、東西《かにかく》に迷ひ、仍《すなは》ち、志深《しじみ》の村《むら》の首《おびと》、伊等尾《いとみ》が家《いへ》に、役《つか》はえたまひき。

伊等尾《いとみ》が新室《にひむろ》の宴《うたげ》に因《よ》りて、二《ふたり》の子等《みこたち》に燭《ひとも》さしめ、仍《よ》りて詠辞《ながめごと》を挙《あ》げしめき。尓《ここ》に、兄弟《あにおと》、各《おのもおのも》相譲《あひゆづ》りき。乃《すなは》ち弟《おと》立ちて詠《なが》めたまひき。其の辞《ことば》に曰《い》へらく、

たらちし　吉備《きび》の鉄《まがね》の　狭鍬《さぐは》持ち　田打《たう》つ如《な》す　手拍《たう》て子等《こら》　吾《あれ》は儛《ま》ひせむ

又、詠《なが》めたまひき。其の辞《ことば》に曰《い》へらく、

淡海《あふみ》は　水停《みづた》まる国　倭《やまと》は　青垣《あをがき》　青垣《あをがき》の　山投《やまと》に坐《ま》しし　市辺《いちべ》の天皇《すめらみこと》が　御《み》足末《あなすゑ》　奴僕《やっこ》らま

といへれば、即ち、諸人等《もろひとら》、皆畏《かしこ》みて走り出でき。

尓《ここ》に、針間《はりま》の国の山門《やまと》の領《つかさ》に遣《つかは》さえし山部連小楯《やまべのむらじをだて》、相聞《あひき》き相見《あひみ》て、語りて云ひしく、「此の子《みこ》の為に、汝《そ》が母、手白髪命《たしらかのみこと》、昼《ひる》は食《を》さず、夜は寝《い》ねず、有るは生き、有るは死にて、泣き恋ふる子等《みこたち》なり」といひき。仍《よ》りて、参上《まゐのぼ》りて、啓《まを》すこと右の件《くだり》の如し。即ち、歓《よろこ》び哀《かな》び泣きて、少楯《をだて》を還《かへ》し遣《つかは》して、召し上げたまひき。仍《よ》りて、相見《あひみ》相《あひ》語《かた》らひ恋ひたまひき。此より以後《のち》、更還《またかへ》り下《くだ》りて、此の土《くに》に造宮《みやづく》りしたまひて坐《いま》しき。故《かれ》、高野《たかの》の宮《みや》・少野《をの》の宮《みや》・川村《かはむら》の宮《みや》・池野《いけの》の宮《みや》有り。又、屯倉《みやけ》を造りたまひし処《ところ》を、即ち御宅《みやけ》の村《むら》と号《なづ》け、倉を造りたまひし処《ところ》を、御倉尾《みくらを》と号《なづ》く。

高野《たかの》の里《さと》の祝田《はふた》の社《もり》に坐《いま》す神は、玉帯志比古大稲男《たまたらしひこおほいなを》・玉帯志比売豊稲女《たまたらしひめとよいなめ》なり。

志深《しじみ》の里《さと》の三坂《みさか》に坐《いま》す神は、八戸《やと》挂須《かかす》御諸命《みもろのみこと》なり。大物主葦原志許《おほものぬしあしはらしこ》、国堅《かた》めたまひし以後《のち》、天《あめ》より三坂《みさか》の岑《みね》に下りたまひき。

吉川《えがは》の里《さと》。吉川《えがは》と号《なづ》くる所以《ゆゑ》は、吉川《えがは》の大刀自《おほとじ》の神、此《ここ》に在《いま》す。故《かれ》、吉川《えがは》の里《さと》と云ふ。

枚野《ひらの》の里《さと》。体《くにがた》に因《よ》りて名と為《な》す。

高野《たかの》の里《さと》。体《くにがた》に因《よ》りて名と為す。

〈現代語訳〉

美囊《みなぎ》の郡《こおり》。

美囊《みなぎ》と名づけたわけは、昔、大兄《おおえ》の伊射報和気命《いざほわけのみこと》（履中《りちゅう》天皇）が国の境界をお定めになられたとき、志深《しじみ》の里《さと》の許曽《こそ》の社《もり》までやって来られて、勅《みことのり》して、「この土地の水《みず》の流《なが》れはたいそうみごとなことよ」と仰せられた。それで、美囊《みなぎ》の郡《こおり》と名づけている。

志深《しじみ》の里《さと》。土地（の地味）は、中の中である。志深《しじみ》と名づけたわけは、伊射報和気命《いざほわけのみこと》（履中天皇）がこの（里《さと》の）井戸（のほとり）でお食事をなさったとき、信深《しじみ》の貝が御飯を入れた筥《はこ》のふちにあがってきた。そのとき（命《みこと》が）勅《みことのり》して、「この貝は、阿波《あわ》の国の和那散《わなさ》に（行ったとき）、私が食べた貝であることよ」と仰せられた。それで、志深《しじみ》の里《さと》と名づけている。

於奚《おけ》（仁賢）・袁奚《をけ》（顕宗）両天皇がこの地においでになられたわけは、両天皇の父である市辺《いちべ》の天皇命《すめらみこと》が、近江《おうみ》の国の摧綿野《くだわたの》において殺されてしまわれたとき、（両天皇は）日下部《くさかべの》連意美《むらじおみ》をひきつれて逃れて来て、この村の石室にお隠れになられた。その後、意美《おみ》は自分のおかした罪の重いことを知って、乗ってきた馬どもは、その筋《すじ》を切断して放してしまい、また手に持っていた物から鞍《くら》まですっかり焼きすてて、ただちに首をくくって自殺してしまった。このとき二人のみ子たちは、あちらこちらに隠れ、東へ西へとさまよい歩き、ついに志《し》深《じみ》の村の首《おびと》である伊等尾《いとみ》の家に召し使われることとなった。（あるとき）伊等尾《いとみ》の家の新築祝いの宴会が開かれ、二人のみ子たちに火をともさせ、そして新築祝いの歌を朗詠させた。このとき（この）兄弟は、おたがいに譲りあったすえ、すなわち弟の方が立ち上がって、（歌を）朗詠なさった。その（ときの）ことばにいう、

たらちし　吉備《きび》の鉄《まがね》の　狭鍬《さぐは》持ち　田打《たう》つ如《な》す　手拍《たう》て子等《こら》　吾《あれ》は儛《ま》ひせむ

（たらちし吉備の国で作られたすばらしい鍬《くわ》を手にとり、田を打ちすき返す、その田打《たう》ちのように手を拍《う》っておくれ。私はそれに乗って舞いましょう。）

また（今一つ）朗詠なさった。そのことばにいう、

淡海《あふみ》は　水停《みづた》まる国　倭《やまと》は　青垣《あをがき》　青垣《あをがき》の　山投《やまと》に坐《ま》しし　市辺《いちべ》の天皇《すめらみこと》が　御足末《みあなすゑ》

奴僕《やっこ》らま

（淡海《おおみ》の国は琵琶《びわ》湖を中心とした水の国である。大和《やまと》の国は四周を青垣のような山々に囲まれた山の国である。その大和《やまと》の地で天下をお治めになられた市辺《いちべ》の天皇の子孫です。この我々二人の下僕は。）

このようにおうたいになったところ、たちまち人々は、みんな恐れかしこんで、屋内から走り出て（二人の皇子のもとにかけ寄った。）

ここに、針間《はりま》の国の山門《やまと》の領《つかさ》として（都から）派遣されていた山部連小楯《やまべのむらじおだて》が、（二人の皇子たちと）会いそして話し合い、（皇子たちに）語って言うことには、「ここにおられるこのみ子たちのために、あなた方の御母である手白髪命《たしらかのみこと》は、昼はお食事もお取りにならず、夜は寝ることもなさらず、いまにも死にそうなようすで（毎日）泣き恋しがっていらっしゃる、そのみ子たちであることよ」といった。そこで（小楯《おだて》は）、ただちに朝廷に参上して、ことの次第をご報告申し上げた。すなわち（手白髪命《たしらかのみこと》は）たいそうお歓《よろこ》びになり、また哀しみ泣かれて、小楯《おだて》を（再び播磨《はりま》の国に）還《かえ》し遣《つか》わして、（二人の皇子を）朝廷にお召し上げになった。そして（母と子は）たがいに顔を見合わせ、話し合い、恋しがりになられた。その後（皇子たちは）また（播磨《はりま》の国に）還り下って、この地に宮をお造りになられて（そこに）おいでになられた。それで、高野《たかの》の宮《みや》・少野《おの》の宮・川村《かわむら》の宮・池野《いけの》の宮がある。また、屯倉《みやけ》をお造りになられた地を、すなわち御宅《みやけ》の村《むら》と名づけ、倉をお造りになられたところを、御《み》倉尾《くらお》と名づけている。

高野《たかの》の里《さと》の祝田《ほうた》の社《もり》に鎮座している神は、玉帯志比古大稲男《たまたらしひこおおいなお》・玉帯志比売豊稲女《たまたらしひめとよいなめ》である。

志深《しじみ》の里《さと》の三坂《みさか》に鎮座している神は、八戸挂須御諸命《やとかかすみもろのみこと》である。（その神）大物主葦原志許《おおものぬしあしわらしこ》が、国を作り堅められたあと、天から（この）三坂《みさか》の峰にお下りになったのである。

吉川《えがわ》の里《さと》。吉川《えがわ》と名づけたわけは、吉川《えがわ》の大刀自《おおとじ》の神が、この地に鎮座しておられる。それで、吉川《えがわ》の里《さと》という。

枚野《ひらの》の里《さと》。地形によって（里《さと》の）名とする。

高野《たかの》の里《さと》。地形によって（里《さと》の）名とする。


〈補注〉

○**美嚢《みなぎ》の郡《こほり》**―高山寺本『和名抄』に「美嚢　美奈木《みなぎ》」とある。三木《みき》市吉川《よかわ》町・神戸市北区淡河《おうご》町周辺の地域。「水流《みなが》れ」が命名のもとだという。○**大兄《おおえ》の伊射報和気命《いざほわけのみこと》**―仁徳天皇の皇子で、即位して履中《りちゅう》天皇となった。『記』に「大江之伊耶本和気命《おほえのいざほわけのみこと》」と記される。『履中紀』五年九月に淡路で狩をした記事が見えるが、播磨には触れられていない。また四年八月八日条に、「諸国に国史《ふみひと》を置き、言事《ことわざ》を記して四方《よも》の志《ふみ》を達《いた》さしむ」とある。諸国に『風土記』のようなものを作らせたという伝承である。○**志深《しじみ》の里《さと》**―『和名抄』の郷名に「志深之々美《しじみ》」とある。三木市志染《しじみ》町から神戸市北区淡河町にかけての地域。『清寧紀』二年十一月条に「赤石郡《あかしのこほり》縮見屯倉首《しじみのみやけのおびと》」が見える。当国風土記でもこの次に語られる、於奚《おけ》・袁奚《をけ》二皇子発見の記事である。○**許曽《こそ》の社《もり》**—遺称地無く、所在地不明。○**信深《しじみ》の貝**—蜆貝《しじみ》のこと。『万葉集』巻六・九九七に「住吉《すみのえ》の粉浜《こはま》の四時美《しじみ》開《あ》けも見ず」云々とある。『和名抄』にも「蜆　之々美加比《しじみかひ》」とある。○**阿波《あは》の国の和那散《わなさ》**—『延喜式』神名帳に阿波国那賀郡《なかのこほり》の和奈《わな》佐意富曽《さおほそ》神社を載せる。徳島県海部《かいふ》郡海陽《かいよう》町鞆浦《ともうら》の旧名（『大系』）。○**於奚《おけ》・袁奚《をけ》の天皇《すめらみこと》**—仁賢天皇・顕宗《けんぞう》天皇。当郡補説参照。○**汝《そ》が父**—「汝」は、「尓」に通わし用いて、「其」の意とする（『大系』）。「御」字の誤りとする説もある（『新考』『新編全集』）。○**市辺《いちべ》の天皇《すめら》命《みこと》**—『記』では市辺之忍歯王《いちのへのおしはのみこ》、『紀』では市辺押磐皇子《いちのへのおしはのみこ》と記す。履中天皇の子。大長谷王《おほはつせのみこ》（雄略天皇）の恨みを買って殺害される。○**近江《あふみ》の国の摧綿野《くだわたの》**—『記』には「淡海《あふみ》の久多綿《くたわた》の蚊屋野《かやの》」、『紀』には「近江の来田綿《くたわた》の蚊屋野」とある。滋賀県蒲生《がもう》郡日野町にあった地名（『大系』）。市辺之忍歯王《いちのへのおしはのみこ》は、そこでの狩に誘われ、大長谷王《おほはつせのみこ》に射殺された。○**早部連意美《くさかべのむらじおみ》**—『紀』に、帳内《とねり》、日下部連使主《くさかべのむらじおみ》とされる従者。○**石室《いはむろ》**—三木市志染《しじみ》町窟屋《いわや》にある窟屋山の麓にある石室に擬している。『紀』では「播磨国の縮見山《しじみのやま》の石室《いはや》」とする。○**重き罪**—二皇子を匿《かく》うことが、時の政権の意思に逆らっていること。○**筋《すぢ》**—筋肉と骨との間の腱のこと。自殺の前に愛馬の腱を切って一族の処罰に代えようとしたか（『新編全集』）。「勒」（手綱の意）の誤りとする説もある（『新考』『大系』）。○**経《わな》き死にき**—ワナクは首を吊ること。

『紀』でも日下部使主は、縮見山の石室で首を吊って死んだとある。○**志深《しじみ》の村《むら》の首《おびと》　伊等尾《いとみ》**—『記』では、針間《はりま》の国人、志自牟《しじむ》（地名と混同したか）、『紀』では縮見屯倉首《しじみのみやけのおびと》、忍海部《おしぬみべの》造《みやつこ》細目《ほそめ》とされる。○**新室《にひむろ》の宴《うたげ》**—新築の家を寿ぐ宴会。『記』『紀』も同様に新室の宴とし、二皇子は火を焚く役目だったと伝える。○**詠辞《ながめごと》**—声を長く引いて歌謡をうたう意。新築の家屋を寿ぐ祝い歌、室寿《むろほぎ》を歌わせた（『大系』）。意をもってホキウタと訓ずる説もある（『新編全集』）。『紀』では、室寿の詞章も載せられているが、『記』や当国風土記では、自分たちの名乗りの歌だけが載る。○**たらちし**—『万葉集』では、「垂乳為《たらちし》母《はは》に懐《むだ》かえ」（巻十六・三七九一）のように、「たらちねの」と同じく母にかかる枕詞であるが、今は吉備《きび》（黍）にかかっている。充足する意で、君《きみ》にかかり、類音吉備の称辞としたとする説もある（『大系』）。○**吉備《きび》の鉄《まがね》の狭鍬《さぐは》**—『古今和歌集』神遊びの歌一〇八二に「ま金《がね》吹く吉備の中山」とあるように、吉備（岡山地方）は製鉄が盛んだった。天平十七（七四五）年に備前国赤坂郡から調として鍬《くは》十口を収めた際の木簡が平城京から出ている。○**田打《たう》つ如《な》す**—田を鋤《す》き返すように、の意。「田打つ」と「手拍《たう》つ」の同音を利用した序詞。○**淡海《あふみ》は水停《みづた》まる国**—ミヅタマルは「池」にかかる枕詞として使われる（『応神記』歌謡など）。ここは、淡海《あふみ》（近江）の国は、水がたまった琵琶湖のある国だという。淡海の国に触れるのは、そこが父の殺された土地だからか。○**倭《やまと》は青垣《あをがき》**—青垣は、青々とした山々に囲まれた盆地。「大和は国の真秀《まほ》ろば、たたなづく阿袁加岐《あをかき》、山ごもれる大和しうるはし」（『景行記』倭建命《やまとたけるのみこと》の「国偲《くにしの》ひ歌《うた》』）など、倭（大和）を青垣とする表現は数多い。○**御足末《みあなすゑ》**—原義は足の先のこと。「足端安那須恵《あなすゑ》」（『神代紀』上・日本紀私記乙本）。子孫の意に用いる例も『景行紀』の古訓（「其の別王の苗裔《ミアナスヱ》なり」四年二月条）に見える。○**奴僕《やつこ》らま**—ラマは、接尾語ラに接尾語マの接したもので、オホミコトラマ・ヤツコラマの形で、主君たる者、臣たる者といった抽象化された意味の名詞を形成する（『時代別大辞典』）。○**針間《はりま》の国の山門《やまと》の領《つかさ》**—播磨国内の朝廷の御料地を統治する役目。○**山部連小楯《やまべのむらじをだて》**—『記』は針間国の宰《みこともち》に任ぜられた「山部連小楯《やまべのむらじをだて》」。『紀』は「播磨国司山部連が先祖《とおつおや》伊与来目部小楯《いよのくめべのをだて》」で、当時赤石《あかし》郡で新嘗《にいなめ》の供物を弁じていたと伝える。もとは伊予《いよ》国久米《くめ》郡（松山市の東南地域）を本拠とした氏族で、二皇子発見の功によって播磨の山部を管掌する地位に就いたと考えられる（『大系』）。○**手白髪命《たしらかのみこと》**—『紀』によれば、二皇子の母は蟻臣《ありのおみ》の女《むすめ》、荑媛《はえひめ》（『記』には記載無し）。手白髪皇女《たしらかのひめみこ》の名は、『記』『紀』ともに仁賢天皇（兄の於奚《おけ》命）の皇女として見え、後に継体天皇の皇后となる。前代の清寧天皇の名が白髪《しらかの》命と言ったことも関係するかもしれない。○**少楯《をだて》を還《かへ》し遣《つかは》して、召し上げたまひき**—二皇子を発見したことを報告しに帰った少楯を再び播磨に派遣して、二皇子を呼び寄せた。当国風土記では呼び寄せたのは手白髪命《たしらかのみこと》であるが、『記』では市辺忍歯王《いちのへのおしはのみこ》の妹（すなわち二皇子の叔母）忍海郎女《おしぬみのいらつめ》（飯豊王《いひどよのみこ》）であり、『紀』では子の無かった清寧天皇自身が嗣子として迎え入れたことになっている。○**高野《たかの》の宮《みや》・少野《をの》の宮《みや》・川村《かはむら》の宮《みや》・池野《いけの》の宮《みや》**—三木市志染《しじみ》町細目《ほそめ》、同町窟屋《いわや》付近であろうがいずれも所在地未詳。○**屯倉《みやけ》・**

御宅《みやけ》の村・御倉尾《みくらを》—いずれも志染町付近と思われるが、遺称地無く所在地不詳。○**祝田《はふた》の社《もり》**—三木市別所《べっしょ》町西這田《ほうだ》・東這田付近と思われるが、どの社かは不詳。高野里は後に記述され、ここに祝田の社のことのみ触れるのは異例。追録記事が誤った場所に挿入されたか(『大系』)。○**玉帯志《たまたらし》比古《ひこ》大稲男《おほいなを》・玉帯志《たまたらし》比売《ひめ》豊稲女《とよいなめ》**—讃容郡㈡雲濃《うの》の里の条に、伊和の大神の子として玉足日子《たまたらしひこ》・玉足比売命《たまたらしひめのみこと》が見え、それが農耕神として習合された神名か(『大系』)。底本は前者を「玉帯志日古大稲女」とする。諸注に従って最後の字を「男」に改める。○**三坂《みさか》**—三木市志染町に大字御坂《みさか》がある。○**八戸《やと》挂須《かかす》御諸命《みもろのみこと》**—次の大物主葦原志許《おほものぬしあしはらしこ》の神と同神か。大物主神の宿る三輪《みわ》山を御諸《みもろ》山と呼ぶ故の名か(『大系』)。「祝田《はふた》の社《もり》に坐《いま》す神」と同様、何らかの錯誤で、志深《しじみ》の里の記述がここに配されたのであろう。○**大物主葦原志許《おほものぬしあしはらしこ》**—「大物主」と、大国主命の別名「葦原志許《あしはらしこ》(男《を》)」を合わせた神名。他には見えない。国土創成の神。『記』では、国作りの途中、少名毘古那《すくなびこな》神が常世《とこよ》国に渡ってしまい、大国主が困っているところに、海を照らして来る神があり、自分を祀れば共に国作りを完成させようと述べ、その神が祀られたのが御諸山(三輪山)であるという。その三輪山の神が大物主である。一方、『神代紀』上第八段一書第六には「大国主神、亦は大物主神と名《まを》し、亦は国《くに》作《つくりの》大己貴命《おほあなむちのみこと》と号《まを》し、亦は葦原醜男《あしはらのしこを》と曰《まを》し」云々と、両者を同一神格とする伝えもある。宍禾郡㈠補説参照。○**吉川《えがは》の里《さと》**—『和名抄』の郷名に「吉川　与加波《よかは》」。三木市口吉川《くちよかわ》町・吉川《よかわ》町周辺。以下の三つの里については、地味に関しての記述も無く、ごく簡単に済まされている。○**吉川《えがは》の大刀自《おほとじ》の神**―刀自は女性に対する敬称。系統不詳。○**枚野《ひらの》の里《さと》**―『和名抄』の郷名に「平野　比良乃《ひらの》」。美嚢《みのう》川流域の平野地で、三木市の中心部。「体」すなわち地形による命名。○**高野《たかの》の里《さと》**―『和名抄』の郷名に「高野　多加乃《たかの》」。三木市別所町で、枚野《ひらの》の里より美嚢《みのう》川を少し下った辺り。これも「体」による命名。

補説　於奚・袁奚天皇と「詠辞」

当郡の記事は、ほとんど志深《しじみ》里における於奚《おけ》・袁奚《をけ》天皇（仁賢・顕宗）兄弟の事績で占められている。父市辺《いちべ》天皇（実際に即位はしていないが、天皇の父に当るのでこのように称する）を近江で殺された兄弟は、日下部連意美《くさかべのむらじおみ》を連れて播磨に逃れ、ここの村の石室に隠れるが、意美は兄弟の世話をしたのが重罪に当ると知って自殺してしまう。兄弟は各地を転々とした後、志深村の首、伊等尾《いとみ》の家人に身をやつしていた。伊等尾の家の新室《にひむろ》（新築）の宴で、「詠辞《ながめごと》」を挙げることになり、兄弟で譲り合った末、弟袁奚命が詠い、その歌詞にかこつけて、自分たちの身分を明かす。周囲の人々は地に走り出て拝礼し、播磨に遣わされていた山部連小楯《やまべのむらじをだて》がそれを聞きつけて、母手白髪命《たしらか》が泣きながら恋しがっているのは、この子供たちだと思い、都に帰って報告する。手白髪は、小楯を再度播磨に派遣して兄弟を都に連れ帰らせ、再会を喜んだのであった。その後、兄弟はまた播磨に下り、当地に宮を営んで住んだという。

この話は、『記』『紀』にも述べられているが、近江での父の殺害、播磨での潜伏、新室の宴での名乗りなどは共通するものの、その他の点ではかなりの相違がある。まず『記』は、雄略天皇の即位前の記事として、大長谷王《おほはつせ》（後の雄略）と、兄弟の父市辺之忍歯王《いちのへのをしは》とが、近江でともに狩をした時に、忍歯王の言動に腹を立てた大長谷が、忍歯を射落として殺害し、遺体を切り刻んで馬の飼葉桶に入れ、埋めたと語る。兄弟はこれを聞いて逃亡し、途中の山《やま》背国《しろ》で食料を奪われるなどの苦難に遭いながら、播磨に至り、そこの志自牟《しじむ》という者の家で、馬飼い、牛飼いとして仕えることになる。そこでいったん叙述は終わり、続きは、雄略の子、清寧《せいねい》天皇のところに記される。清寧には皇后も子も無く、その崩御後は空位となって、忍歯王の妹、忍海郎女《おしぬみのいらつめ》（飯豊《いひどよ》王）が葛城の忍海高木角刺宮《おしぬみのたかぎのつのさし》で、皇位を継ぐべき人を求めていた。その時、播磨の宰《みこともち》だった山部連小楯が、志自牟の家の新室の宴に呼ばれ、そこで弟皇子の名乗りを聞く。小楯は驚いて、皇子兄弟の仮宮を造らせ、使者を忍海郎女の元に送り、郎女は喜んで兄弟を角刺宮に上らせたのであった。兄弟は互いに皇位を譲り合ったが、名乗りを挙げた弟が先に即位して顕宗天皇となり、その崩御後、兄が即位して仁賢天皇となる。『記』の叙述は、兄弟の従者について言及が無く、発見後住んだ仮宮の名も記されないなど簡略で、「志自牟」が地名ではなく、人名とされているところが特徴である。また中央で迎えるのが叔母であるのも、『紀』や当国風土記とは異なっている。

『紀』は、関連記事が『雄略即位前紀』『清寧紀』『顕宗即位前紀』『仁賢即位前紀』に分散

しているが、まとめると以下のような経緯である。雄略は、先代の安康天皇が市辺《いちのへ》押磐《おしいは》皇子を後継者に望んでいたことを恨んで、近江での狩におびき出して射殺する。兄弟は、帳内《とねり》の日下《くさか》部連使主《べのむらじおみ》とその子吾田彦《あたひこ》に連れられて、丹波国余社《よさ》郡（京都府宮津市周辺）に避難する。使主は播磨国縮見《しじみ》山の石室で自殺するが、兄弟は吾田彦とともに、播磨国赤石《あかし》郡に向かい、丹波小子《たにはのわらは》と名乗って縮見屯倉首《しじみのみやけのおびと》（名は忍海部造《おしぬみべのみやつこ》細目《ほそめ》）に仕えることになる。清寧天皇二年、播磨国司であった伊与来目部小楯《いよのくめべのをだて》（山部連の祖）がたまたま細目の新室の宴に立ち会うことになり、弟皇子は、名乗りを挙げる絶好の機会と考えて、兄皇子にも勧める。細目は、普段の行動から兄弟が礼儀正しい君子だと思っており、小楯に勧めて、燈火を焚いていた兄弟に舞をさせる。譲り合いの末、まず兄皇子が舞いながら室寿《むろほき》の詞章と歌を詠い、次いで弟皇子が舞って、名乗りの詞章を唱える。小楯が驚いて平伏し、宮を造営して兄弟を住まわせ、都に報告すると、子の無かった清寧天皇は喜んで二人を迎え、兄皇子を皇太子とした。しかし清寧崩御後、兄は即位しようとせず、兄弟の姉、飯豊青《いひどよのあを》皇女が忍海角刺《おしぬみのつのさし》宮で政をした。皇女の死後もなお兄は、名乗りを挙げた功績のある弟に譲ると言って聞かず、致し方なく弟が即位して顕宗天皇となる。『紀』の記述は詳細で、場所や人名が具体的なのが特徴である。また兄弟を迎えとるのが清寧天皇であること、当国風土記の母（手白髪命）、『記』の叔母（忍海郎女＝飯豊王）に当たる人物が、姉になっているところが大きな相違である（なお当国風土記の「手白髪」は、『記』『紀』ともに仁賢天皇の皇女の名とする）。

さて、当国風土記が最も独自なのは、皇子兄弟が、再び播磨国に帰って、高野・少野《をの》・川村・池野の四つの宮を営んで住んだとするところであろう。当郡だけでなく、賀毛郡㈡楢原里玉野条には、国造の女根日女《ねひめ》を娶りながら、兄弟で譲り合ったまま、老いて死なせてしまう話もある（賀毛郡㈡補説参照）。これは、弟・兄の順で即位し、大和で政治を執ったとする『記』『紀』とは当然異なる伝承である（ただし『顕宗紀』は、「或本」に「少郊《をの》」「池野」に顕宗の宮があったと言い、『仁賢紀』には、やはり「或本」に「川村」「縮見の高野」に仁賢の宮があったという。少なくとも「縮見の高野」は播磨に所在すると考えられる）。当国風土記の記述は、父を殺した雄略の名を記さないなど、他文献に依存しているらしい点も見える（当国風土記成立時に、『紀』はまだ完成していないが、その原型は既に書かれていたであろう）が、播磨で独自に展開した部分もあったとせねばならない。古市晃氏は、この物語は、『記』『紀』で、近江に埋められた父の遺骨を発見した置目《おきめ》という老女の子孫である佐佐貴山君《ささきやまのきみ》と、兄弟を発見した小楯の子孫、山部連の功業譚であり、従者だった日下部氏や、『記』『紀』に名の見える忍海部造氏によっても伝えられた可能性があると述べる（「オケ・ヲケ物語の実態」『『播磨国風土記』の古代史』）。宍禾郡㈠比治《ひぢ》里の里長として「山部比治」、同㈡安師《あなし》里の里長として「山部三馬《みま》」が見え、山部氏が播磨に勢力を張っていたことは確実である。諸氏族の中で、多様なバリエーションが形成されていったことが想像される。

これは貴種流離譚（折口信夫「小説戯曲文学における物語要素」『折口信夫全集』第七巻など）の話型に沿った物語である。讃容郡㈡中川里弥加都岐原《みかつきはら》条で、狭井連佐夜《さゐのむらじさよ》が、伯耆《ははき》国の加具漏《かぐろ》と因幡《いなば》国の邑由胡《おほゆこ》を捕えて拷問した時、一緒に捕えられていた女性二人が、自分たちは服部弥蘇連《はとりのみそのむらじ》と因幡国造である阿良佐加比売《あらさかひめ》との間に生まれた姉妹だと名乗り、佐夜に「執政大臣《おほきまへつぎみ》の女《むすめ》なり」と認められて、本拠（因幡）に還されたとあるのも、同じ話型に属する。於奚・袁奚天皇の物語に、どれだけ史実が含まれているかは疑わしいけれども、中央・地方にかかわらず、広く好まれて語られていたのであろう。

最後に「詠辞《ながめごと》」について述べる。当国風土記では、袁奚命が二首の「詠辞」を詠う。一首目で、鍬で田を打つ（耕す）ように手を打ってくれ、と囃《はや》しを求め、二首目で身分を明かす。それぞれに、本旨とは関係の薄いことから述べ始める序詞を伴っているのが、古代歌謡らしいところである。

しかしこれは狭義の「歌」とは区別されているらしい。というのは、賀毛郡㈢穂積里小目《をめ》野《の》で、品太《ほむだ》天皇（応神）が詠った「歌」は、

宇都久志伎《うつくしき》　乎米乃佐々波爾《をめのささばに》　阿良禮布理《あられふり》　志毛布留等毛《しもふるとも》　奈加禮曾禰《なかれそね》　袁米乃佐々波《をめのささは》

と、すべて万葉仮名（漢字音で日本語音を表す）で書かれているのに対し、ここの「詠辞」

は、

多良知志《たらちし》　吉備鉄《きびのまがねの》　俠鍫持《さぐはもち》　如田打《たうつなす》　手拍子等《たうてこら》　吾将為儛《あれはまひせむ》（第一首）
淡海者《あふみは》　水渟国《みづたまるくに》　倭者《やまとは》　青垣《あをがき》　青垣《あをがきの》　山投坐《やまとにましし》　市辺之天　皇《いちべのすめらみことが》　御足末《みあなすゑ》　奴僕良《やつこら》麻《ま》者（第二首）

と、訓字（漢字の意味に相当する日本語を表す）を主体にして書かれるのである。

これは『記』『紀』も同様である。『記』では、兄は舞うだけで、弟が一首のかなり長い「詠」をするが、それは、

物部之《もののふの》　我夫子之《わがせこが》　取佩《とりはける》　於大刀之手上《たちのたかみに》…　如調八紘琴《やつをのことをしらぶるごとく》　所治賜天下《あめのしたをさめたまへる》　伊邪本和《いざほわ》
氣《け》　天　皇之御子《すめらみことのみこ》市辺之《いちのへの》　押歯王之《おしはのみこの》　奴末《やつこすゑ》

（武人である我が君が腰に帯びた大刀の柄に…多くの絃を持つ琴を奏でるように、天下をお治めになった、伊邪本和気天皇（履中）の皇子、市辺の押歯王の子孫です。私めは）

と、やはり訓字を主体にして記される。それは多くの「歌ひて曰く」として引用される歌

が、いずれも万葉仮名専用で書かれるのとは対照的である。

『紀』では、まず兄が「室寿《むろほき》」の詞章を述べ、後に「節《ことのふし》に赴《おもむ》きて（琴の音に合わせて）」、「歌」をうたう。その「室寿」は、

築立《つきたつる》　稚室葛根《わかむろかづね》　築立《つきたつる》柱者《はしらは》　此家長《このいへきみの》　御心之《みこころの》　鎮也《しづまりなり》……

（造りあげた新しい家の堅いかずらや太い柱は、この家の長のお心の安定を表わす……）

と訓字で記され、「歌」の方は、『紀』の他の場所と同様、万葉仮名で書かれている。

伊儺武斯盧《いなむしろ》　呵簸泝比野儺擬《かはそひやなぎ》　寐逗喩凱麼《みづゆけば》　儺弭企於己陀智《なびきおきたち》　曾能泥播宇世儒《そのねはうせず》

（〈いなむしろ〉川に沿って生えている柳は、川の流れに従って、靡いたり起き上がったりするが、その根は無くなりはしない）

続いて、弟の方は、「詰《たけ》びて」（声を張り上げて）二つの名乗りを「唱」するが、それは兄の「室寿」と同じく、

倭者《やまとは》　彼々茅原《そそちはら》　浅茅原《あさぢはら》　弟日《おとひ》　僕《やつこらま》　是也《これなり》（第一首）

（大和はさやさやと音を立てる茅《ちかや》の原。その短い茅原である大和の弟王であるぞ、私は）

石上《いそのかみ》　振之神椙《ふるのかむすぎ》　伐本《もときり》　截　末《するおしはらひ》　於市辺宮《いちのへのみやに》　治　天　下《あめのしたをさめたまひし》　天万《あめよろづ》　国万《くによろづ》　押磐《おしいは》　尊《のみことの》　御《み》

斎《あなすゑ》　僕《やつこらま》　是也《これなり》（第二首）

（石上の布留の神杉の根元を切り、枝先を切り払って、市辺の宮で天下をお治めになられた、天万国万押磐尊の子孫であるぞ、私は）

と、訓字で書かれている（第二首の「伐本截末」には「謨登岐利須衛於此波羅比《もときりすゑおしはらひ》」と読むよう注が付されている）。

こうした、「歌」と、「詠辞」「室寿」「唱」等の書き分けが、『記』『紀』風土記に共通していることは興味深い。特に当国風土記などは、『記』と『紀』の間に記されたことが確実で、しかも地方の伝承を当地で書きとめたと考えられる（解説参照）ので、漢文（あるいは変体漢文）に交えて韻文を記す様式が、奈良時代初頭には既に定式化していたことが窺えるのである。

解　説

鉄野昌弘

(一)「『風土記』撰進の詔」と『播磨国風土記』

『播磨国風土記』（以下「当国風土記」と呼ぶ）は、和銅六（七一三）年のいわゆる「『風土記』撰進の詔《みことのり》」（本書「まえがき」参照）に基づいて作成された、諸国の『風土記』の一つである。現存する五つの『風土記』――東から挙げてゆけば、常陸・播磨・出雲・豊後・肥前――の中でも、最も早く成立したと考えられている。

当国風土記自体に、編纂の日付を明記した箇所は無い。にもかかわらず、成立が早いと言えるのは何故かというと、当国風土記は、播磨国を十一の「郡」に分けた後、それぞれの郡の下に「望理《まがり》の里《さと》」「鴨波《あはは》の里《さと》」のように、「里」という行政単位を置いて説明してゆくからである。これは、「国郡里制」と言われ、大宝律令（大宝元〈七〇一〉年制定）に基づく制度である。ところが、天平五（七三三）年に編纂されたことが奥書によって明らかな『出雲国風土記』では、「郡」の下に「郷」が置かれ、更にその下に「里」が配されている。この「郷里制」は、『出雲国風土記』冒頭の総記に「右の件の郷の字は、霊亀元年の式に依りて、里を改めて郷と為す」とあるのによれば、霊亀元（七一五）年の式（律令の施行細則）によって敷かれたものである（ただし鎌田元一「郷里制の施行と霊亀元年式」（『律令公民制の研究』）によれば、式の施行は霊亀三年（＝養老元年）が正しいと見られる）。それは、耕地の拡大や人口増加によって、従来の簡単な機構では地方行政が十分に機能せず、もう一つ行政単位を置く必要が生じたための措置であった。「郷」は、常陸・豊後・肥前の『風土記』にも見え、全国に適用されたと考えられるので、それが見えない当国風土記は、他の『風土記』に先んじて、霊亀三年より前に作成されたということができる。

また揖保郡㈡越部里狭野村条には、この村の住人別君玉手の先祖が、もと「川内《かふち》国泉郡《いづみ》」に居たと記す。『続日本紀』の霊亀二（七一六）年四月に、大鳥・和泉・日根の三郡を河内国から分けて「和泉監《いづみのげん》」を設置したとあり、以後その地は和泉国になるので、「川内国泉郡」は霊亀二年以前の書き方ということになる。これについては、平安時代初期の『日本霊異記』にも「泉郡」の用字があるので、これをもって当国風土記の成立時期を決定することはできないとする意見（新編日本古典文学全集『風土記』）もあるが、『日本霊異記』と違って、当国風土記は公文書であるから、ここに「和泉監」設置以前の行政区画名による記載があることの意味は小さくない。

こうした内部徴証から、当国風土記は、「『風土記』撰進の詔」が出てから数年の内にはもう形になったと考えることができるのである（なお「『風土記』撰進の詔」は通称である。これらは解文《げぶみ》（報告文書）として国司から太政官に提出されたはずなので、命令も、実際には天皇による「詔」ではなく、太政官による官命〈太政官符〉であったと考えられる）。

播磨国の官人は、言わば「撰進の詔」（官命）に忠実だったのだが、それは当国風土記の内容にも表れている。「撰進の詔」が求めるのは、「其の郡内に生ずる所の銀銅彩色草木禽獣魚虫等の物」（産物の具体的な品目）、「土地の沃堉《よくせき》」（土地が肥えているか痩せているか）、「山川原野の名号の所由」（その地名の由来）、そして「古老相伝ふる旧聞異事」（その土地に伝わる故事来歴）を書類にまとめて提出することだった。これらはいずれも、当国風土記で報告されている事項である。

「銀銅彩色草木禽獣魚虫等の物」は、「山の谷に檀《まゆみ》生ふ」（揖保郡㈤大田里皷山《つづみやま》）、「其の山に黄連《かくまぐさ》生ふ」（讃容郡㈠讃容里吉川《えがは》）など、細字注・割注で記される場合もあり、「此の沢に菅生ふ。笠に作るに最も好し。梔《ひのき》・枌・栗・黄連・黒葛《つづら》等生ひ、鉄《まがね》を生《いだ》す。狼・羆《くま》住めり」（宍禾郡㈠柏野里敷草村）のように、本文中に述べられることもある。「菅生《すがふ》の里　右、菅生と称ふは、此処に菅原有り。故、菅生と号《なづ》く」（餝磨郡㈠）、「柏原の里　柏多く生ふるに因りて、号けて柏原と為す」（讃容郡㈠）のように、地名の由来として語られるのも、それに含めることができる。記録されているものの多くが、金属・木材・薬草・食物・加工材料その他、社会的に有用なものであることは、中央政府が求めている通りなのであろう（賀毛郡㈢補説参照）。

次に、「土地の沃堉」の報告は、当国風土記を特徴づけるものである。ほとんどの「里」に対して、その土質を、上中下を更に上中下に分かった九段階で評価し、細字で里の名の下に記している。そうした記述は、他の『風土記』には見られない。その様式は、どの郡でも同じで、播磨国で統一した基準をもって記したことを窺わせる（ただし記されていない里もある）。上の中（揖保郡㈤石海里など）が最高で、最低は下の下（宍禾郡㈡雲箇里など）があり、総じて、川の下流部に当る沿岸部の方に高い評価が多い。

「山川原野の名号の所由」は、当国風土記の本体を為している。郡や里、また村・山・川などの名を挙げ、その名の由来を一つ一つ説明してゆくのが基本的な様式である。「古老相伝ふる旧聞異事」も、きちんと地名の由来として位置付けられているのが、他の『風土記』とは異なるところである。これには、単純に一つの理由でこの地名になった、というばかりでなく、建石《たけいは》命が御冠《みかげ》を置いた故に「甕坂《みかさか》」というとする説明の他に、「一家《あるひと》」の説として、丹波と播磨の境を決めた時に、大甕《みか》を埋めたので「甕坂」と言うとする別の説明を挙げる例（託賀郡㈡）、かつては荒ぶる神が、旅人の半ばを殺したので「死野《しにの》」と名付けられた土地を、品太《ほむだ》（応神）天皇が「生野《いくの》」と改めたとする（神前郡㈠）伝説的な改名の例、また帰化人である漢人《あやひと》が居住したので、もと漢部《あやべ》の里と言ったが、後に少宅《をやけ》という家を持つ者が里長に任ぜられたので「少宅の里」と改めた（揖保郡㈥）、といった地名の変遷が記録される例も含まれている。もと「沙部《あさこべ》の里」と言ったのを、里の名は二字で書くという規則（民部省式に記されている）に従って、字を「安相《あさこ》」と改めたと細字で注する例もある（餝磨郡㈡）。いずれにも、できるだけ詳しく地名の由来を説明しようとした努力の跡が窺われよう。中には、「奈具佐山《なぐさやま》。檜生ふ。其の由を知らず」（神前郡㈡）のように、地名の由来が分からなかったと記されることもあるが、それはかえって、当国風土記に記された由来が現地調査に基づくものであり、机上で捏造されたのではないことを証するだろう。

㈡『播磨国風土記』の欠損と逸文

かように、当国風土記は、特定の時期における地域社会の実相や、そこに伝えられる神話・歴史を記録したものとして、極めて大きな価値を持つ（「まえがき」参照）。ただ惜しまれるのは、いくつかの理由によって、当国風土記が播磨国全体を記述していないことである。その理由の一つは、当国風土記が、伝えられていく中で、巻首を欠損してしまったことである。現状は、賀古郡の途中から始まっており、その前に賀古郡の標目や若干の記述、そしてその更に前には、明石郡の記述があったと考えられる（先に「播磨国を十一の「郡」に分けた」と記したが、底本には十郡しかない）。

明石郡は、現在見る当国風土記の各所にその名が見える。「遂に、赤石《あかし》の郡《こほり》廝《かしはで》の御井《みゐ》に到りたまひて、御食《みあへ》を供進《たてまつ》りき」（賀古郡㈠比礼墓）、「是に、往来の舟、悉《ことごと》に印南の大津江に留まり、川頭《かはかみ》に上りて、賀意理多《かおりた》の谷より引き出して、赤石《あかし》の郡の林の潮《みなと》に通はし出しき」（同郡㈡鴨波里舟引原）、「昔、明石《あかし》の郡大海《おほみ》の里人、到来《きた》りて此の山底に居りき」（託賀郡㈠賀眉《かみ》里大海山）。当国風土記編纂の際に、明（赤）石郡が存在していたことは確実である。

また『釈日本紀』（十三世紀末成立の『日本書紀』注釈。卜部兼方著）巻八に、以下のような記述がある（原漢文。古典大系本『風土記』の訓読に従う）。

播磨の国の風土記に曰はく、明石の駅家《うまや》。駒手《こまで》の御井は、難波の高津の宮の天皇の御世、楠、井の上に生ひたりき。朝日には淡路島を蔭《かく》し、夕日には大倭島根《やまとしまね》を蔭しき。仍《すなは》ち、其の楠を伐《き》りて舟に造るに、其の迅《はや》きこと飛ぶが如く、一檝《ひとかぢ》に七浪を去《ゆ》き越えき。仍りて速鳥《はやとり》と号《なづ》く。ここに、朝夕に此の舟に乗りて、御食《おほみけ》に供《つか》へむとして、此の井の水を汲むに、一旦《あるあさ》、御食の時に堪へざりき。故《かれ》、歌作《うたよ》みして止めき。唱に曰はく、「住吉《すみのえ》の　大倉向きて　飛ばばこそ　速鳥と云はめ　何か速鳥」

難波の高津の宮の天皇（仁徳）の御代に、明石の駅家にある、駒手の御井の傍に楠の巨木があり、影が朝は西の淡路島に、夕は東の大和島根（明石から見える大和の山々）にかかるほどの高さだった。それを切って船を作ると、一度漕ぐと七つの波を超えるほど速く走ったので、「速鳥」と名付けられた。駒手の御井の水を天皇に供するため、難波まで運んでいたが、ある朝天皇の朝食に間に合わなかったので、歌を詠ってもう使わなくなった。その歌は、「住吉の大倉に向かって飛んだならば「速鳥」とも呼ぼうが、（天皇のお食事に間に合わないで、）何で「速鳥」と呼べようか」という。

この話は、『古事記』下巻、やはり仁徳天皇の御代に、菟寸河《とのきがは》（大阪府高石市取石付近か）の西に、西は淡路島、東は高安山に影が及んだ巨木があり、切って船にすると、とてつもなく速く、毎日朝夕、淡路島の清水を汲んで難波の天皇のもとに運んでいたとする伝承によく似ている。これは、当国風土記の、失われた明石郡の記事であった蓋然性が高い。

また同じく『釈日本紀』巻十一には、「播磨国風土記に曰く」として、次のようにある。

息長帯日女命《おきながたらしひめのみこと》、新羅《しらぎ》の国を平《ことむ》けむと欲《おもほ》して下りまし時、衆神《かみがみ》に禱《ね》ぎたまひき。爾《そ》の時、国堅めまし大神のみ子、爾保都比売《にほつひめ》命、国造石坂比売《くにのみやつこいはさかひめ》命に著《つ》きて、教へたまひしく、「好く我がみ前を治め奉《まつ》らば、我ここに善き験《しるし》を出《いだ》して、ひひら木の八尋桙根《やひろほこね》底《そこ》附かぬ国、越売《をとめ》の眉引《まよび》きの国、玉匣《たまくしげ》かがやく国、苫枕《とまくら》宝ある国、白衾《たくぶすま》新羅の国を、丹《に》浪《なみ》以ちて平伏《ことむ》け賜《たま》ひなむ」と、此《か》く教へ賜ひて、ここに赤土《あかに》を出し賜ひき。其の土を天《あめ》の逆桙《さかほこ》に塗りて、神舟《みふね》の艫舳《ともへ》に建て、又、御舟の裳《すそ》と御軍《みいくさ》の着衣《きもの》とを染め、又、海水《うしほ》を攪《か》き濁して、渡り賜ふ時、底潜《かづ》く魚《うを》、及《また》高飛ぶ鳥等も往き来《かよ》ふことなく、み前に遮《さ》ふることなく、かくして、新羅を平伏け已訖《を》へて、還り上りまして、乃ち其の神を紀伊の国管川《つつかは》の藤代の峯《たけ》に鎮《しづ》め奉《まつ》りたまひき。

息長帯日女命（神功皇后）が新羅を平らげようとして九州に下った時、神々に援助を祈ったところ、国作りをした大神の子、爾保都比売命が、国造である石坂比売命に憑依して、「自分を祀れば、霊験を現して、白衾新羅の国を、丹波（赤い波）で平らげよう」と言って、赤土を出現させた。その土を天の逆桙に塗って船の艫と舳先に立て、またその土で船の舷側と兵士の着物を染め、潮を掻き濁らせて渡ると、魚も鳥も、行き来して前を遮ることもない。息長帯日女は、こうして新羅を平定して戻って来ると、その爾保都比売の神を、紀伊の管川の藤代の峰（現在の和歌山県伊都郡高野町上筒香）に鎮座させたという。

ここに登場する爾保都比売の神、石坂比売などは他に見えず、播磨に関係するかどうかも不明である。しかし神功皇后の新羅征討伝承は、当国風土記の中に数多い（印南郡大国里伊保山・餝磨郡㈣因達《いだて》里・揖保郡㈥浦上里御津・同萩原里・讃容郡㈡中川里）。また登場人物がいずれも女性であるのがこの話の特徴であるが、女性神同士（播磨刀《と》売《め》・丹波《たには》刀売）の争いの記事（託賀郡㈡都麻里）など、記紀に比して女性の活躍の目立つ当国風土記に相応しいとも言える（託賀郡㈡補説参照）。この話は特定の郡の記事ではなく、明石郡の更に前に、播磨国の総記が置かれていて、そこにあったのかもしれない。

㈢「未精撰」説と「筆者」

ともあれ、『釈日本紀』に引用された二つの記事は、奈良時代に編纂された当国風土記の一部であった蓋然性が高い。ただし『釈日本紀』の筆者卜部《うらべ》兼方《かねかた》が見た当国風土記と、現在に伝わるそれとが同じであったかどうかは定かでない。というのは、現在に伝わる当国風土記は、巻首が物理的に欠損しているだけでなく、記述自体が完全でないように見受けられるからである。

一つには、現在の当国風土記には、赤穂郡の記述が欠けていることが挙げられる。十世紀半ばに編纂された『倭名類聚抄《わみょうるいじゅしょう》』（源 順《みなもとのしたごう》撰。『和名抄』とも）には、諸国の郡・郷名が記されている部分があるが（二十巻本巻五―九）、その播磨国の部には、明石・賀古・印南・餝磨・揖保・赤穂・佐用・完（宍）粟・神埼・多可・賀茂・美嚢の十二郡が、この順で配列されている。当国風土記は、（明石）・賀古・印南・餝磨・揖保・讃容・宍禾・神前・託賀・賀毛・美嚢の十一郡で、配列は基本的に『和名抄』に一致して、沿岸部を東から西にたどり、次に山間部を西から東にゆく、という時計回りに叙述してゆく構成になっている。赤穂郡は播磨国の一番西に当るので、本来であれば、『和名抄』と同様に、揖保郡と讃容郡との間に記述されていて然るべきなのである。したがって、明石郡のように、冒頭部の欠損によって説明できるわけではない。当国風土記編纂時に、赤穂郡がまだ建てられず、隣接する揖保・讃容郡に含まれている可能性も考えられるが、赤穂郡の地域――『和名抄』によれば、坂越・八野・大原・莵磨・野磨・周勢・高田・飛取の八郷があった――のことは現在の当国風土記に全く記述されていない。一方、平城宮跡からは「播磨国赤穂郡周勢里・春部古」(「春部古」は人名か)と郡里制で里名の記された木簡が出土しているので(『木簡研究』二六号、二四〇頁)、赤穂郡は霊亀三年までに建てられていた蓋然性が高いのである(なお、印南郡について、本書では、当国風土記編纂時に既に建てられていたとする。印南郡補説参照)。

なぜ当国風土記に赤穂郡の記述が欠けているのかは、確たることが言えない。何らかの理由でその部分だけ欠失したのかもしれないが、もう一つの可能性として考えられているのが、現在残る当国風土記は未完成であるとする見方である。

秋本吉郎氏は、当国風土記の持つ、様々な不統一を挙げている(『風土記の研究』)。例えば、揖保・讃容・宍禾・神前・託賀の五郡では、里名説明記事だけで一つの里の記事を終わることなく、里内地名の説明記事を少なくとも一ヵ条は必ず記載しているが、他の五郡では里名説明記事だけでその里の記事を終わる例が計十八里ある。またその書式も、揖保・讃容・宍禾郡のように、里名の説明の後に、里内地名を見出しとして掲出して説明を続ける形と、神前郡や託賀郡のように、里の名の下に里内地名を細字で列挙して、続く里内地名の説明の時は見出しとして掲出せず、「○○は…」と直ちに説明を加えてゆく形とがある。秋本吉郎氏より先に、小野田光雄氏は、記述様式から、当国風土記全体が(A)賀古・印南・美嚢—旧明石国造の勢力圏、(B)餝磨・神前・託賀・賀毛—旧針間鴨国造の勢力圏、(C)揖保・讃容・宍禾—旧針間国造の勢力圏の三グループに分けることが出来、それぞれのグループで筆者が異なるのではないかと推測していた（「播磨風土記の成立に関する一考察」『国学院雑誌』五五—三など）。しかし秋本吉郎氏は、やはりそのグループ内でも不統一があり、むしろ郡ごとに別々と見た方がよいという。

記述様式は隣接する郡で近く、全く無秩序なのではない。しかし郡ごとの精粗はやはり大きいと言わなければならない。そして単に国全体としての統一が取れていないだけではなく、未整備を思わせる事例が多いのである。例えば、揖保郡(四)広山里麻打山条は、「俗人《よのひと》」の伝える別の由来を記そうとして、「讃伎国《さぬき》」という書き出しのみで中絶してしまっているらしい。餝磨郡(四)のように、それぞれの里の条に記すべき補足記事が、郡の記述の最後に一括掲載されたままの場合もある。特に、巻末の美嚢郡の記述は、ほとんど志深里の於奚《おけ》命・袁奚《をけ》命（仁賢・顕宗天皇）の伝承に費やされていて、その後に並ぶ他の三つの里については、「体《くにがた》に因りて名と為す」など、ごく簡単に記されているだけで、地味の良し悪しも注記されていない。このままで太政官に提出できたかどうかは疑問である。巻末がそうなっているのは、当国風土記全体が未完成である印象を与える。巻末に国全体のまとめを置く『出雲国風土記』と比較すると、更にその感を強くするのである。

当国風土記編纂の頃の国司としては、漢詩集『懐風藻』に「従四位下播磨守」とある、大石王《おほいしのおほきみ》が挙げられる。大石王は、『続日本紀』によると、和銅六（七一三）年四月二十三日に従四位下、同年八月二十六日に摂津大夫に任ぜられ、養老七（七二三）年には従四位上に昇っている。一方、播磨守は、和銅元（七〇八）年に巨勢邑治《こせのおほぢ》、和銅八（霊亀元、七一五）年に石川君子《いしかはのきみこ》、養老三（七一九）年に鴨吉備麻呂《かものきびまろ》が任ぜられたことが知られるので、大石王が従四位下で播磨守を務めたとすれば、和銅六年四月から八月の間であり、和銅六年五月の「風土記撰進の詔」を受けたのは大石王であるということになるのである。現在見る形にまで整ったのは、石川君子在任中であろうか（大石王が摂津大夫に異動した後、和銅八年の石川君子着任までの播磨守が誰だったかは不明）。そしてもう一人名が挙げられるのは、楽浪河内《さざなみのかふち》である。天智天皇二（六六三）年に百済から渡来した沙門詠《しゃもんえい》の子である河内は、和銅五年七月、従八位上播磨国大目《だいさくわん》（四等官主席）で、国の正倉を建てるのに功績があったとして、位を進められ、褒賞を受けている。文雅の人として知られ、大学頭に至り、『万葉集』に歌二首を残す。文筆に秀でていたので、当国風土記編纂の実務に携わっていた可能性がある。解文に記載すべき事柄をマニュアル化して、各郡の郡司たちに命じたのは、彼ら国司であろう。

しかし述べたように、現在残されている当国風土記は、冒頭部分があった形を想定しても、まだ完成には至っていないと思われる。各郡からの提出文書を集成したもの（そして赤穂郡からは未提出であった）にとどまっている。実際には、国庁においてこれに更に補筆し、全体の体裁を整えたものが、解文として朝廷に提出されたのであろう。したがって、少なくとも現在残る当国風土記の筆者は、名前の伝えられない各郡の郡司たち――『出雲国風土記』では、各郡の記載の末尾、また全体の巻末に、執筆にあたった郡司の署名がある――とすべきである。

(四)『播磨国風土記』と古代の交通――国造りの神々と、行き交う人々

古代国家は、皇室を中心とする五畿（畿内）―大和・山背・摂津・河内・和泉―の豪族の連合体が、その外側である七道（畿外）の国々を支配するという構造を持っていた。畿外は「夷《ひな》」と呼ばれ、畿内に比べて文化程度の劣る土地とされたのである。その中で播磨は、「夷」の地ではあったが、摂津の隣国であり、畿内・畿外の西の境は明石であったから、最も畿内に近い。そして大陸や半島の国々に対する国家の玄関口である大宰府と、畿内とを結ぶ山陽道は、七道の中でも最も重要で、交通量も多かった。河川も多く、土地も肥沃、気候も温暖で、文化・文明も及びやすかったと考えられる。播磨が大和朝廷にとっても、極めて重要な土地だったことは疑いない。令制では四等に分けられるうち最高の大国に位置づけられている。

ただし畿内に近い分、その影響を受けやすいためか、播磨には、畿内の政権と対峙するような大きな勢力は育たなかった。播磨には、明石国造・播磨国造・（播磨）鴨国造の三つが領域を分け持っていたと伝えられる。百八十の村君が互いに争ったために、品太天皇《ほむだ》（応神）の勅によって、皆殺しにされた（賀毛郡㈡起勢《こせ》里臭江《くさえ》）という記事からは、小さい勢力同士が抗争していたことが窺われよう。朝廷と国造との間の戦いなどの記事は、当国風土記にも記紀にも見えない。その西の吉備や出雲に、強大な勢力が大和朝廷と対立し、征討される伝承があるのとは対照的である。

当国風土記に多いのは、むしろ畿内や、周囲の国々から神や人々が入り込んできて活動する記事である（餝磨郡㈡解説参照）。

播磨を代表する神は「伊和大神」で、餝磨・揖保・宍禾・神前・託賀の各郡に名が見え、記紀やその他の国の『風土記』には見えない。伊和大神は、宍禾郡㈠の郡名説明で「国作り堅め了《を》へまししし以後、山・川・谷・尾を堺ひに巡り行《いでま》し」たとされている。それ以外では、揖保郡㈠香山里条・同㈢林田里条に「国占め」を行なったとあり、同郡㈠香山里阿豆村条に「巡り行し」たという。

餝磨郡㈠伊和里条に「伊和部《いわべ》と号《なづ》くるは、積幡《しさは》の郡の伊和君等が族、到来《きた》りて此に居りき。故、伊和部と号く」とあり、宍禾郡㈡には「石作の里。本の名は伊和なり」、また「伊和の村。本の名は神酒《みわ》なり。大神、酒を此の村に醸《か》みたまひき。故、神酒の村と曰ふ。又、於《お》和《わ》の村といふ。大神、国作り訖《を》へまして以後《のち》、云《の》りたまひしく、「於《お》和《わ》。我が美岐《みき》に等《まも》らむ」とのりたまひき」とある。もともとは当国風土記編纂時に、宍禾郡の「石作里」であった場所を根拠地とした「伊和君」という豪族の奉祀する神が、「伊和君」の勢力拡大あるいは移住とともに播磨の各地で国作りの神として信仰されるようになったものであろう（宍禾郡㈠補説参照）。播磨独自の神話でさえ、播磨国内での交通によって形成されたのである。

宍禾郡に現れる国土創成の神は伊和大神だけではない。比治《ひぢ》里宇波良《うはら》村条では、「葦原志《あしはらのし》許乎《こを》命」が「国占め」をしたと述べられている。アシハラシコヲは、『古事記』では、「大国主命」の「亦の名」として、「大穴牟遅《おほあなむぢ》神」「葦原色許男《あしはらしこを》神」「八千矛《やちほこ》神」「宇都志国玉《うつしくにたま》神」と列挙される中の一つであり、根の国訪問譚の中では須佐能男《すさのを》命に「此は葦原色許男命と謂ふぞ」と呼ばれる名でもある。アシハラシコヲは、中央でも知られる神名であり、「大国主命」が国作りを終えた後、国譲りをして出雲大社に祀られることを考えれば、起源はどこであれ、出雲神話に統合される神格である。

一方、葦原志許乎命は、宍禾郡㈠比治《ひぢ》里奪谷《うばひたに》条では、天日槍《あめのひぼこ》命と、その谷を奪い合ったとされる。同様の争いは、同柏野《かしはの》里伊奈加《いなか》川条、宍禾郡㈡御方《みかた》里条にも見える。「天日槍」は記紀では渡来してきた新羅の王子であるが、当国風土記では、揖保郡㈦揖保里粒丘条に、「韓国《からくに》より度《わた》り来て」、「葦原志挙乎命」に「国の主」として居場所を提供するよう求める神として現れる。興味深いのは、宍禾郡㈡石作《いしつくり》里波加《はか》村条では、「国占め」の時、天日槍命に後れて到着したので、伊和大神が「度《はか》らざるに先に到りしかも」と言ったのが村の名の由来とされていることである。言わば天日槍の相手となる者として、伊和大神と葦原志許乎とが対立関係にある。石作里は「本の名は伊和なり」であるから、「伊和大神」を主とする伝承になったのだろう。播磨独自の国土創成の神「伊和大神」は、次第に外来の「葦原志挙乎命」の名に置き換えられてゆく過程にあったのではないか（宍禾郡(二)補説参照）。「天日槍」は、『古事記』においては、妻を追って新羅から渡来し、難波に着こうとした時に、渡りの神に邪魔をされて上陸できず、新羅に帰ろうとして但馬に停泊したところ、その地の女を娶って留まることになったという（『応神記』）。また『日本書紀』では、出石《いづしの》小刀《かたな》・出石桙《いづしのほこ》などの宝物を持って帰化し、それらは但馬国に収めたといい（『垂仁紀』三年）、異伝では、まず播磨に到着して「宍粟邑《しさはのむら》」に居り、そこと淡路島の「出浅邑《いでさのむら》」を領として与えられたが、居場所を自分で探したいと申し出、宇治川・近江の「吾名邑《あなのむら》」・若狭を経て、但馬に落ち着いて、出石の女を娶ったと伝える。更に宝物の出石刀子《かたな》は、「天日槍」の曽孫によって天皇に奉られたが、自然に亡失して、淡路島に現れたという。日本海側の但馬と、瀬戸内の淡路島の両方に縁があり、その間の播磨にも縁が深いのである。天日槍の伝承を持った人々の移動や勢力の拡大が想定される。伊和大神や葦原志挙乎命と天日槍との争いは、播磨土着の勢力と、そうしたもともと新羅にルーツを持つ人々との軋轢を示すのであろう（揖保郡(七)補説参照）。

その他にも、当国風土記には、多くの神が播磨国外から到来したことが述べられる。出雲からは、「出雲御蔭《みかげ》大神」が揖保郡㈣枚方《ひらかた》里の神尾山に到来して、通行人の半ばを殺したので、伯耆・因幡両国の人三人が朝廷に申し出て祈願した（同広山里意此《おし》川）。それは、男神がまず到来して、女神が追って来たところ、男神がまた去ったので、女神が怒ってしたことである。それを祭祀してようやく鎮めたのは、河内国茨田《まむた》郡枚方《ひらかた》里の漢人《あやひと》だという（同枚方里佐比岡）。また「出雲の国の阿菩《あぼ》大神」も、大和三山の争いを止めようとして揖保郡㈡上岡里まで到来し、争いが終わったと聞いて、そこで乗ってきた船を覆して鎮座したという。讃容郡は、「大神」とのみ述べて、名を記さないことを特徴とするが、そこの㈠柏原《かしはら》里筌戸《うへと》条では、「出雲の国より来」たとされ、川に沈めた筌に、魚でなく鹿がかかったのに、それで作った鱠《なます》が口に入らずに地に落ちたので、そこを去ったと伝える。

　出雲からは、神だけでなく、人もやって来る。揖保郡㈡日下部《くさかべ》里立野条では、土師《はにし》弩《の》美宿祢《みのすくね》が、出雲と大和とを往来していた時、ここで病を得て死んだので、出雲国の人が来て、ここに墓を作ったという。また揖保郡㈦桑原里琴坂条では、景行天皇の御代に、出雲国の人がこの坂の麓で休んだ時、土地の女の気を引こうとして琴を弾いたのでその名が付いたという。こうした出雲の神や人の伝承は、いずれも山陽道と、餝磨郡内でそれから分岐する美作《みまさか》道（いわゆる出雲街道）に沿った、揖保郡・讃容郡で記録されており、両国間の実際の交通を反映していると考えられる（荊木美行「播磨と出雲」『播磨国風土記』の史的研究』）。

吉備は大国であり、播磨とは山陽道を通じた隣国であるが、当国風土記で言及されるのは、印南郡の南毗都麻《なびつま》条で、境を定めに来た比古汝茅《ひこなむち》を、吉備比古《きびひこ》・吉備比売《きびひめ》が出迎え、比古汝茅と吉備比売との間に生まれたのが印南別嬢《いなみのわきいらつめ》である、という伝承の他は、袁奚命（顕宗天皇）の詠う歌謡に「吉備の鉄《まがね》の狭鍫《さぐは》持ち」云々とある（美嚢郡志深里）ばかりで、案外登場が少ない。これには、直接する赤穂郡の記事が当国風土記に欠けているのが原因かもしれないが、吉備比売と印南別嬢とが親子であることは、吉備と印南が、境界を定める必要が無いほどに不即不離であったのではないかと思わせる。

さて、道は海沿いの山陽道だけではない。播磨五川と言われる加古川・市川・夢前《ゆめさき》川・揖保川・千種《ちくさ》川に沿った道があったろうし、その水系同士を連絡する道もあっただろう。加古川水系と摂津の猪名川水系の地を連絡する、いわゆる「湯乃山街道」も、古代からあったと推測されている（高橋明裕「東播と西摂―播磨国境地帯の古代史―」『播磨国風土記』の古代史』）。内陸の託賀郡㈡法太《はふだ》里花波山や賀毛郡㈢川合《かはひ》里腹辟沼《はらさきぬま》に、淡海の神が来たとされるのも、そうしたルートを想定したのだろう。託賀郡㈡法太《はふだ》里甕坂《みかさか》の由来の一説として、丹波と播磨の境に大甕を埋めたからとしたり、播磨刀売《はりまとめ》と丹波刀売《たにはとめ》とが国境を定めた時に、播磨刀売が都麻《つま》里（同）で水を飲んだと伝えたりするのも、当然両国の間に道があったのである。神前郡㈡多駝《ただ》里糠岡《ぬかをか》条で、伊和大神と天日桙とが軍兵を繰り出して戦ったというのも、神前郡と但馬国とが接していて、互いに交通していなければ争いにならないはずである。

海に面した播磨国は、海上交通の盛んな国でもある。当国風土記にも、沿岸の諸郡には、「赤石《あかし》郡の林の潮《みなと》」（賀古郡㈡鴨波《あはは》里舟引原）、「苫斉《たしなみのわたり》」（餝磨郡㈠伊和里）、「宇須伎津《うすきつ》」（揖保郡㈤石海里）など、舟運に関わる地名がいくつも見える。餝磨郡㈣に並ぶ、「英保《あぼ》の里」（伊予国英保の村人が移住した）、「美濃の里」（讃伎《さぬき》国弥濃《みの》郡の人が移住した）、「継《つぎ》の潮《みなと》」（死んだ女を、筑紫国の火君たちの祖が生き返らせて妻とした）、「因達《いだて》の里」（神功皇后の御船先を務めた伊太代《いだて》の神が鎮座する）といった地名はいずれも、船で渡ってきた人たちや、航行に関わる神にちなむ命名である。特に讃岐国に関わる伝承は、賀古・餝磨・揖保という播磨中央沿岸部に集中しており、出雲との関連同様に、実際の海上交通による両国の交流を反映していると見られる（荊木美行「播磨と讃岐」『『播磨国風土記』の史的研究』）。ただし、住吉大神が賀毛郡㈢河内里、宗形大神（奥津島比売）が託賀郡㈠黒田里袁布《をふ》山条など、航海神がかえって海から離れた土地に伝承を残していることにも注意される。

以上、本節では、播磨が古代の交通路の結節点となっていたために、他の多くの国々から人々が到来し、その信仰する神々も当国風土記に記録されることになった、その諸相を見て来た。やってきた人々の中には、新羅に出自を持つ「天日槍（桙）」を祀る集団、新羅《しらぎ》人（餝磨郡㈢枚野《ひらの》里新羅訓《しらくに》村・揖保郡㈥浦上里神島）、百済《くだら》人（神前郡㈡多駝里城牟礼山）、韓《から》人（餝磨郡㈠伊和里手苅丘）、韓国《からくに》から来て紀伊国名草郡に居た呉《くれ》の勝《すぐり》（揖保郡㈤大田里）、やはり半島から渡来して讃岐や河内に居たと考えられる漢人《あやひと》・漢部《あやべ》（餝磨郡㈠漢部里・揖保郡㈢林田里伊勢野・同㈣枚方里・同㈥少宅里）など外国に出自を持つ民が含まれている。そして、神前郡㈠聖岡里大川内・湯川条に「異俗人《あだしくに》、卅許口有り《みそたりばかり》」と注記されたのは、列島内で異民族視され、俘囚となって置かれた蝦夷《えみし》たちの子孫と考えられる。応神天皇が播磨国神崎郡瓦村に居た者たちに尋ねたところ、日本武尊《やまとたけるのみこと》によって連れて来られた蝦夷の子孫と答えたので、佐伯直《さへきのあたひ》の姓を与えたという（『新撰姓氏録』）。祖先の伝承とともに、自分たちの習俗を守っていたのである。「韓人」が、鎌で稲を刈るのを知らず、手で刈っていた（手苅丘）などという蔑視も窺われないではないが、他から来た多様な集団が、その習俗を保ちながら、敵対するだけでなく、播磨国内で互いに交流して技術を伝え合っていたことも想像してよいのではないだろうか。

㈤『播磨国風土記』に見る播磨の産業

前節に触れたように、播磨に多くの人が到来するのは、交通の要衝であるばかりでなく、その土地が豊かだからである。山岳地帯と平野部とを併せ持つ播磨は、農業とともに林業も盛んであった。

当国風土記における材木は、檜《ひのき》（栬）八ヵ所、杉（枌）七ヵ所、柏四カ所、松・檀《まゆみ》各二ヵ所などの登場回数が多いが、地名の説明に登場するのではなく、植生記事として記録されているのは、ほとんどが檜と杉である。造東大寺司が造営のために木材を調達した国の一つに播磨があったことが知られている（松下正和「木材の供給地、播磨」『風土記からみる古代の播磨』）。

薬草は、揖保・讃容・宍禾の三郡に記述があり、白朮《おけら》（揖保郡㈦揖保里粒丘）、黄連《かくまぐさ》（讃容郡㈠讃容里吉川・宍禾郡㈠柏野里敷草村）・升麻《とりのあしぐさ》（讃容郡㈠讃容里伊師）・精鹿《しょうろく》（同）・人参《かのにけくさ》（同邑宝《おほ》里室原山）・独活《つちたら》（同）・監漆《やまあさ》（同）・細辛《みらのねくさ》（同㈡中川里船引山）などが見える。黄連は根が健胃薬に、升麻は根茎が解毒・解熱剤に、精鹿は根茎が利尿剤に、独活は根が発汗・解熱剤にそれぞれなり、細辛は根茎が咳・発汗・胸痛に効くという。これらの多くは『延喜式』「典薬式」に登録されており、また藤原宮からその荷札木簡が発見されている。また揖保郡㈦桑原里琴坂条には、双六《すごろく》のサイコロに似た「銅牙石《どうげじゃく》」があった。これは銅ではなく、針鉄鉱という鉱物で、これも『延喜式』「典薬式」に載っているという（松下正和「播磨産の薬物」『風土記からみる古代の播磨』）。

また黒葛《つづら》は、揖保郡㈥浦上里家島・宍禾郡㈠柏野里敷草村・同㈡安志里・同石作里波加村・神前郡㈠埴岡《はにをか》里湯川など、多数の地で産したことが見える。編んで綱などにしたものであり、宍禾郡㈡御方里条では、葦原志許乎命と天日槍命とが、黒土の志《し》尓《に》嵩《だけ》で、各々黒葛三条を足に着けて投げ、その落ちた場所で領分を決めたとある。黒葛は、『延喜式』では、播磨国の中男作物（十七歳から二十歳の男子に、調に準ずるものとして収めさせたもの）に指定されていた（古市晃「播磨の物産と税制」『風土記からみる古代の播磨』。なお賀毛郡㈢補説参照）。

鉱業としては、やはり鉄が主な産物である。鉄は、讃容郡㈠鹿庭山《かには》・宍禾郡㈠柏野里敷草村・同㈡御方里金内《かなうち》で産したことが記され、特に鹿庭山では、その四方から鉄が出ると伝えている。讃容郡や宍禾郡の地域からは、製鉄遺跡が発見されており、大官大寺跡（奈良県明日香村）からは、「讃用郡駅里鉄十連」と記した木簡が出土している。近世の宍禾郡は、たたら製鉄で、全国的に知られていたという（古市晃「播磨の鉄」『風土記からみる古代の播磨』）。

土質を、各里ごとに記すことからして、当国風土記において農業が基本とされていることは疑いない。田を開墾した（餝磨郡㈡巨智《こち》里草上村・同㈣漢部里多志野《たしの》・揖保郡㈣枚方里佐岡・同㈤大家《おほやけ》里勝部《すぐりべ》岡・同石海《いはみ》里）とある記事の多くは、他国から来た人々によるものである。賀古郡㈡鴨波《あはは》里で、大部造《おほとものみやつこ》の祖古理売《こりめ》が野を耕して粟を蒔いたというのも、渡来人の業績である。田を作るために用水路を開くのも、神の仕業とされることもあるが（揖保郡㈦出水《いづみ》里美奈志川・賀毛郡㈢雲潤《うるみ》里）、揖保郡㈥少宅里細螺《しただみ》川条のように、やはり渡来系氏族の仕事とされることもある。大規模な開拓は、外部の力によって集団を統率して行われなければならなかったのであろう。

作物としては、やはり稲やそれを育てる田の記事が突出して多い。稲種を蓄えた（揖保郡㈢林田里稲種山）、稲を舂いた（宍禾郡㈠比治里稲舂岑《いなつきみね》・神前郡㈡多駝里糠岡《ぬかおか》・賀毛郡㈡楢原里粳岡）、碓《うす》で籾《もみ》を脱穀した（賀毛郡㈠下鴨里碓居谷）、箕《み》や簸《ひ》で糠を取った（餝磨郡㈠伊和里箕丘・宍禾郡㈠柏野里飯戸《いひべ》阜《をか》・神前郡㈡多駝里粳岡）、草を敷かずに苗代を作る（賀毛郡㈢河内里）など、多くは神の仕業として語られている。

狩猟に関しての記事は、老夫婦が羅《あみ》で鳥を捕ろうとしたところ、鳥がその羅を持って飛び去ったという記事（託賀郡㈠黒田里大羅野《おほあみの》）を除くと、すべて天皇による狩で、猟師による狩のことは全く出て来ない。また漁労については、出雲の大神が、筌《うへ》で魚を取ろうとしたら鹿がかかったという話（讃容郡㈠柏原里筌戸）以外に見えず、魚も年魚《あゆ》（賀古郡㈡印南川・餝磨郡㈣漢部里手沼《てぬ》川）・鮒（賀毛郡㈢川合里腹辟《はらさき》沼）といった川魚に僅かに言及されるだけ、海産物は、揖保郡㈥浦上里白貝《おふ》浦条に「昔、白貝在りき」と記されるだけで、全く乏しい。製塩も盛んだったろうと思われるが、餝磨郡㈡安相《あさこ》里条の、国造豊忍別《とよおしわけ》命が、罪の償いに塩田廿千《はたち》代《しろ》を奉ったという伝承以外に言及が無い。狩猟民・漁民ともに多く居たことは間違いないのであるが、当国風土記はそれに触れようとしないのである。古代国家が農民しか把握しようとしないこと（網野善彦『日本中世の非農業民と天皇』『「日本」とは何か』など）は、当国風土記において顕著であろう。

㈥『播磨国風土記』の描く歴史像

既に述べたように、播磨は畿内に隣接しており、交通の要衝でもあったから、朝廷との関わりは古くから非常に深かったと想定される。当国風土記における朝廷との関連は、古い時代のことは、神と同じく、天皇の来訪・活動として語られることが多い。大三間津日子命《おほみまつひこ》（餝磨郡㈠総記）・弥麻都比古命《みまつひこ》（讃容郡㈠邑宝里）が、孝昭天皇（『記』によれば「御真津《みまつ》日子訶恵志泥《ひこかゑしね》」）であれば、欠史八代の一人で最も古いが、本格的に登場するのは、『紀』にも熊襲平定・九州巡行の伝えられる景行天皇からである。

景行は、大帯日子命《おほたらしひこ》（天皇）の名で、印南別嬢《いなみのわきいらつめ》に求婚したという説話（賀古郡㈠比礼墓・同㈡長田里・印南郡南毗都麻《なびつま》）を中心に、巡行記事（賀古郡㈡望理里）・宅《やけ》の設置（印南郡益気《やけ》里）も語られる。ただし印南別嬢は、「志我《しが》の高穴穂《たかあなほ》の宮に御宇《あめのしたしら》しめしし天皇」（成務天皇）の代に派遣された比古汝茅《ひこなむち》と、迎えた吉備比売《きびひめ》との間の子である（南毗都麻）から、景行に求婚されるのは時代が逆になる（成務は景行の子で次代の天皇）。当国風土記は、記紀のような歴史書ではないので、その天皇の代のこととは言っても、絶対年代として位置付けられるわけではなく、時に記紀とは矛盾を来すこともあるのだろう。

先に触れたように、息長帯日女命《おきながたらしひめ》（神功皇后）は新羅を服属させるために九州に下ったとされ、当国風土記においても、明石郡の逸文を初め、その関係の記事が多い。中には「大帯《おほたらし》日売命《ひめ》」の名で現れる（揖保郡㈤大田里言挙阜《ことあげをか》・同石海里《いはみ》宇須伎津《うすき》・同宇頭川《うづ》）こともある。注目されるのは、印南郡大国里伊保山条で、これは息長帯日女命が、神罰に当たって死んだ夫帯中日子命《たらしなかつひこ》（仲哀天皇）の棺のための石を、石作連大来《いしつくりのむらじおほく》に求めさせたところ、ここで見出したという説話である。これに続けて、聖徳王（太子）の世（推古朝）に、弓削大《ゆげのおほ》連《むらじ》（物部守屋《もののべのもりや》）が造ったという作石《つくりいし》（現在も残る「石の宝殿」）のことも載せられている。これらの石は、「龍山石」と言い、実際に四世紀末〜五世紀の組合せ式長持型石棺の材料として、播磨・備前・美作・丹波など周辺各国だけでなく、畿内の五ヵ国いずれでも使用例があるという（浅田芳朗『図説播磨国風土記への招待』）。息長帯日女のことは伝説であろうが、歴史的事実の裏付けを持っているのである。

歴代天皇で圧倒的に登場回数の多いのは、品太《ほむだ》天皇（応神）である（四七例）。景行天皇や神功皇后の記事が沿岸の郡に偏っているのに対して、応神天皇は山間部にも伝承が拡がっている。『紀』には、応神二十二年九月、妃《きさき》吉備の兄媛《えひめ》の帰省を追って吉備に行幸し、途中淡路島・小豆島で狩をしたと伝える。同様に、当国風土記の品太天皇の事績の多くは、巡行と狩猟であり、「地形《くにがた》を見る」（餝磨郡㈡巨智《こち》里大立丘）、「望み見る」（同㈢少川《をかは》里高瀬）、「望み覧る」（揖保郡㈣枚方里大見山・賀毛郡㈢穂積里小目野《をめの》）、「槻折《つきをれ》山に御立《みたち》したまひて、覧《みそな》はす」（揖保郡㈦桑原里）など、高いところに登っての国見の記事も交じっている。

『万葉集』巻一は、天皇の代ごとに区切られているが、その実質的な開始である舒明天皇代は、天皇自身の国見歌（二番歌）・天皇の狩に際して中皇命《なかつすめらみこと》（間人《はしひと》皇女か）によって奉られた歌（三〜四番歌）、讃岐への行幸の際の軍王《いくさのおほきみ》の歌（五〜六番歌）で構成されている。それらが帝王の為すべき事柄とされているのであろう。中国でも、例えば舜が「歳二月東に巡狩（巡行）して岱宗（泰山）に至り、柴《さい》（薪の上で生贄を焼く）し、山川を望秩（山川に序列を付けて祀る）す」（『史記』五帝本紀）などという。「巡狩」は、古の天子が諸国で狩を催して兵を練り、傍ら諸侯の国の民情を視察することをいう。狩猟は「田《でん》」とも言い、天子・諸侯は事が無ければ年に三度「田」して、まず祖霊を祀り、次に賓客をもてなし、その次に公宮の台所を満たすのだという（『礼記』王制）。一種の祭だったのである。やはり行幸・狩・国見が天子のまつりごととされているのである（辰巳正明「舒明朝万葉歌の形成」『万葉集と中国文学第二』）。

当国風土記における品太天皇（応神）の振る舞いは、まさにこうした古の帝王として、播磨国全域に対する朝廷の支配を確定することであっただろう。先に触れた、百八十の村君が互いに争っていたのを皆殺しにした（賀毛郡㈡起勢里臭江）という記事もそれを印象付ける。応神の次代の仁徳天皇も、『記』では淡路・吉備への行幸や国見が伝えられ、『紀』には狩猟の記事もあるが、当国風土記には、その御代で起こったことを記す例は多い（逸文を入れて七例）ものの、いずれも人を派遣した記事で、播磨国内で天皇自身が活動することは無い。それ以後も、於奚《おけ》皇子（仁賢天皇）・袁奚《をけ》皇子（顕宗天皇）兄弟が美嚢郡志深《しじみ》里に潜伏し、また後にそこに戻ったのを除けば、基本的に天皇が播磨を訪れた記事は見られない。ただしその美嚢郡志深里条に、「大兄伊射報和気《おほえのいざほわけ》命」が国を堺した時の「勅」が、「美嚢《みなぎ》」「志《し》深《じみ》」命名の由来というのは、これが仁徳の子である履中天皇（『紀』に「大兄去来穂別《おおえのいざほわけ》皇子」）を指すならば、応神の後の唯一の天皇巡行記事として注意される。

朝廷の支配といえば、ミヤケ（御宅・屯倉）の設置が挙げられよう。天皇・皇族直轄の領有地とその施設である。古い順に見れば、大帯日子命（景行天皇）設置の印南郡益気《やけ》里、大雀（仁徳）天皇の御代に、意伎《おき》・出雲・伯耆《ははき》・因幡《いなば》・但馬の五国の国造に罰として播磨に田を作らせた餝磨御宅（餝磨郡㈣）、於奚・袁奚皇子発見後に造られた屯倉（美嚢郡志深里御宅村）、勾宮《まがりのみや》（安閑）天皇の御代に但馬君小津《をつ》が建てた三宅（揖保郡㈡越部里）があり、いつの設置か不明であるが、讃容郡㈡中川里にもあった。

律令国家に向かう七世紀の事柄としては、次のような記事が挙げられる。小治田《をはりだ》の河原の天皇（推古）の御代には、大倭《やまと》の勝部《すぐりべ》を移住させて、墾田させた（揖保郡㈤大家里大法山）。難波の長柄《ながら》の豊前《とよさき》の天皇（孝徳）の御代には、揖保郡から宍禾郡を分立させた（宍禾郡㈠比治里）。また阿曇連《あづみのむらじ》らに石海《いはみ》の国の人たちを使って耕作させ（揖保郡㈤石海里）、難波の浦上に居た阿曇連も移住した（同㈥浦上里）。次いで、近江の天皇（天智）の御代には、「道守臣《ちもりのおみ》」が「宰《みこともち》」だった時に、官船を作らせたといい（讃容郡㈡中川里船引山）、また揖保郡㈠香山《かぐやま》里は、もと「鹿来墓《かぐはか》」であったが、やはり「道守臣」が「宰」だった時に改名したという。こうした地方官の事績としては、「石川王」が「総領」だった（『天智紀』に、吉備大宰として名が見える）時、「都可《つか》村」を「広山《ひろやま》里」に改めた（揖保郡㈣）、「田中の大夫《まへつぎみ》」が「宰」だった時、「大宮《おほみや》里」を「大家《おほやけ》里」に改めた（揖保郡㈤）、「生石《おふし》の大夫」が

「国司《くにのみこともち》」だった時、貽（伊）和里の馬墓の脇に池を作った（餝磨郡㈣）、などが見える。これらの記事からは、朝廷から下った国司が、開発を行うとともに、地名の管理も行っていたことが窺えよう。

年次の明記された記事としては、庚午《かのえうま》（天智天皇九〈六七〇〉）年に、宍禾郡㈡伊和里を石作里に改めたこと、また庚寅《かのえとら》（持統天皇四〈六九〇〉）年に、「上野《かみつけの》の大夫」が「宰」で、私里《きさき》を少川里《をがは》に改めた（餝磨郡㈢）、また「川原《かはら》の若俠《わかさ》」の孫「智麻呂《ちまろ》」が「里長《さとをさ》」となって「漢部里《あやべ》」を「少宅里《をやけ》」に改めた（揖保郡㈥）という。庚午年は「庚午年籍」、庚寅年は「庚寅年籍」の作成された年であり、造籍に伴う改名であったことが窺われる。「上野の大夫」が「卅《みそ》を結びし時」に、「皇子代村《みこしろ》」を「越部里《こしべ》」に改めた（揖保郡㈡）というのも、編戸と関わるので、庚寅年のことと見てよいのだろう。

かように、朝廷が播磨国を直接に把握してゆく過程を、当国風土記の中に見てとることができる（賀毛郡㈠補説参照）。そして当国風土記の編纂自体が、その過程における大きなメルクマールであったことも疑いない。

㈦三条西家本の発見と当国風土記の普及

ここまで、当国風土記の内容を概観してきた。ここでは、書物としての当国風土記について述べる。

「凡例」にあるように、本書の訓み下し文は、現天理図書館蔵、三条西家本『播磨国風土記』（以下、該本）を底本として作成されている。この本は、呼び名の通り、三条西家に伝わったもので、大正十五（一九二六）年に影印本が製作され（古典保存会）、天理図書館に移った後にも『天理図書館善本叢書和書之部一　古代史籍集』（天理大学出版部、一九七二）に影印が収録されているが、いずれもモノクロである。カラーで該本の姿を窺うには、『新天理図書館善本叢書Ⅰ　古事記道果本　播磨国風土記』（当国風土記の解題は小倉慈司氏。天理大学出版部、二〇一六）を見るのが便利である。

小倉氏の解題によれば、該本は、巻子本一巻、紙高二八・〇センチ、全長八八六センチで、楮紙十六枚を貼り継いでいる。一紙行数・字詰とも不定である。末尾に「粗見合了」という奥書があり、本文と同筆と認められる。書写年代は、推定に拠るほかないが、平安時代の中期から後期、十二世紀以前と目される。親本がどのような体裁であったかは想像の域を出ないが、小倉氏は、目移りによる誤写の状況からして、一行二十字内外で書かれていたのではないかとしている。

また当国風土記の中世における伝来について、『釈日本紀』には、逸文（二に既述）の他にも引用が三ヵ所（印南郡益気里八十橋・揖保郡(七)揖保里粒丘・宍禾郡御方里(二)）あり、また『塵袋』（文永十一〈一二七四〉年～弘安四〈一二八一〉年の成立。問答形式で、事物の起源などを説く類書）に二ヵ所（揖保郡(二)越部里鷦住《さぎすみ》山・讃容郡(二)中川里船引山）・時雨亭文庫本『万葉集註釈』（仙覚著、文永六〈一二六九〉年。ただし玄覚による補注の部分）に二ヵ所（揖保郡(一)香山里及び同里家内谷・同(二)上岡里神阜）、仁和寺本『万葉集註釈』に二ヵ所（揖保郡(六)浦上里韓荷島・同萩原里）見える。それらの引用文と該本とを比べると大きな異同が無く、これら諸書が見た当国風土記は、該本と同系統であったと考えられる。特に『釈日本紀』が印南郡益気里八十橋条を賀古郡の記事として引用しているのは、該本が「印南郡」の標目を欠いていることと一致する（秋本吉郎『風土記の研究』）。

該本の存在が知られるようになったのは、江戸時代の元禄十六（一七〇三）年からで、加賀藩主前田綱紀が三条西家書庫とその蔵本とを修理させた時、その中の一冊として発見された。この際、既に巻首が欠失していることが報告されている。また寛政八（一七九六）年、古記録の探求に熱心であった公家柳原紀光がこれを転写し、西尾市岩瀬文庫に現存する。

当国風土記が一般に流布するようになるきっかけを作ったのは、幕末・明治の国学者谷森善臣で、三条西家の蔵書目録の中に当国風土記の名を見つけ、六年にわたる懇請の結果、嘉永五（一八五二）年に借用・模写を許された。善臣の作成した写本が更に写されて、世に広まったのである（兼岡理恵『風土記受容史研究』など）。それを受けて、播磨国揖西《いっさい》郡（現たつの市御津町）室津にある賀茂神社の神官だった岡平保《ひらやす》が、やはり当国風土記を書写し、最初の注釈書である『風土記考』（安政六〈一八五九〉年。ただし草稿のみ）を書いている（垣内章「『播磨国風土記』研究の先駆け　賀茂神社宮司、岡平保」『播磨国風土記』の古代史』）。また平保を中心に、近世播磨国内で当国風土記を写し合うネットワークがあったと見られる（垣内章「幕末以降の『播磨国風土記』の写本ネットワーク」『播磨国風土記』の古代史』）。

その後、水戸藩の国学者だった栗田寛によって、文久三（一八六三）年に『標注播磨風土記』が書かれ（明治三十二〈一八九九〉年刊行）、近代に入って、神宮皇學館の学頭を務めた敷田年治の『標注播磨風土記』（明治二十〈一八八七〉年）があり、両書を逐条的に挙げて検討しながら注釈を加えた井上通泰『播磨国風土記新考』が大正十五（一九二六）年に刊行される。大正十五年には、与謝野寛（鉄幹）・与謝野晶子・正宗敦夫らの校訂により、『日本古典全集』の一冊として『古風土記集』上下（当国風土記は下所収。井上通泰校訂・解説、日本古典全集刊行会）が刊行される、昭和十二（一九三七）年には、武田祐吉の編によって岩波文庫にも『風土記』が収められるなど、一般読者も手軽に当国風土記が見られるようになった。

戦後には、秋本吉郎校注『風土記』（日本古典文学大系、岩波書店、昭和三十三〈一九五八〉年）、久松潜一校注『風土記』上下（当国風土記は上。日本古典全書、朝日新聞社、昭和三十四〈一九五九〉年）が、普及に大きな役目を果たした。特に秋本吉郎注は、氏の遺著『風土記の研究』（昭和三十八〈一九六三〉年）に収められた諸論文に基づく。それまでの書誌あるいは地理的考証を中心とする研究を脱して、撰述態度や文芸性に及ぶ、文学研究としての『風土記』研究の基礎を築いた論考である。

述べたように、該本は、古代から伝わった現存唯一の伝本なので、他の写本と校合する必要が無い。しかし同時に該本は、丁寧に書写されているとは言えず、誤写・錯簡と考えざるをえないところが多数ある。対校本を持たないことは、むしろ当国風土記の弱点なのである。幕末から始まった校訂の営みは、現在なお続けられている。各テキストがそれぞれに独自の校訂を施していることは言うまでもないが、論文の形で発表されているものも多数ある。一方、該本の文字は、正倉院文書など、残存する古代の文字と見比べて、古体を残していると認められる場合があり、みだりに誤字とすべきでないとする論考もある。最近までの諸注釈・テキストの校訂を注記した校本としては、垣内章「稿本『播磨国風土記』」（『播磨学紀要』二四）がある。

㈧本書刊行の経緯と参考文献

本書の訳注者秋本吉徳氏は、一九四七年、秋本吉郎氏を父として生まれ、静岡大学を卒業後、東京大学大学院を修了し、清泉女子大学で教鞭を執った。学部生時代から『風土記』研究を志し、当国風土記に関わる論文も精力的に発表している。主なものを挙げれば次の通り。

・風土記と延喜式　　　　『古事記年報』一六、一九七四・五
・地名の改名　風土記伝承の時代性
　　　　　　『国文談話会報』二〇、静岡大学人文学部、一九七五・三
・風土記神話試論　伊和大神をめぐって　　『古事記年報』一八、一九七六・一
・地名起源説話の特質　播磨国風土記を中心として
　　　　　　　　　　　　　　『国語と国文学』五三―四、一九七六・四
・風土記神話試論(二)　伊和大神をめぐって　　『古事記年報』一九、一九七七・一
・アシハラシコヲについての一考察　播磨国風土記を手がかりとして
　　　　　　　　　　　　　　　　　　　『古事記年報』二〇、一九七八・一
・地名起源伝承攷　風土記覚書　　　　　『古事記年報』二一、一九七九・一
・地名説話の新古「風土記」の特質の理解のために
　　　　　　　　　　　　　　『国語と国文学』五六―一一、一九七九・一一
・風土記研究の地平　文学的研究の視点から　　『日本文学』三〇―一〇、一九八一・一〇

そして、講談社学術文庫の一冊として『風土記(一)全訳注　常陸国風土記』を一九七九年四月に刊行している（二〇〇一年『常陸国風土記　全訳注』として復刊）。他国の『風土記』も順次刊行の予定であったが、関心が「説経節」などの唱導文学に向かったために中断

し、『出雲国風土記　全訳注』は荻原千鶴氏の校注で刊行された（講談社学術文庫、一九九九年）。

二〇二二年四月二一日、秋本吉徳氏は急逝した。遺品の中に当国風土記注釈の手書き原稿があり、訓読文・現代語訳は完成していたが、後半部分の注釈・解説に欠ける部分があった。遺族によれば、いずれ注・解説も整えて刊行する意志があったという。筆者は、大学院生時代の秋本氏に、私立武蔵高等学校で教えを受けた。筆者にとっては、人生の方向を決定づけていただいた恩師である。一読して、遺された訓読文・現代語訳・注・各節の解説に訳注者独自の見解が表れており、刊行に値すると考えて、補注・補説、そしてこの『播磨国風土記』解説を加える次第である。

ただし訳注者が原稿を記した一九八〇年代初頭から、『風土記』をめぐる研究状況は大きく変わっている。「風土記研究会」が組織され、機関誌『風土記研究』は一九八五年十月の創刊号から、二〇二三年十二月の最新号まで四五冊を数えている。それだけ『風土記』の研究が盛んになっているのであり、訳注者は紛れもなくその礎を築いた先駆者である。当国風土記に関しても、植垣節也氏が『風土記研究』創刊号から一四回にわたって注釈を連載し、その成果は新編日本古典文学全集の『風土記』（小学館、一九九七年）に結実している。この他、テキストとしては、

・田中卓校注『風土記』（神道大系古典編七、一九九四年）
・沖森卓也・佐藤信・矢嶋泉編著『播磨国風土記』（山川出版社、二〇〇五年）
・中村啓信監修・訳注『風土記』上（当国風土記は橋本雅之氏校注、角川ソフィア文庫、二〇一五年）

などが刊行されている。

また近年は、歴史学・考古学の方面からの当国風土記研究も進んでいる。今回、補注・補説・解説を執筆するにあたっては、そうした近年の研究も参考にしている。しかし文庫本の性格上、すべてに言及することは断念せざるをえない。後に単行本のみ参考文献として挙げるに留める失礼をお詫びする。また前述のように、訓読文はすべて訳注者の作成にかかるものであり、本文校訂の判断も訳注者による。個々の校訂の如何については、省略に従う場合が多いことを了解されたい。

なお本解説執筆にあたって、橋本雅之氏・大津透氏の教示を得た。記して感謝申し上げる。

参考文献（年代順）

橋本政次編『現代文播磨風土記　附録　播磨風土記便覧・播磨風土記年表・播磨風土記私見』（播

磨史籍刊行会、一九五九）
秋本吉郎『風土記の研究』（ミネルヴァ書房、一九六三）
吉野裕『風土記』（東洋文庫一四五、平凡社、一九六九）
植垣節也『風土記の研究並びに漢字索引』（風間書房、一九七二）
浅田芳朗『図説播磨国風土記への招待』（柏書房、一九八一）
関和彦『風土記と古代社会』（塙書房、一九八四）
八木毅『古風土記・上代説話の研究』（和泉書院、一九八八）
瀧音能之『風土記説話の古代史』（桜楓社、一九九二）
櫃本誠一編『風土記の考古学2　播磨国風土記の巻』（同成社、一九九四）
橋本雅之編『古風土記並びに風土記逸文語句索引』（和泉書院、一九九九）
上代文献を読む会編『風土記逸文注釈』（翰林書房、二〇〇一）
植垣節也・橋本雅之編『風土記を学ぶ人のために』（世界思想社、二〇〇一）
田中荘介『播磨国風土記とところどころ』（編集工房ノア、二〇〇三）
橋本雅之『古風土記の研究』（和泉書院、二〇〇七）
兼岡理恵『風土記受容史研究』（笠間書院、二〇〇八）
神田典城編『風土記の表現　記録から文学へ』（笠間書院、二〇〇九）
瀬間正之『風土記の文字世界』（笠間書院、二〇一一）

荊木美行『風土記と古代史料の研究』（国書刊行会、二〇一二）
橋本雅之『風土記研究の最前線：風土記編纂発令1300年』（新人物往来社、二〇一三）
神田典城『記紀風土記論考』（新典社、二〇一五）
三浦佑之『風土記の世界』（岩波新書、二〇一六）
森陽香『古代日本人の神意識』（笠間書院、二〇一六）
橋本雅之『風土記　日本人の感覚を読む』（角川選書、二〇一六）
兵庫県立歴史博物館ひょうご歴史研究室編『ひょうご歴史研究室紀要 創刊号　特集『播磨国風土記』研究の新地平』（兵庫県立歴史博物館、二〇一六）
飯泉健司『播磨国風土記神話の研究：神と人の文学』（おうふう、二〇一七）
岩田芳子『古代における表現の方法』（塙書房、二〇一七）
林﨑治恵『風土記本文の復元的研究』（汲古書院、二〇一七）
谷口雅博『風土記説話の表現世界』（笠間書院、二〇一八）
瀧音能之『風土記と古代の神々　もうひとつの日本神話』（平凡社、二〇一九）
荊木美行『『播磨国風土記』の史的研究』（燃焼社、二〇二〇）
荊木美行『続・『播磨国風土記』の史的研究』（燃焼社、二〇二一）
兵庫県立歴史博物館ひょうご歴史研究室編、坂江渉監修『『播磨国風土記』の古代史』（神戸新聞総合出版センター、二〇二一）

廣岡義隆『風土記考説』(和泉書院、二〇二二)
奥田俊博『風土記文字表現研究』(汲古書院、二〇二四)

『播磨国風土記』関連地図

凡例

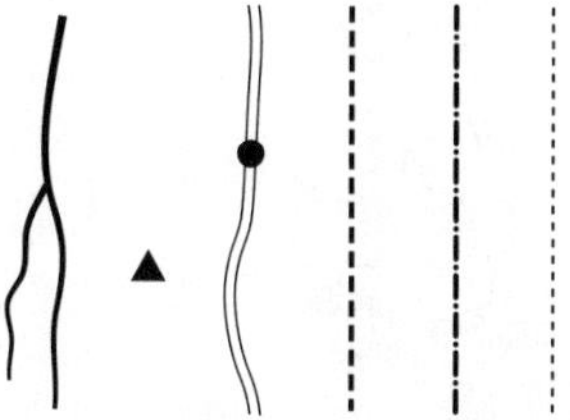

現在のおおよその海岸線

国界

郡界

通道及び駅家（延喜式・和名抄を参考に記入）

▲　山・丘

川

◎　国府

●　その他の地

（　）　参考記入した現在の河川名に附す

日本古典文学大系『風土記』（秋本吉郎校注）を参考に作成した

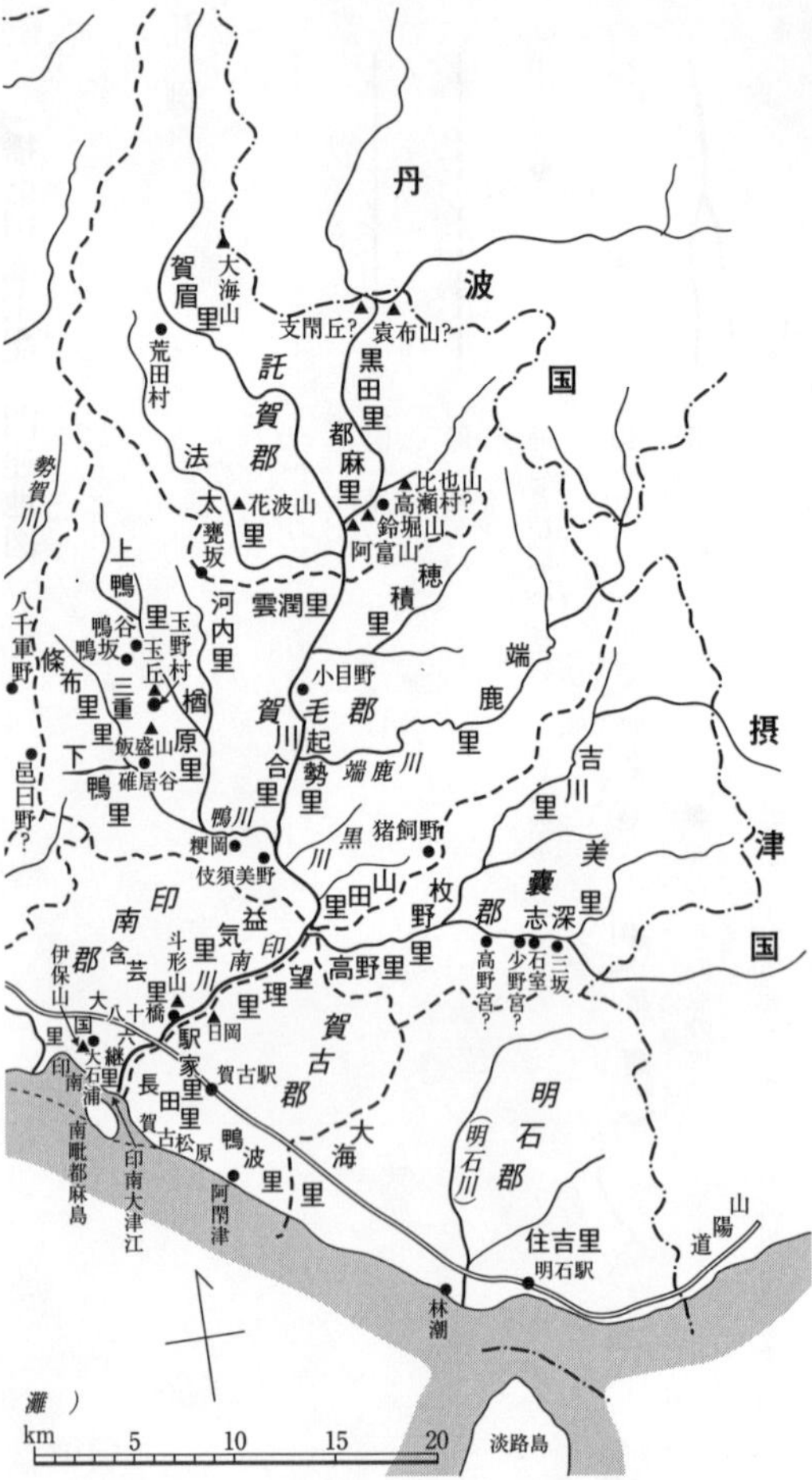
丹波国
摂津国
賀眉里
大海山
支閇丘?
袁布山?
黒田里
荒田村
託賀郡
都麻里
法太里
花波山
比也山
高瀬村?
鈴堀山
阿富山
甕坂
穂積里
勢賀川
上鴨里
河内里
雲潤里
八千軍野
鴨谷
鴨坂
玉野村
玉丘
條布里
三重里
楢原里
端鹿里
小目野
賀毛郡
川合里
起勢里
端鹿川
飯盛山
下鴨里
碓居谷
邑日野?
吉川里
鴨川
黒川
猪飼野
美嚢郡
志深里
粳岡
佊須美野
山田里
枚野里
印南郡
益気里
印南川
斗形山
含芸里
望理里
高野里
高野宮?
少野宮?
石室
三坂
伊保山
大国里
八十橋
六継里
日岡
駅家里
賀古駅
賀古郡
長田里
大石
印南浦
賀古松原
鴨波里
大海里
明石郡
明石川
南毗都麻島
印南大津江
阿閇津
住吉里
明石駅
山陽道
林潮
灘
淡路島
km 5 10 15 20

因幡国
但馬国
美作国
備前国
生野
波加村
御方里
雲箇里
敷草村
宍禾郡
伊和村
石作里
伊師川
都太川
伊加麻川
土間村
柏野里
高家里
安師川
安師里
吉川
桜見川
讃容里
讃容郡
鹿庭山
讃容町田
柏原里
中川里
弥加都岐原
伊奈加川
川音村
比治里
宇波良村
比良美村
香山里
速湍里
凍野
邑宝里
雲濃里
中川駅
栗栖里
越部里
揖保郡
上岡里
林田里
大川内
栗鹿川内
湯川
聖岡里
波自加村
奈具佐山
神前郡
神前山
川辺里
賀野里
餝磨郡
高岡里
多駝里
高野社
石坐神山
的部里
粳岡
菅生里
蔭山里
冑岡
韓室里
巨智里
枚野里
因達里
少川里
漢部里
麻跡里
邑智里
安相里
大野里
英保里
美濃里
伊和里
安師里
英賀里
大田里
大家里
枚方里
広山里
少宅里
萩原里
揖保里
出水里
桑原里
里
赤穂郡
高田駅
野磨駅
山陽道
浦上里
石海里
千種川
伊刀島
家島
高島
神島
播磨

餝磨郡・揖保郡詳細図

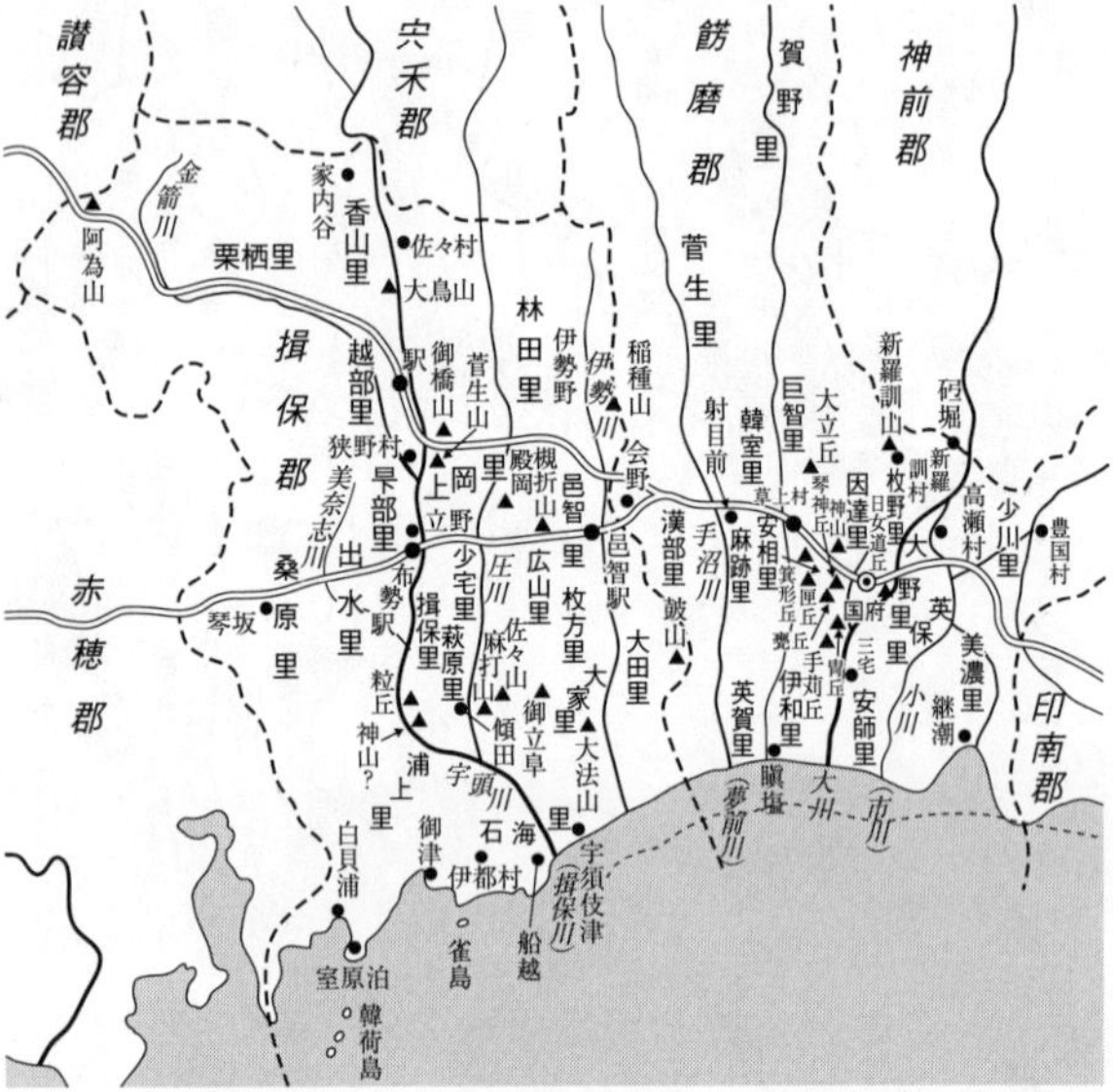

地図作成／さくら工芸社

KODANSHA

本書は講談社学術文庫のための訳し下ろしです。

秋本吉徳（あきもと　よしのり）
1947-2022年。奈良県生まれ。東京大学大学院博士課程単位修了。日本古代文学専攻。清泉女子大学名誉教授。著作に『古語拾遺・高橋氏文』『兵部卿物語 全釈』（ともに共著），訳注書に『常陸国風土記』がある。

鉄野昌弘（てつの　まさひろ）
1959年東京都生まれ。東京大学大学院博士課程単位取得退学。博士（文学）。日本古代文学専攻。東京大学教授。

講談社学術文庫

定価はカバーに表示してあります。

播磨国風土記《はりまのくにふどき》 全訳注《ぜんやくちゅう》

秋本吉徳《あきもとよしのり》／鉄野昌弘《てつのまさひろ》 補

2024年5月14日　第1刷発行

発行者　森田浩章
発行所　株式会社講談社
東京都文京区音羽2-12-21 〒112-8001
電話　編集（03）5395-3512
販売（03）5395-5817
業務（03）5395-3615
装　幀　蟹江征治
印　刷　株式会社ＫＰＳプロダクツ
製　本　株式会社国宝社
本文データ制作　講談社デジタル製作

ISBN978-4-06-531932-1

「講談社学術文庫」の刊行に当たって

これは、学術をポケットに入れることをモットーとして生まれた文庫である。学術は少年の心を養い、成年の心を満たす。その学術がポケットにはいる形で、万人のものになることは、生涯教育をうたう現代の理想である。

こうした考え方は、学術を巨大な城のように見る世間の常識に反するかもしれない。また、一部の人たちからは、学術の権威をおとすものと非難されるかもしれない。しかし、それはいずれも学術の新しい在り方を解しないものといわざるをえない。

学術は、まず魔術への挑戦から始まった。やがて、いわゆる常識をつぎつぎに改めていった。学術の権威は、幾百年、幾千年にわたる、苦しい戦いの成果である。こうしてきずきあげられた城が、一見して近づきがたいものにうつるのは、そのためである。しかし、学術の権威を、その形の上だけで判断してはならない。その生成のあとをかえりみれば、その根は常に人々の生活の中にあった。学術が大きな力たりうるのはそのためであって、生活をはなれた学術は、どこにもない。

開かれた社会といわれる現代にとって、これはまったく自明である。生活と学術との間に、もし距離があるとすれば、何をおいてもこれを埋めねばならない。もしこの距離が形の上の迷信からきているとすれば、その迷信をうち破らねばならぬ。

学術文庫は、内外の迷信を打破し、学術のために新しい天地をひらく意図をもって生まれた。文庫という小さい形と、学術という壮大な城とが、完全に両立するためには、なおいくらかの時を必要とするであろう。しかし、学術をポケットにした社会が、人間の生活にとってより豊かな社会であることは、たしかである。そうした社会の実現のために、文庫の世界に新しいジャンルを加えることができれば幸いである。

一九七六年六月　　野間省一

日本の古典

1030～1032
宇治谷 孟訳
続日本紀《しょくにほんぎ》（上）（中）（下）全現代語訳

日本書紀に次ぐ勅撰史書の待望の全現代語訳。上巻は全四十巻のうち文武元年から天平十四年までの十四巻を収録。中巻は聖武・孝謙・淳仁天皇の時代を、巻三十からの下巻は称徳・光仁・桓武天皇の時代を収録した。

1341
杉田玄白著／酒井シヅ現代語訳（解説・小川鼎三）
新装版 **解体新書**

日本で初めて翻訳された解剖図譜の現代語訳。オランダの解剖図譜『ターヘル・アナトミア』を玄白らが翻訳。日本における蘭学興隆のきっかけをなし、また近代医学の足掛かりとなった古典的名著。全図版を付す。

1348
三木紀人全訳注
今物語

埋もれた中世説話物語の傑作。全訳注を付す。和歌・連歌を話の主軸に据え、簡潔な和文で綴る。風流譚・遁世譚・恋愛譚・滑稽譚など豊かで魅力的な逸話を五十三編収載し、鳥羽院政期以降の貴族社会を活写する。

1382
荻原千鶴全訳注
出雲国風土記

現存する風土記のうち、唯一の完本。全訳注。古代出雲の土地の状況や人々の生活の様子はもとより、出雲の神の国引きや支佐加比売命の暗黒の岩窟での出産などの神話も詳細に語られる。興趣あふれる貴重な書。

1402～1404
上坂信男・神作光一全訳注
枕草子（上）（中）（下）

「春は曙」に始まる名作古典『枕草子』。自然と人生に対する鋭い観察眼、そして愛着と批判。筆者・清少納言の独自の感性と文才とが結実した王朝文学を代表する名随筆に、詳細な語釈と丁寧な余説、現代語を施す。

1413
片桐一男全訳注
杉田玄白 **蘭学事始**

一八一五年に杉田玄白が蘭学発展を回顧した書。『解体新書』翻訳の苦心談を中心に、蘭学の揺籃期から隆盛期までを時代の様々な様相を書き込みつつ回想したもの。日蘭交流四百年記念の書。長崎家本を用いた新訳。

日本の古典

1452
懐風藻
江口孝夫全訳注

国家草創の情熱に溢れる日本最古の漢詩集。近江朝から奈良朝まで、大友皇子、大津皇子、遣唐留学生などの佳品百二十編を読み解く。新時代の賛美や気負に燃えた心、清新潑剌とした若き気漲る漢詩集の全訳注。

1518
常陸国風土記
秋本吉徳全訳注

古代東国の生活と習俗を活写する第一級資料。筑波山での歌垣、夜刀神をめぐる人と神との戦い、巨人伝説・白鳥伝説など、豊かな文学的世界が展開する。華麗な漢文で描く、古代東国の人々の生活と習俗とこころ。

1565
吉田松陰　留魂録
古川　薫全訳注

大文字版

死を覚悟して執筆した松陰の遺書を読み解く。志高く維新を先駆した思想家、吉田松陰。安政の大獄に連座し、牢獄で執筆された『留魂録』。松陰の愛弟子に対する最後の訓戒で、格調高い遺書文学の傑作の全訳注。

1577
古典落語
興津《おきつ》　要《かなめ》編（解説・青山忠一）

名人芸と伝統――至高の話芸を文庫で再現！　人情の機微、人生の種々相を笑いの中にとらえ、庶民の姿を描き出す言葉の文化遺産・古典落語。「目黒のさんま」「時そば」「寿限無」など、厳選した二十一編を収録。

1643
古典落語（続）
興津　要編（解説・青山忠一）

日本人の笑いの源泉を文庫で完全再現する！　大衆に支えられ、名人たちによって磨きぬかれた伝統話芸、古典落語。「まんじゅうこわい」「代脈」「妾馬」「酢豆腐」など代表的な十九編を厳選した、好評第二弾。

1787〜1789
日本後紀（上）（中）（下）全現代語訳
森田　悌《てい》訳

『日本書紀』『続日本紀』に続く六国史の三番目。延暦十一年から天長十年の四十年余、平安時代初期の律令体制再編成の過程が描かれていく貴重な歴史書。漢文編年体で書かれた勅撰の正史の初の現代語訳。